MANAGEMENT
BY HEART

心力管理

刘鹏凯 ◎著

机械工业出版社
CHINA MACHINE PRESS

图书在版编目（CIP）数据

心力管理 / 刘鹏凯著 . —北京：机械工业出版社，2023.9
ISBN 978-7-111-73787-2

Ⅰ. ①心… Ⅱ. ①刘… Ⅲ. ①企业文化 – 企业管理 Ⅳ. ① F272-05

中国国家版本馆 CIP 数据核字（2023）第 163773 号

机械工业出版社（北京市百万庄大街 22 号　邮政编码 100037）
策划编辑：吴亚军　　　　　　　责任编辑：吴亚军　伍　曼
责任校对：张亚楠　彭　箫　　　责任印制：常天培
北京铭成印刷有限公司印刷
2023 年 12 月第 1 版第 1 次印刷
170mm×230mm・19.25 印张・1 插页・243 千字
标准书号：ISBN 978-7-111-73787-2
定价：79.00 元

电话服务	网络服务
客服电话：010-88361066	机　工　官　网：www.cmpbook.com
010-88379833	机　工　官　博：weibo.com/cmp1952
010-68326294	金　书　网：www.golden-book.com
封底无防伪标均为盗版	机工教育服务网：www.cmpedu.com

推荐序一

用心管理与用力管理的结合

什么是管理？什么是管理者？通过阅读刘鹏凯的《心力管理》，可以提炼两句话来回答上述两个问题："管理是通过别人来做好工作的过程。管理者是对别人的工作负责的人。"刘鹏凯请我从管理学视角为本书作序，这既是一位企业家对管理学的实际需要，也是现阶段中国企业管理实践对管理理论研究与教学工作者的客观要求。自1978年改革开放以来，40多年的中国企业管理实践，既缩小了同国外发达国家自泰勒科学管理以来百年历程的差距，又面对现代市场经济、经济全球化和产业数字化等发展趋势，提出了值得探索的管理理论与实践的新课题。

1997年，刘鹏凯所在的江苏黑松林粘合剂厂有限公司（简称"黑松林"），成为当地第一家公司制改造的试点企业。当时，企业拖欠员工工资现象严重，人心涣散，濒临破产。改制后的企业管理之路如何走？以刘鹏凯为代表的管理者转变了改制前的工厂管理思路，站在员工或下属的角度，换位换心，对员工负责，把员工的心之所及转化为力之所达。这种用心管理与用力管理相结合的心力管理过程，提升了企业对员工的凝聚力和员工对企业的向心力，有效地保证了企业改制的顺利进行，促进了企业的稳健发展。

管理是科学。管理学的学科理论价值在于系统地研究企业组织与管理过程中的个体、群体及其相互关系。管理的实质是同人打交道。管理者的作用在于他使企业组织中的别人变得比自己更为重要。管理工作的互动、交叉、聚散、推进及持续不断的创新的基本动力都来源于人。人就是人，不要把人单纯看成企业的工具。心力管理的成功秘诀就在于它抓住了管理学的这个精髓，反映了管理学发展的基本规律。刘鹏凯探索心力管理，就是把单纯"赚钱"转变为"修心力"的管理过程，用心动形成心力的智慧，赢得人心，实现四两拨千斤。一个企业有了心力，就会"人心齐，泰山移"，众志成城。众心合力是企业发展的原动力。

管理是艺术。管理学的实践应用价值在于它具体地运用管理知识和管理原理来解决管理过程中的实际，包括人与人之间、人与物之间的问题。单纯在课堂上学懂舞蹈课程，不等于就掌握了舞蹈技巧。同样地，管理是一种实践、一个过程、一门艺术，具有鲜明的可操作性。从事管理工作，必须在企业实践和市场竞争环境中摸索、体验、感受、经历，既难以事先灌输，也难以事后复制，更无法归纳为千篇一律的固定模式。面对日益复杂的管理问题，管理技巧就在于它把复杂问题简单化，以最简便快捷的方式达成管理目标，避免无功而返或事倍功半。把简单的事情做好就是不简单。管理学家不仅要确立企业的发展目标，更要着重解决实现企业目标"搭桥过河"的方法。本书归纳的25种管理方法，分别从不同侧面解决了复杂的管理问题。比如"走棋法"解决的是产品的市场竞争问题，"磨合法"解决的是组织凝聚力打造问题，"眉批法"解决的是员工激励问题，"记豆腐账法"解决的是营销员成长问题，"做馒头法"解决的是俘获客户"芳心"问题，"短信法"解决的是管理中的情感沟通问题，这些管理方法具体、生动、务实，体现了"管理是艺术"的真谛。

管理是手艺。管理学在企业实践中的具体运用，同管理者对管理理论和管理信息的理解及自身的个性特质密切相关，尤其是受到管理者个人在管理工作中的手感、质感、分寸感、操作感及他对人物与事件的判断、选择、微调能力的影响。每位管理者在管理实践中都有自己体会很深的感性案例，包括成功案例和失败案例。关键在于管理者自身是否具备从感性到理性的思维能力和行为能力，能否找到符合管理规律的有用案例。对管理者培训的目的就是要提升这种思维能力和行为能力。刘鹏凯的管理特质就是拿起改制后兑现的企业自主权，选择员工工资作为管理创新的突破口，想员工之所想，端出暖人心的员工薪酬改革方案，让员工将心比"薪"，变人心涣散为人心凝聚，使企业呈现出活力与合力的新局面。在此基础上，通过学习与培训，不断引导员工在工作与生活中，善用其心，自净其心，消除恶心，增强爱心，发自内心，共同构建心心相印的和谐发展环境。

管理是科学、艺术、手艺的结合。管理的科学理论是抽象的，却是普遍的、共同的规律；管理的艺术是具体的，却是经常变化的行为；管理的手艺是差异化的，却是真实的、多元的存在。管理学的生命力就在于它实现了科学、艺术、手艺三者的有效结合，推动了社会生产力的持续发展。刘鹏凯的心力管理，乃是管理的科学、艺术与手艺相结合的具体表现。心力管理包含着用心管理与用力管理相结合的丰富内涵。管理必须用心，还要赢得人心，即使面对困境，也切忌心灰意冷。心决定力，即人心深处，往往存在着起决定作用的某种力量。心力管理就是管理者依据自身的心思与能力、精神与体力、思维与行为，发自内心做好管理工作的精神力量。心力管理是有形力量与无形力量的结合，软实力与硬实力的结合，管理制度与管理文化的结合。以心力管理为出发点和落脚点，作为企业管理者获得管理信息的渠道，必将形成"信息决定思路，思路决定出路，出路决定财路"的良性循环发展局面，引领企业成为长寿型企业。

邓荣霖

中国人民大学教授、博士生导师

推荐序二

心力管理：人本管理的题中应有之义

  黑松林这家企业规模不大，但给人的感觉是运作很好，可以用精致、精彩、精妙绝伦来形容。搞企业，不一定都求其大，但要求其精、求其专、求其优、求其特、求其强，做到小而精、小而专、小而优、小而特、小而强，这也是成功的一种境界。刘鹏凯执掌的黑松林为什么能达到这个境界呢？我认为，关键是靠文化力，尤其是文化的凝聚力、感召力、亲和力、激励力、沟通力、导向力和约束力。可以说，文化力渗透到黑松林运作、经营管理的方方面面。管理上注重细节，注重以心为本，注重心本管理，注重心力管理，这就把文化管理具体化、精细化了，把文化力在企业经营管理中的功能真正开发出来了。这是黑松林管理的显著特点。作为企业的领导者、决策者，刘鹏凯有较强的文化自觉意识，由文化自觉产生文化自信，又由文化自觉、文化自信实现文化自强。这一点，在黑松林的经营管理实践中表现得很突出。这是值得给予充分肯定的。

  我对刘鹏凯的印象是一位忠诚敬业、刻苦勤奋的人士：勤于做事，勤于学习，勤于思考，勤于写作。在许多场合都能感觉到，他随时随地都在听取别人的意见、见解、观点和看法，随时随地都在学习，把知识转化为分析事务、实施文化管理的能力。他这种勤奋的品性、习惯很可贵！不仅如此，从那些企业故事中，在处事的方法上，他还能让人感觉到一种对真善美的追求，一种人间真情和善良的品格。这就属于人格魅力的范畴了。人格魅力并不是虚无缥缈的，而是体现在一系列细节、故事、言行举止之中。从这些细节、故事、言行举止中可以找到许多涉及人性、品德、情商之类的内容，让人感受到真情的涌动、爱心和暖意的流淌。这不就是心动吗？！这不就是由心动而产生的心力吗？！

一位忙于企业经营的掌门人创作出这样一本书，沿着以人为本和文化管理的路子往前走，对中国式管理进行探索，是很值得敬佩的！过去，"心力"一词就多有使用，各有各的用法，其内涵也不尽一致。本书讲的是21世纪中国一家生机勃勃的民营企业在创业创新发展中的经营管理。心力管理同心本管理、同人本管理是否相矛盾呢？我看不矛盾。以人为本是一切发展的总原则、总要求；而人本管理则是以人为本在管理领域的体现。以心为本之心，心本管理之心，心力管理之心，都是以人为本中的"人"之心。在我看来，以心为本、心本管理、心力管理同以人为本及人本管理并不矛盾，而是对以人为本、人本管理的深化和拓展，是以人为本、人本管理的题中应有之义，是它们的最佳境界。它们之间有着内在的联系，而不是相割裂的。

"心"这个概念在中国哲学史、思想史上很早就被提出来并长久使用。刘鹏凯提出的心力管理自然会引起人们对"心"这个概念及其内涵的种种议论。中国传统文化是博大精深而不是单一单调的。在中国传统文化中，儒家是讲"心"的，孟子曾提出"仁义礼智根于心"，这句话很重要。在道家思想中，道是最根本、最重要的概念，而对于那无形无迹、包容天地的道，唯有心才能把握，所谓"道之为道，唯心可悟"以及"以心验道，以心修道，师心从道"。在佛学思想中也是讲心的，有

"三界唯心""万法一心"的说法。佛教的《心经》很经典,只有200多字,但真正读懂并不容易。在墨家,墨子也讲心。在《墨子·经上》中就有相关描述:"闻,耳之聪也……循所闻而得其意,心之察也……言,口之利也……执所言而意得见,心之辩也。"对于儒、道、佛都讲心,曾有"三教归一""三教本同"的说法,而"三教本同"就是三教同归于心。这样说来,是不是就可把各家各派有关"心"的说法混为一谈了呢?我想不应产生这样的误解。各家各派讲"心",是从各家各派的思想体系出发的,是同各家各派的思想体系紧密地联系在一起并融为一体的,而各家各派的思想体系都有自己的结构、内涵和特色。这里提到儒、道、佛、墨都讲"心",是为了说明"心"这一概念的重要性,即"心"这一概念在中国传统文化中所处的重要地位。这在申荷永的《中国文化心理学心要》一书中有很好的论述。

如今,我们常讲用心工作、用心干事、用心管理、用心服务。我们都知道,全心全意为人民服务是我们党和国家一切工作的根本宗旨。这里也讲了"心",而且是"全心",体现了为国为民做好各项工作的使命感、忠诚心和责任心。刘鹏凯是搞企业的,在企业运作中,也要竭尽心力,用心管理、用心经营,用心同客户打交道,用心同员工沟通共事,做到将心比心、以心交心、以心换心、心心相印。特别值得一提的是,刘鹏凯同员工打交道,不是一方在向另一方进行"训导",而是一种平等、相互尊重的兄弟姐妹式沟通。这是一种双向互动地追求卓越、展现人性美和善心善意的过程,也是心灵共鸣的状态和实现"心力"传递的过程。他在实践中感悟到:心之所及,力之所达。这句话总结得好。我们常讲理论源于实践,马克思主义的认识论是实践论。没有实践的总结,哪来理论的升华?企业文化理论、企业管理理论从根本上说是从企业实践、企业家的实践中创造出来的,而不是套用已有的书本知识推理、演绎出来的。

关于"心文化"的研究,刘鹏凯有自己独特的贡献。几年前,一位著名学者送给我一本书，叫《心时代：一个情感化的世界及其经济图景》，其中讲到"心经济""心生活"的概念，认为当今人类已进入了"心时代"。这本书对读者有很大的吸引力，作者以新颖的视角观察当代经济社会生活，很有意义！最近，山东的一位作者给我送了一本《心文化新论》书稿，邀我作序。这些都是与心力管理相关的著作。我觉得，他们从不同角度结合自身的实践，研究"心文化"，探讨"心学"与当代企业的发展，这是一件好事。本书的问世，很可能会激发更多的人对心学、心力的探求兴趣，这也是一件好事。本书以理念故事化、故事理念化的形式，以细节管理，以及细节中的心本、心力管理为显著特色，独具魅力。

刘鹏凯的心力管理体现了知行合一论、知行统一论，而不是知行分割、知行分离。在中国思想史上，王阳明对心、意、知、物有过这样的阐述："身之主宰便是心，心之所发便是意，意之本体便是知，意之所在便是物。"阳明心学不是三言两语便可讲清楚的，这里由于篇幅所限不可能对他的思想体系做出细致评论，我只想对他的立意宗旨"知行合一"问题做点引述。在王阳明看来，"真知必能行"，"真知即所以为行，不行不足谓之知"。他又说，"知是行的主意，行是知的功夫"；他还说，"知是行之始，行是知之成"，以及"知之真切笃实处即是行，行之明觉精察处即是知，知行工夫，本不可离"。王阳明的故里在浙江余姚，多年以前我参观过。他的一位著名弟子王心斋是江苏泰州人，可算是刘鹏凯的老乡。阳明哲学传到日本后，日本学者对"知行合一"又有了新的提法："即知即行""即知必行"。本书的内容、见解，都是在黑松林的管理实践中产生和形成的，处处体现了知与行、说与做、认知与实践、心意与行动、理念与行为的统一。

全球最具影响力的华人管理学家之一徐淑英在《中国管理研究的现状及发展前景》一文中这样描述："目前，套用西方发展起来的理论在中国进行演绎性研究主导了中国管理学研究领域。用这种方法进行的研究倾向于把成果发表在国际性杂志上，尤其是国际顶尖杂志。这类研究成果验证了已有理论或者对其情境性边界进行了延伸研究，说明了如何使用现有研究成果来解释一些新情境下出现的独特现象和问题。但这样的研究倾向对现有的理论发展只能提供有限的贡献，因为它的目的并非寻找对地方性问题的新的解释。这种方法也限制了对中国特有的重要现象以及对中国有重要影响的事件的理解。"她的这段论述，一针见血地指出了中国管理学研究当前所存在问题的要害。我之所以对本书予以肯定和支持，并不意味着它对管理学或人本管理有多么重大的理论性突破，而是它是从企业实际出发的，是同中国传统文化紧密结合的，是把传统文化的精髓同现代企业经营管理融为一体的，正是由此产生了很好的实践价值和蓬勃的生命力，进而让人不断感悟和探求"土生土长"的中国式管理理论。

在人类的认识史上，任何一种科学理论或观点，都是在实践的基础上反复总结、检验、修正、提升而形成的。我相信，经过不断的讨论，刘鹏凯会吸取很多有益的思想营养，进一步深化和拓展对中国式管理理论、心本管理和心力管理的认识。

贾春峰

中国市场经济研究会原副会长、资深学者

推荐序三

心力管理与中国传统管理哲学

中国拥有5000多年的文明史，经历了几千年的文官统治，积累了丰富的（国家）治理经验，同时，在理论上有儒家、道家、兵家、法家和佛教的丰富典籍，其中的管理思想博大精深，是当代中国的国家管理、企业管理的重要思想渊源。

中国传统的管理哲学至今没有公认的概括，我在此想做一番大胆的尝试。中国传统的管理哲学以儒家哲学为主体，兼容了道家、法家、兵家的哲学，它的主要内容可概括为十个方面，而刘鹏凯的心力管理继承和发扬了中国传统的管理哲学，成为中国式管理的最好样本。

"人性本善"，以德服人的管理哲学

人性假设是管理哲学的基础，在中国几千年的历史中，有性恶论、性善论、性无善恶论等许多主张，但占主流的是儒家的性善论。与这种人性假设相对应的管理哲学是"以德服人"，而不是"以力服人"，即施

"仁政"。孟子曰:"以力服人者,非心服也,力不赡也;以德服人者,中心悦而诚服也。"以德服人的核心是爱人,孔子曰:"仁者,爱人。"爱你的下属,爱你的子民,"以至仁为德"(苏轼《道德》)。汉朝刘向提出:"善为国者,爱民如父母之爱子、兄之爱弟。"

刘鹏凯正是这样做的。他相信员工的善良本性,从这一点出发,他致力于把每一位员工培养成优秀员工。他千方百计地通过细节和案例教育员工,以至于创造了"园丁法""磨合法""眉批法""五道法""春雨法""短信法"等行之有效的管理方法。员工犯了错误,他不是一罚了之,而是通过深入细致的思想工作,帮助员工认识错误,自觉改正。员工从点点滴滴中感受到管理者的一片爱心,起到了以德服人的效果。

"载舟覆舟",以民为本的管理哲学

儒家主张"民贵君轻",孟子曰:"民为贵,社稷次之,君为轻。"这从哲学高度论证了领导者与被领导者的角色定位。《贞观政要》中指出:"君,舟也;人,水也。水能载舟,亦能覆舟。"它以水与舟的关系作比喻,准确而形象地说明了民本哲学的内涵——不是领导者决定被领导者的命运,而是被领导者最终决定领导者的命运。"得人心者得天下",是中国传统的管理理念,也是心力管理的价值基础。

刘鹏凯在《我的心力管理之路》一文中写道:古人云,人之力发自于心,心旺则事盛。得人心者得天下,讲的就是人心的力量。家和万事兴,兴盛靠的是心,要有心、用心、真心、诚心、全心。在企业里,当员工感到企业就是我的家时,员工就不会是"飞鸽牌",他们就会吃了秤砣铁了心,把企业看成"永久牌",就会把企业的利益看成自己的利益,努力工作,在所不惜。

用刘鹏凯的话来说,心力管理就是人心工程,他无微不至地关心员工:员工买了摩托车,他要送一顶安全帽;员工孩子上学了,他要送一笔助学金；员工家里来了客人，只要提出，他就派车接站，这样的例子不胜枚举。黑松林就是一个大家庭，刘鹏凯不像领导，而更像一个慈祥的家长。

"见利思义"，以义制利的管理哲学

重义轻利是儒家的传统，因为他们认为"争利"是天下祸乱的根源。荀子曰："欲而不得，则不能无求。求而无度量分界，则不能不争；争则乱，乱则穷。先王恶其乱也，故制礼义以分之。"

解决办法有二：一曰"礼"，即制度约束；二曰"义"，即道德教育。

孔子强调"见利思义"，孟子则更明确地提出："见利思义，义然后取。"在任何利益面前，都应先思考一下：这个利是否符合道德规范，是否符合社会正义，是则可取此利，否则应断然拒绝。这就是"以义制利"的管理哲学。

黑松林的文化营销就是"以义制利"的实现方式。这里的"义"就是想客户之所想，急客户之所急。

1996年的秋天，安徽发大水，铜陵市某化工厂的仓库被大水淹了。这时，黑松林的一位销售人员正好在铜陵，闻讯后立即赶到厂家。他一方面帮助把仓库里的胶搬到高处，另一方面打电话将情况汇报给厂长刘鹏凯。刘鹏凯得知后，马上派一名副厂长带着100桶新胶于第二天就赶到这家化工厂，副厂长诚恳地说："刘厂长知道你们厂受了损失，现在正是需要赶快抢时间出产品的时候，我们是协作单位，有义务帮助你们共渡难关，这100桶胶不多，先解燃眉之急，你们安心抓紧生产吧。"这家化工厂从厂长到员工常常说起"黑松林100桶胶"的故事，他们说，现在锦上添花的事随处可见，像这样雪中送炭的企业却不多。

在黑松林的内部管理中，同样是以义制利，以黑松林的愿景、核心价值作为"义"的标准，以此来制约和指导内部的利益分配。刘鹏凯与员工之间不是雇佣关系，而是兄弟和朋友的关系，领导关怀员工，员工献身企业。员工把企业的事当成自己的事，处处表现出主人翁精神。犹如本书写的：有一次，台风"麦莎"如怒吼的雄狮，咆哮了一夜。第二天一早，许多员工提前上班，自动地投入到抢险工作中：有人在清理被风刮跑的空塑料桶，有人在捡四处吹来的垃圾袋，还有人在用木棍支撑着吹歪的树木。在车间楼顶的天台上，车间主任小丁正和两个年轻小伙子一起，用绳子将吹鼓了的大喷绘广告牌拉紧、固定，这场面如果用相机定格，就是一幅群情激昂的《战台风》。

"民无信不立"，以信立业的管理哲学

孔子认为，"民无信不立"，王安石指出，"信者不食言以从利"，领导者不能为利益所诱而丢掉诚信。"胜敌者，一时之功也；全信者，百世之利也。"（《东周列国志》）战胜敌人，只是一时的功劳，保全信誉则万世受益。这种以信立业的哲学，至今不仅是中国治国理政的信条，也是中国许多优秀企业成功的法宝。

目前，一些小企业在"假冒伪劣"上做文章，不过是饮鸩止渴。黑松林恰恰相反，把诚信看成自己的生命。刘鹏凯常对员工说的一句话是："黑松林虽是个小厂，但我们的产品质量、服务态度、做人的准则一定要坚守诚信不欺的原则，决不能被人家小看，不能当奸商。每一位黑松林人要牢牢记住，我们的产品是有保质期的，但我们的服务、我们的诚信永远没有保质期。"

诚信经营贯穿黑松林经营的始终，渗入每个员工的意识中。有一年腊月二十六，黑松林的员工清理完库存，准备过年了，没想到下午办公室突然接到一个合肥客户打来的电话，对方非常气愤地说他们在一桶胶里发现了一根化纤丝（可能是生产过程中带进去的），他怀疑这批产品有质量问题，要求退货。当时员工基本上都已下班，刘鹏凯听说后，立即通

知全厂所有人员回厂加班，并在深夜带上 300 箱胶直奔合肥。到达这家客户门前时，客户惊呆了。他没有想到只是一个普通的电话，就将人家厂长连夜叫来了，而且还带来了 300 箱胶。他为黑松林这种精神所折服，不但没有退货，还将 300 箱胶也都留下了。那位客户说："你们如此讲诚信，今后非黑松林的产品我们不卖。"

"宽以济猛，猛以济宽"，宽猛相济的管理哲学

为政或管理任何一个组织，如何保持管理的平衡和谐？中国自古就主张刚柔并济，软硬兼施。所谓"宽以济猛，猛以济宽，政是以和"（《左传》）就是这个意思。

宽猛相济，带好队伍，总会碰到一个问题——奖和罚的实施。古代众多思想家、政治家达成了共识——必须赏罚严明。诸葛亮"挥泪斩马谡"就是实行这一原则的范例。唐太宗李世民用最精练的语言阐述了赏罚严明的原则："赏当其劳，无功者自退。罚当其罪，为恶者戒惧。"（《贞观政要》）这一哲学应用最为广泛，至今方兴未艾。

刘鹏凯的心力管理是运用宽猛相济管理哲学的典范。为了维持正常的生产经营秩序，必须坚定地执行奖罚条例，刘鹏凯有功必奖，有错必罚。在黑松林，制度面前人人平等，出了问题秉公执法，摆到明处，不搞暗箱操作。但是，刘鹏凯知道罚款不是目的，使违规者吸取教训才是目的，只要当事人真正认识到错误，诚心改正，他常常把所罚之款退给本人，往往收到事半功倍的效果。这就把执法之严与关爱之宽有机地结合了起来。在宽与严之间的巧妙把握，是高超的领导艺术。

"上善若水"，以柔克刚的管理哲学

道家有许多辩证的观点，对中国的管理产生了深远的影响。

老子崇尚水的哲学，在管理哲学上可谓独树一帜。老子云："上善若水。水善利万物而不争，处众之所恶，故几于道。"水的优势在于"善利万物而不争"，甘愿放下身段，自居低处，而取得道义上的优势。也正因此，"夫唯不争，故天下莫能与之争"，老子的这句话提出了"以不争为争"的策略思想。在国家或企业处理外部关系、树立良好形象时，"利他"和"不争"应该是两面鲜艳的旗帜。"天下柔弱莫过于水，而攻坚强者莫之能胜，以其无以易之。弱之胜强，柔之胜刚。"水是无比柔韧的东西，但它的生命力极强，任何坚硬物体都无法抵御。所谓"水滴石穿"，形象地说明了水的威力。以弱胜强，以柔克刚，莫如水也。我们可以把这种哲学叫作"尚水哲学"。

在管理中的应用就是重视"柔"的艺术，大力发挥思想教育、道德感化、理念认同、文化育人的作用，春风化雨，取胜于无形。这就是软实力的巨大作用。黑松林在这方面积累了丰富的经验。小企业硬实力不足，怎样与大企业抗争呢？唯一的选择是"以软补硬"，靠软实力取胜。黑松林凭借心力管理提升了企业的软实力，即通过人本与心本发挥人和思想的威力，而后提升了企业绩效，实现了企业的竞争优势。黑松林对内把员工摆在主人的位置，尊重、关心、爱护，用家庭般温馨的文化吸引和留住人才，弥补了地域的偏僻等弱点，这是"尚水哲学"的成功典范。

黑松林在对外经营中，熟练地运用"以不争为争"，处理好了与经销商、竞争对手等利益相关者的关系，也体现了以柔克刚的威力。显然，这是以软补硬、靠软实力取胜的竞争模式。

"执两用中"，崇尚"中道"的管理哲学

儒家学说的另一个哲学命题是"致中和"。正如《中庸》所言，达到中和，天地各司其职，万物能共同生长、共同繁荣，实现天地物的和谐、

"天人合一"。

中，即"不偏不倚，无过不及"；和，即和谐，和为贵。"和"更多的是"中"在人际关系领域的应用。不偏不倚就是"隐恶扬善，执两用中"。对于他人和下属，要隐藏他们的缺点，宣扬他们的优点，这样才能调动大家的积极性，激人向善，凝聚人心，保持和谐的氛围；在处理问题和纠纷时，要清楚事物的两面性，实事求是，从实际出发，恰当把握"度"而不走极端，力求公平公正。无论在国家层面还是在企业层面，管理者都应该在效率与公平、宽与严、短期与长期、精英与大众、经济效益与社会效益、质量与成本、继承与创新之间，统筹兼顾，不走极端，找到恰当的平衡点。"中道"至今仍是中国管理在方法论上的一大特点。黑松林的心力管理正是这样做的。

心力管理的实质是做好经营管理诸因素之间的平衡，兼顾效率与公平、宽与严、义与利、质与量、人的使用与培养、企业效益与人心向背等相关因素。刘鹏凯是把握和善用"适度"领导艺术的大师，心力管理是处处探寻"和谐管理"的心路历程。和谐既是心力管理的目的，也是心力管理的结果。在黑松林，你可以感受到人与人的和谐，也会感受到人与自然的和谐，它既是一个具有共同价值观的和谐的大家庭，又是一个具有文化内涵的精巧的小花园。

"道法术势"，并用互补的管理哲学

在中国的管理史中，儒家、法家、道家、兵家都提出了各自的管理主张，在管理要素方面，可以概括为道、法、术、势四大要素。

所谓"道"，道家主张"道法自然"，这里"道"指客观规律；而儒家主张"道不同，不相为谋"，这里的"道"，指管理主张、道德、信念和价值观，我们取后者的定义。

所谓"法"，就是法律、法规、制度和行为规范，既包括了法家的

"法"，也包括了儒家的"礼"。

所谓"术"，韩非曰："术者，藏之于胸中，以偶众端而潜御群臣者也。故法莫如显，而术不欲见。"术与法的不同在于，法是公开的，术是隐蔽的；法是臣民所共同执行的，术是君主所独自掌握的，是方法、手段，包括计谋和权术。

所谓"势"，主要指君主令行禁止的权势，同时也指造成某种事态的客观形势和发展趋势。法家较多地把"势"理解为权势，儒家则更多地把"势"理解为客观形势，主张"天下之势有强弱，圣人审其势而应之以权"（《审势》），做到"因时立政"（《乞裁损浮费札子》）。

法家是法、术、势的主要倡导者，在"法""术""势"三者之中，"法"是最根本的，但必须把三者结合起来，相辅以为用。而儒家历来主张"仁政""德治"，更多地强调道德教化的作用。因此，儒家是以"道"为中心进行管理的。孔子曰："富与贵，是人之所欲也；不以其道得之，不处也。贫与贱，是人之所恶也；不以其道得之，不去也。"这里的"道"，就是指"正当的""符合社会道德规范的"。当然，儒家同时也不同程度地主张"审势""崇礼""明法"，宋朝苏洵明确提出"约之以礼，驱之以法"。从现代的视角来看，礼与法有相近之处——它们都属于人们的行为规范，泛而化之，可都归并为法。儒家在管理方法上也有许多建树，大体上属于"术"的范畴。宋朝欧阳修曰："取士之方，必求其实；用人之术，当尽其材。"纵观中国历史，历代统治者大多是道法术势并用互补，而以道为中心。至今，无论在国家层面还是企业层面，仍是如此。这一管理哲学可谓深入人心。

心力管理显然是以"道"为中心的管理，"以文化人"是心力管理的精髓，同时配合必要的制度和法规，运用恰当的手段和方法，并注意审时度势，乘势而为。也就是说，它是典型的"道法术势并用互补，而以道为中心"的管理模式。

"修齐治平",修己安人的管理哲学

中国在历史上是一个以伦理为中心的社会,伦理道德在它的管理哲学中处于关键地位,而伦理道德的推广则必须从领导者修身做起。修己的目的在于安人,安人的前提是修己。《大学》中有一句名言:"古之欲明明德于天下者,先治其国;欲治其国者,先齐其家;欲齐其家者,先修其身。"这就是著名的"修齐治平"理论:一个人要成就大业,在社会上推广优秀道德,必须从"修身"开始,然后是"齐家""治国""平天下"。中国古代把修身、齐家、治国、平天下看成是紧密联系的一个系统,是非常深刻的管理思想。《淮南子·主术训》把修身具体化了:"非澹薄无以明德,非宁静无以致远,非宽大无以兼覆,非慈厚无以怀众,非平正无以制断。"也就是说,清淡寡欲、清正廉洁、宽容大度、仁慈民主、公平正直,是领导者加强修养的重点。

心力管理正是从刘鹏凯的修身开始的。刘鹏凯的自我修炼,可分为两步:第一步是"心视",第二步是"心动"。

刘鹏凯说:"善思生善果,恶思生恶果。我用'心视'的方法透视经营,透视人生,不断拷问自己。"通过心视,刘鹏凯发现了自己内心的困惑,以及许多不恰当的想法,比如:最初,刘鹏凯认同世俗的想法——企业就是为"赚钱",追求利益的最大化,但又觉得这种想法有许多矛盾,通过学习而达到"心动",他改变自己的观念,树立了崭新的价值观,从而进入"自胜"的境界。他说:"放下屠刀,立地成佛。屠刀是什么?其实,屠刀就是你的自我。在工厂,你举着那把'屠刀',要征服这个,要征服那个,内心是个什么滋味?反之,如果你放下自我,立地成佛,心静如水,忘我利他,你就会有一种'众里寻他千百度,蓦然回首,那人却在灯火阑珊处'的感觉,有一种如释重负的久违轻松,让人沉浸在众心合力工作的快乐之中。"这是刘鹏凯苦修心力的真实写照。

刘鹏凯的修身借助五个平台:一是读书是滋养心灵的平台,二是参观是开阔眼界的平台,三是交友是思想碰撞的平台,四是写作是理念升华的平台,五是实践是检验真理的平台。

"道法自然",无为而治的管理哲学

"人法地,地法天,天法道,道法自然",这是老子在分析研究宇宙各种事物的矛盾,找出人、地、天、道之间的联系之后,所做出的论断。这里的"自然"指的是事物发展的客观性,"道法自然"就是指"按客观规律办事",此乃道的本质。

依据"道"的理念看世间万事万物,其生长、发育都是自然而然的事。天地万物如此,人的思想行为方式也应该如此。人要按照"道"的"自然"和"无为"的本性,保持"清净无为"的状态,因此道家提出了"无为而治"的管理哲学。这里所说的"无为",不是说什么事都不做,而主要是指处事不以个人的主观意志代替客观规律,要顺势而为,积极引导事情自然发展,最后达到水到渠成的目的。"无为而治"不能理解为消极无为,恰恰相反,它的目的是"无不为",以"无为"的手段达到"无不为"的目的。

老子曰:"我无为,而民自化;我好静,而民自正;我无事,而民自富;我无欲,而民自朴。"这里,君的"无为",带来的是民的"有为"(自化、自正、自富、自朴)。也就是说,放手让民去"有为",不乱干预,就会事半功倍。这才是"无为而治"的本意。历来将"无为而治"看成道家的主张,而首先提出这四个字的却是孔子。子曰:"无为而治者其舜也与?夫何为哉?恭己正南面而已矣。"(《论语》)为何说舜能无为而治呢?《大戴礼记》中,子曰:"昔者舜左禹而右皋陶,不下席而天下治。"正因为舜能任用禹、皋陶等贤臣,才能"不下席而天下治"。故而儒家无为而治的含义在于任用贤才,充分授权,众贤有为,则君可无为。这种无为而治的管理哲学，在中国历史上影响深远。汉初的"文景之治"，唐朝的"贞观之治"，都是无为而治的典范。

在当代中国，许多企业家把"无为而治"奉为管理的最高境界。在文化管理模式中，企业凭借优秀的文化，以及成功地"以文化人"，使各级管理者和员工各司其职，自觉主动地按企业的要求去行动，做到上下同欲，众志成城，主要领导者就可以做到"无为而无不为"了。

刘鹏凯在黑松林采用的就是接近"无为而治"的管理模式。所谓心力管理，就是通过对员工心力的发掘，使各项工作取得不竭的动力，员工众志成城，自觉奉献，实现生产经营的"自动化"；同时，刘鹏凯对下属高度授权，以至于在黑松林，领导在与不在一个样。通常，刘鹏凯大部分时间在外出差，而企业经营管理仍井井有条。

总之，刘鹏凯的心力管理不仅体现了现代管理的优秀思想，而且渗透着中国博大精深的管理哲学，是中国式的现代管理，而黑松林则成为不折不扣的"管理盆景"。

张　德

清华大学经济管理学院教授、博士生导师

推荐序四

"四识"与"四性"

我参观过很多中小企业，当我第一次来到黑松林时，就被它的整洁、有序所深深吸引。作为国内一家大型胶粘剂专业生产企业，黑松林不像其他化工企业那样，在这里你闻不到一点化工产品的味道，即使在锅炉房也看不到一点灰尘。营造出这样的内部生产环境，这在很大程度上归功于刘鹏凯董事长所倡导的心力管理理念。心力管理要解决的问题是，怎样将管理管到员工心里。如何真正做到以人为本，是企业建立和谐的雇佣关系的关键。黑松林成为我承担的国家自然科学基金重点项目"中国企业雇佣关系模式与人力资源管理创新研究"（71332002）中我与刘泱博士共同研究的典型案例。我认为，黑松林的管理方法值得很多中小企业借鉴和思考。

企业经营的目的到底是什么？过去，我们一谈经营，就是企业的利润。现在除要最大可能地实现利润的增长外，还要处理好企业的各利益相关者的关系，既要考虑股东、员工的利益，也要重视客户、社会的满意度。刘鹏凯在近40年的企业管理生涯中，不断地思考企业经营中的

"碎片"，分析企业管理中的现象，不断地总结、归纳、凝练，他所倡导的心力管理，真正抓住了管理的本质。

心力管理是以人为本的管理。对于中国企业的问题需要从中国实际出发，发现问题、分析问题和解决问题，这也是企业管理研究最为核心的指导思想。真正的管理并不是对员工进行"压迫式"的约束，而是注重员工心智模式的培育，最大限度地调动员工的精神力量，在企业中营造和谐健康的发展环境。在心力管理中，企业家与员工的关系应是相互尊重、相互学习、相互关心的，也应是积极热情、真诚相待、相互宽容的。虽然现在很多企业都在强调这一点，但要真正做到却很不容易。

学术界通常把企业管理的发展划分为三个阶段：一是经验管理阶段，二是科学管理阶段，三是文化管理阶段。在创业初期，企业可以通过企业家的个人魅力、权威或能力来引导自身发展。不过，当企业规模变大、外界环境变得更为复杂时，单纯依靠企业家的个体行为已经无法满足企业发展的要求，这时就需要利用科学管理的制度进行管理。然而，制度的刚性不足以解决中国情境下企业的所有问题，为此还需要文化的配合，于是迈进文化管理阶段。通过企业文化将员工的"心之所及"转化为"力之所达"，变成员工的自觉行动，从而提高企业绩效，推动企业持续健康发展。这在企业管理上也就完成了由他律向自律的转化，实现了由刚性管理向柔性管理的转变。

管理学大师彼得·德鲁克指出，管理不在于知，而在于行，其验证不在于逻辑，而在于成果。我1991年从美国学成回到南京大学后，就提出了企业家与管理者需要具备"三识"，即知识、见识和胆识。知识是基础，但即使有较丰富的知识，也不一定会有见识。因为要有见识，还要有科学的理论和正确的思想进行指导，才能使知识真正产生作用。所以，仅有知识还不够，还必须有见识。此外，企业家必须有胆识，要有冒险精神、创新意识，还要有全球视野，这些都非常重要。只有知识、见识和胆识齐备的管理者，才是一位学习型管理者和卓有成效的管理者。

当前，转型经济下的中国正经历着一场全面而深刻的变革，社会结构日益复杂、利益格局深刻调整、思想观念不断变化、价值追求日趋多元化，这些都为我国人才队伍建设工作提出了一系列的新问题、新挑战，要求人才必须具备更高的素质和更强的能力。因此，除了"三识"外，最近我又提出，企业家和管理者还要学会寻求"共识"。共识意味着"求同存异"，寻求共同的认识、价值和理想。当然，"共识"并非指所有人都一致同意，也不是多数人的偏好，而是即使对部分认识、价值和理想有异议，仍能在总体上形成一致意见，从而有效推进问题的解决。共识的形成需要群体讨论，保证所有人的意见都得到倾听和理解，共识是尊重意见、倾听意见的解决之道。善于沟通并达成共识，有助于企业家和管理者做出相对一致的决策。

协作意识，是达成共识的重要前提。当今社会，社会结构、思想观念和价值追求日趋多元化，不同群体要相互协作，求同存异，通过寻找共同目标和适当方法来消除分歧、化解纷争，实现和谐共处、共同发展。

概言之，知识、见识、胆识、共识，是包括理论修养、政策水平、渊博学识、决断能力、创新精神、宽广视野和求同存异在内的综合素养，是德与才、胆与识、勇与谋、个人与集体的有机统一。"四识"与人才"四性"——高素质性、高积极性、高协作性、高自律性高度统一，它们体现了对事业的追求、对责任的担当。我相信，如果企业把心力管理做好了，就一定能发展壮大，不断取得成功。

赵曙明

南京大学人文社会科学资深教授、博士生导师

南京大学商学院名誉院长、行知书院院长

推荐序五

让心力管理在中国企业界发热发光

心力管理是中式"心本管理"

刘鹏凯既潜心管理，又是一位迷恋写作的企业家。本书是他苦心经营企业数十载，探索中小企业管理模式、方法的高度总结。该书聚焦黑松林的企业管理25法，既汲取美式物本管理、日式人本管理的精粹，又践行中式心本管理的理论，更有黑松林心力管理的特色。

心力管理之妙在于无形胜有形，表现为无形管理的现场力。这种无形的现场力，不计较条件，不讲代价，千方百计解决问题，就是中国传统文化所讲的"赢得人心"。这是企业在当今多变的环境中，所表现出来的一种整体的突破力、创新力、持续力和内生力。

中华传统文化认为，管理意味着爱。一个企业家要在工厂构建一种"家"的氛围，营造"家"的温馨，就需要从心灵深处发现真我，对内心加以管理。管人就是管心，把握人性的特点，关注人的各种需求，做好人心的养育，是现代企业管理中的重要问题，也是心本管理之根本。

心力管理的经营之道

第一，眉批管理法。何为眉批管理法？"简言之，就是把中小学语文老师常用的批改作文的方法——眉批，用于现代企业管理实践，将企业日常管理中的每一个人、每一件事、每一个问题，当成'作文'来读，或赞赏，或提醒，或指正，让员工明白道理，提高认识。"刘鹏凯这样解释道。

刘鹏凯讲述了一则故事：有一次，他从上海出差归来，还未到上班时间，老远就从大门栅栏的隔挡中看到机修工老王扛着两根角铁走向车间。他冲上去想助一臂之力，被转过头来的老王发现了："厂长，没关系，习惯了。"老王边说边熟练地托着角铁放到指定位置。

"一根角铁两人扛是常事，而一个人提前上班，扛两根角铁，就需要爱厂如家的精神。"刘鹏凯说，企业的所有做法都必须通过积极的态度去执行。"对于老王这样的好员工，我给了他最高'眉批'——晨训会上全体员工的掌声。"刘鹏凯认为，在现代企业中，高素质员工的举手投足，哪怕是点点滴滴，都很有必要及时回应，给出一些赞赏的"眉批"，拨动员工心弦，激发员工潜能。

一次，刘鹏凯到车间，忽然发现干净透亮的水磨石地面上有一摊滴胶，反应釜放料阀口上也挂着一根胶柱。他顺手拿起一旁记录牌上的粉笔，在地上滴胶的四周画上了一个大大的圆圈，写下启发式的眉批：大处着眼，小处着手，如何彻底消灭滴胶？最后连画了三个粗粗的"大耳朵"。一边的车间主任低着头，弓着腰，像个犯了错却不知道错在哪里的孩子。

"解决问题最好的地方，是在问题发生的地方；解决问题最好的时间，是在问题发生的时候。"刘鹏凯说，作为一名管理者，在第一现场画圈，写下启发式眉批，用最直白的线条加语言锁定问题，让员工来共同关注，一起分析，努力寻找解决问题的钥匙。

后来,"眉批效应"变成了群策群力的动力。"自打我在地上画过问号以后,现场管理'地下无滴胶,桶外无挂胶,桶内无积胶'的'三无'制度深入人心,清洁生产变成了员工持之以恒的自觉行动。"

还有一次,几名老工人联名给刘鹏凯写了一封信说:"如今舅舅不如外甥,萝卜不如菜根,干了二三十年,收入还不如新来的大学生,不知厂长是何感想?"第二天下午,他就将这几名老工人请到办公室,又是倒茶,又是递烟。正好桌上放着一份美国发来的考察邀请函,他就顺势将邀请函递过去:"看看写的是什么?""厂长拿我们穷开心了,学的几个字母早跟老师跑了!""你们几个谁能看出来写的是什么,我给你们加工资!"几名老工人一下子沉默下来。

于是,他拨通内部电话,叫来新招聘进厂的大学生。"把这份邀请函翻译一下。"不一会儿,新员工就翻译出来了。几名老工人面面相觑。

几名老工人的联名信,谈的是工资问题,反映的却是价值观上的差距,不能小看这种现象。刘鹏凯说:"伏笔式眉批就是在处理问题之前有所暗示,然后顺理成章地引向所希望出现的情境或结果,让人心服口服。"

刘鹏凯形象地解释,眉批管理法是一门营造文化氛围、以人为本的管理艺术。"这种管理就像蒲公英,借助风势,将种子传播到工厂的各个角落,播撒到每个员工的心里。"

第二,细节管理法。在刘鹏凯看来,企业首先是员工的企业,然后才是股东的企业。以人为本,需要"把我的真心放在你的手心",需要培植、呵护、关爱,更需要以坦诚换坦诚。在中国石油和化学工业首届企业文化建设促进大会上,黑松林关注细节、注重问题管理的细节管理文化获得了专家的肯定:"小企业,大文化;小故事,大载体;小老板,大贡献。企业虽小,但突出细节管理,在全国胶粘剂的绿洲中培育出了一片'黑松林'。"

面对管理人员少、员工人数少、整体学历相对偏低的现状,自 1994

年以来，黑松林就确立了关注细节、注重问题管理的企业文化建设方式：从小事做起，把小事做精，把细节做亮，把细节做伟大。

管理的基础是制度。黑松林在培育员工整体价值观的同时，加强制度管理，建立、健全、完善了员工行为规范、奖惩条例等必要的规章制度，建立了34套工作标准、80套管理标准和176套技术标准。在制度出台前，黑松林采用全员认同管理法，先将讨论稿交员工自由讨论和评议后，再进一步完善、修订，使制度人人能理解，个个能执行。

细节管理更需要用心沟通。黑松林通过晨会、班前班后会、集中学习等多种形式，深入员工中沟通交流，广泛宣传企业文化建设的意义、方法及企业文化内涵等。结合员工的各项意见，他们先后印制了《安全文化小故事》《质量文化小故事》《管理文化小故事》等。

细节管理强调的是一个系统，每个岗位的每位员工都要把自己的事做好。企业负责人的一言一行对企业的细节管理有着极其深远的影响。在细节文化的建设过程中，刘鹏凯撰写了《黑松林，我的太阳》《细节的响声》《漫话企业细节管理》等故事集，丰富了企业文化建设的内涵，提高了企业文化建设的实效性。

细节管理需要管理创新。黑松林针对一些有代表性的问题，编写出小故事，用漫画形式悬挂于厂区显要位置，提醒员工时时事事警醒、自律，形成了黑松林特色文化的一部分。

凝聚力和向心力是细节管理执行到位的人本保证。从1995年开始，黑松林便建立起一些以员工为中心的"规矩"，每个员工都耳熟能详，并都从中获益。比如，黑松林有一个特别决定，那就是向营销员、驾驶员发放月度家属津贴。营销员、驾驶员每月只要出差满18天，每天就可享受到10元的家属津贴。

现在，这支工作认真、纪律严明、执行力强的员工队伍，既树立了企业的良好形象，提高了企业的核心竞争力，也使企业取得了较好的经营业绩。黑松林商标连续六届被评为著名商标，主产品被评为江苏省名牌产品。黑松林与多家《财富》世界 500 强企业达成了稳固的合作关系，特别是在全球金融危机中，黑松林加大了科技投入和改造力度，产销率增长超过 50%。

第三，关注环境保护。黑松林是一家生产各种胶粘剂的化工企业，过去生产一锅胶要用 10 多吨水，既浪费又污染。从 2004 年起，黑松林投资 20 多万元，建起了 250m³ 的循环水池，仅此一项年均节水 1000 多吨。为了进一步减少污染，黑松林将所有的出料口安装上员工自己革新的专利成果——防泄漏保护套，既环保又便捷。与其他化工企业相比，黑松林的厂区闻不到一丝异味，车间里看不到一点滴胶。

刘鹏凯始终认为，环境保护是一种责任，是一种良心。做好环境保护工作，既是对国家负责，也是对一方百姓负责。如果一家化工企业不把环境保护工作放在第一位，它是走不远的。

企业人文精神的落地

工作场所精神境界现在是西方企业文化研究的热点之一。所谓的工作场所精神境界，是指组织能够认识到，员工是既有思想又有灵魂的人，既希望与他人建立联系，又希望在工作中发现生活的意义。从某种意义上说，随着物质生活的不断丰富，人们越来越关注生存的意义。他们希望感受到生活中存在的某种意义，以及他们是某种比自身更伟大的事物的一部分，而不仅仅是希望获得稳定的工作、工资等。今天，企业所面对的变化和不确定的环境是精神境界问题的重要来源。不确定性使人们感到焦虑，故而他们选择从事一些精神或信仰活动。这些活动能为他们带来宁静、归属、联系、成就、意义。

在具有精神境界的组织中，员工不是为了赚钱而工作，而是为了超越金钱之上的精神支柱和人生意义而工作。值得欣喜的是，这种精神境界在黑松林找到了。心力管理为组织赋予了浓厚的精神境界，是从"物本管理"到"人本管理"的升华和具体化,是"人本"到"心本"再到"心力"的飞跃。刘鹏凯所倡导的心力管理似大海,容纳了先进管理思想的精华;似小溪,温润了每位员工的心田。心力管理至少诠释了企业管理的以下八个问题。

第一,组织最基本的素质在于人心的培育。素质一词通常用于个体,表示一个人的潜在品质和能力。组织素质是指组织的潜在品质和能力,其中,潜在品质主要是组织所具有的价值观、凝聚力与组织成员对组织目标的认同感;潜在能力主要是组织的智商、组织的学习能力和组织的应变能力。在潜在品质中,组织的价值观是最根本的,凝聚力和组织成员对组织目标的认同感有着至关重要的意义。潜在能力的核心是组织的应变力,组织的智商就是组织的智力水平,也是组织的内在素质,如同个人的内在素质一样,是决定组织在市场竞争中成功与否的根本条件。组织的素质有许多,如反应速度、业务流程的高效性、企业的形象,但组织最基本的素质是什么?追本溯源,员工的"心力"才是组织最基本的素质,人心的培育才是企业管理的根本性工作。

第二,最简单的管理方法在于"推己及人"。儒家倡导"修身、齐家、治国、平天下",修身是第一位的。无论人本管理还是情感管理,首先要求管理者有一颗仁爱的心,并将这颗仁爱的心"推己及人"。刘鹏凯并没有系统地学过管理学,20世纪70年代初,他就从学校进入工厂,一步一个脚印,从工人到干部,后来下海做起了企业掌舵人。刘鹏凯亲身经历了企业管理的种种问题,对员工的各种需求有最深切的体悟,能想员工之所想,急员工之所急,真正做到换位思考、推己及人。

第三,员工成长才是发展型组织的本质。发展型组织,又叫超越学习型组织,是组织进化的最终阶段。传统型组织与发展型组织的重要区别就是组织对员工成长和发展的重视程度不同,发展型组织正是在传统型组织的基础上,采取行动以促进和激励个人与组织的长期成长和发展。发展型组织具有如下特点:组织的战略重点是通过员工成长保证组织将来的发展利润、未来的生产率提升；员工的角色是发展能力的储备者和提高者。本书也将员工成长视为企业管理的重要方面，"磨合法""记豆腐账法""热处理法"都是在讨论如何为员工提供良好的发展环境，如何促进员工发展，如何锻造一支优秀的员工队伍，以在市场竞争中立于不败之地。

第四，管理的伦理思考。表面上，经济学的研究仅仅与人们对财富的追求有直接的联系，在更深层次上，它还与人们对财富以外的其他目标的追求有关，包括对更基本面目标的评价。经济学和管理学都需要关心人类的最终目的是什么，以及"什么能够培养人的美德"或者"一个人应该怎样活着"这类问题。但在现代社会，伦理问题已被淡化，出现了精神危机、信仰危机和伦理危机。所以，站在人类社会发展的角度，一个具有责任心和使命感的现代企业家，必须关注伦理，关注人。而关注人，最重要的还是关注人心。

第五，管理是科学更是艺术。所谓艺术，就是以个人的经验、熟练程度为基础的技艺和技巧。管理活动是处理和协调人与人之间关系的社会活动，管理的主体是人，管理活动之中最重要的也是人，人是有思想、有意识的高级社会动物。虽然管理活动必须遵循客观规律，但是管理者在运用管理理论指导管理实践时，不可能像运用自然科学指导实践那样"刻板"，而是要求管理者灵活多变地进行具体问题具体分析。管理是一门艺术，主要强调的是它的实践性和灵活性。也就是说，管理不是僵硬的规章制度，而是带有温情的头盔、一块生日蛋糕等。

第六，情感管理是中国传统文化的传承。所谓情感管理，就是管理者以真挚的情感，增进自己与员工之间的情感联系和思想沟通，满足员工的心理需求，形成和谐融洽的工作氛围的一种管理方式。情感管理将企业目标与员工个人心理目标有机结合起来，在实现企业目标的同时，员工个人心理目标也得以实现。情感管理的宗旨就是协调企业与员工之间的利益矛盾，谋求企业与员工的共同发展，促使员工自觉管理。情感管理在我国管理中具有特别重要的意义。中国传统文化是一种伦理型文化，伦理型文化往往要依赖情感的纽带来维系。中国古代先哲对情感管理的作用有许多精彩的论述，从"爱民"到"视卒如爱子"等，种种见解与现代情感管理理念如出一辙。情感管理的本质就是维护人的尊严与尊重人的价值。尊重人就意味着要有效满足一定对象在特定情境中的合理要求。尊重人，不仅要求企业尊重员工的人格尊严、劳动成果和价值，还需要企业为员工创造良好的人际关系和工作环境、公平公正的制度和待遇、良好的沟通氛围，促使员工产生光荣感和成就感等。

第七，管理对哲学的思考。德鲁克曾经说过，企业的目的必然存在于企业自身之外，存在于社会之中。这句话引导着人们对管理哲学的思考。企业经营的目的到底是什么？是利润最大化，还是管理者收益最大化？是市值最大化，还是规模最大化？刘鹏凯是一位特立独行的管理思想家，在近40年的企业生涯中，他一直在思考这些问题，并透过纷繁的管理乱象，抓住了管理的本质——心力管理。

第八，人本管理的魔力在于细节。老子有句名言："天下难事，必作于易，天下大事，必作于细。"张瑞敏也说过，把简单的事做好就是不简单。但在人本管理中，细节来自哪里？本书给出了答案：细节来自用心。比如"短信法"，寥寥数语，却如春风一般，吹进了员工的心田，真正实现了领导动一小步、员工动一大步的四两拨千斤的用心管理效果。

心力管理，正如刘鹏凯所言："是几十年来在工厂管理实践的拾零、写真，平淡得像白开水，但出自深山老林中的清泉，无污染，能解渴，或许还有些对人体有益的矿物质。虽没有精深的理论、恢宏的篇章，但易读、生动而实用……"所谓微言大义，不过如此。

心力管理就是大事必作于细，管理必成于精，行之力源于心之力，心力聚于文化价值。而王成荣教授认为，"心力"是爱心、良心、诚心、感恩之心和智慧之心所形成的力量。修好这种"心力"，就可以爱员工、爱客户，诚信经营，感恩社会，感恩一切帮助你的人，不做亏心事，不赚不道德的钱；修好这种"心力"，就会以一种道德和智慧的力量，匠心独运，做实做精每一件事；修好这种"心力"，就可以掌握一种"心视"方法，在心中形成一杆秤、一座灯塔，因而能透视经营，透视人生，辨别是非曲直，把握好自己前进的方向；修好这种"心力"，也可以将心比心，用己之"心力"，启动他人之"心力"，用个人之"心力"，启动团队之"心力"，用充满正面力量的星星之火，点燃推进企业发展的一团火。

心力管理是对管理学的创新与发展，具有重要的理论启示和实践意义。黑松林的管理实践，彰显了两大成功魅力：一个是细节管理的魅力，另一个是心力管理的魅力。而在企业实践中，这两者密不可分，紧紧地融为一体。真可谓：细节中的心力管理，心力中的细节管理。

作为企业家和作家，刘鹏凯在繁忙的企业管理工作中，注重体悟，善于思考，著述不辍。他不满足于做一个管理匠人，而是致力于成为管理思想家，因而注重管理中的规律发现和理性思考。人心的培育，于己、于人、于组织都是意义深远的大事。在管理科学中，任何一个具体的认识，只是对管理世界的一个层次、一个方面、一个发展阶段的认识，而管理对象在时间和空间上是无限的、动态的。心力管理是从"物本管理"到"人本管理"的升华和具体化，是"人本"到"心本"再到"心力"的飞跃。

刘光明

中国社会科学院研究员

推荐序六

时代的企业需要由"心"到"力"的企业文化

我调研过很多企业，刘鹏凯的黑松林只是一家小企业。作为黑松林的负责人，刘鹏凯长期坚持在这一片天地里精耕细作，不断学习、反思企业管理理论与实践，总结出心力管理这套理论和方法，我认为非常了不起。

心力管理的初步认识

我接触到心力管理后，对企业管理的本质进行了深入思考。我们可以把心力管理放在整个管理学的背景下去探究。自1911年泰勒的《科学管理原理》出版以来，整个管理学的发展大致经历了四个阶段：一是科学管理阶段，完全是用科学手段与方法进行管理；二是行为科学阶段，主要是以行为科学、人际关系为代表的管理理论；三是现代管理阶段，开始把数学模型、科学技术引入管理；四是企业文化管理阶段，大概从20世纪80年代开始，以企业文化的出现为代表，还有学习型组织、人本管理等。

纵观管理学发展的100多年历史,总的趋势是从"硬管理"向"软管理"发展。心力管理正好顺应了这一发展趋势,而且更加关注现代管理学所提倡的"企业应综合考虑所有利益相关者的价值"。除投资者或股东外,企业的利益相关者还包括管理者、员工、供应商、客户等,他们的价值都应该得到重视。虽然管理学发展的每个阶段都有不同的理论提出者、代表人物,但是包括企业家在内都公认,最难的是对人的管理。人心难测,因为人与人不一样,世界上没有两片相同的树叶,同样也没有两个相同的人,对于不同的人,要用不同的方法去沟通,并在心理层面做到以心相交。所以,刘鹏凯在管理的心与力上的实践探索与经验总结是很不容易的,他在尝试解决企业管理中最难的问题:怎样聚拢人心,怎样有效管人。正是刘鹏凯长年在自己企业中矢志不渝的探索,才让我们看到了诸多很有价值的成果,而且他本人如今还在持续地总结、反思和实践。

心力管理的再认识

隋朝王通说过这样一句话:"以利相交,利尽则散;以势相交,势败则倾;以权相交,权失则弃;以情相交,情断则伤;唯以心相交,方能成其久远。"刘鹏凯在本书中提出"知心、聚心、塑心",正是我们现在考虑的问题。作为企业老板,他应该怎样与员工以心相交呢?无论员工的行为不当,还是高管违反了企业的管理制度,或是为有缺点的员工提供帮助,刘鹏凯都有自己的考虑。

德鲁克曾说过:"我经常听到人们谈论企业文化,它的真正含义是对企业共同目标和共同价值观的承诺。离开这个承诺就不会有所谓的企业体,剩下的只能是一群乌合之众。经理人的工作就是深思熟虑,设立与证明企业的目标、价值观、任务的正确性和重要性。"首先,企业要有共同目标,我们要做出一个什么样的企业;其次,我们要共同遵守一个什么样的价值观。离开这样的承诺就不会有所谓的企业体，而企业文化解决的就是知心、聚心、塑心。德鲁克告诉我们，经理人包括老板，他们的工作就是深思熟虑，提出并证明企业价值观的正确性和重要性。我到很多企业做调研时发现，企业老板们对此都觉得很难。在一些企业里，员工的收入很高，老板觉得自己对员工不错，但是很多时候员工和老板就不是一条心。员工有自己的想法，有些员工甚至会觉得自己总归是企业的外人。这就需要我们真正日复一日地践行企业文化，让员工有真正的幸福感和归属感。我觉得，心力管理在企业文化的塑造和管理方面就是很好的实践。

怎样系统地建设企业文化？我提出过三个步骤。一是"教化"，要让员工明白在企业里，什么是好的、什么是坏的，什么是应该做的、什么是不应该做的，什么是对的、什么是错的，这就是价值观。但是，问题在于你不能每天都抽象地去跟员工讲道理，而刘鹏凯运用了很多独特的方式和方法，我觉得这些方式和方法很妙，能让员工真正明白应该怎样去做。比如，员工在家里干私活，应该怎样处理？员工工作失误后，应该怎么罚款？罚款之后，为什么又还给员工？通过这些小故事或案例去教化员工，践行企业文化。二是"感化"，在管理实践中，刘鹏凯让员工感动，到最后流泪。员工知道自己错了，然后再去改正。其中一方面是教育，另一方面是企业家以身作则。但是，关键在于你要有这个心，才会有这个方法。这完全不是物质问题，而是心力管理的魅力所在。三是"同化"，要让员工心往一处想，劲往一处使，这就是企业管理的同化作用。心力管理就是这样的管理过程。

心力管理与竞争力

企业管理的关键在于：不仅要让企业活下来，还要活得好。如果企业不能解决生存和发展问题，其他都免谈。企业管理理论说得再好，如果企业运用后没有竞争力，就没有说服力，皮之不存，毛将焉附。在本书中，员工的"五感"阐述得就比较好。

一是命运共同体感。企业是老板的，不是员工的，老板不可能把所有的钱都分给员工，这是不现实的。那么，怎样形成命运共同体的感觉呢？作为老板，刘鹏凯承诺员工工资五年翻一番。这样，员工就期望跟你共命运、干事创业，力争实现企业目标。这样的承诺对老板来说压力还是很大的，因为五年内产品价格不可能增长一倍，而员工的工资支出是要翻倍的。但是，老板白纸黑字写下的承诺，如果做不到，以后你再怎么教育员工，员工也不会再相信你了。这是塑造员工命运共同体的一个鲜活案例，关键是老板对自己的承诺要有担当。

二是岗位职责感。像黑松林锅炉房做得这么干净，整个厂区做得这么整洁，确实很稀罕。在黑松林，厂里搞得很漂亮，却没有一个花匠，也没有一个清洁工，都是员工包干，每个员工都有自己的责任区，这就是岗位职责感。当然，这不是一朝一夕就能形成的，而是需要日积月累才能形成的。

三是相互信任感。如何让员工之间相互信任、老板和员工之间相互信任，这是一个大课题。我们可以在阅读本书的过程中，找到很好的阐述与非常有成效的实践。

四是竞争危机感。在黑松林，有一条很大的标语：不知道明天做什么的人不是黑松林人。这个很令人警醒，我们已进入数字经济时代，企业不仅要继承过往的经验，还要对未来有危机感。危机时时刻刻存在，不要说是黑松林这样的小企业，哪怕是很多世界一流的大企业，破产的危险也是存在的。

五是发展紧迫感。要运用心力管理这一管理模式，大力推动创新与发展。

同时，黑松林的心力管理推动了企业中相配套的"五气"。比如，干部有灵气，就是管理者对企业战略的把握度大、对市场的敏锐度高、对未来的预测性强；员工有志气，就是虽然黑松林是家小企业，却能为3M公司、汉高等大企业做配套支持，员工感受到黑松林在行业内做得很好，致力于做小而美的企业，做一流的企业和产品。队伍的士气、产品的名气、企业的朝气，这些都是长期以来润物细无声的管理所带来的，企业进入了一个正向循环的发展过程。

我去过日本考察学习，日本的很多企业就是小而美的企业。它们在某一个行业细分领域内做精做强，各方面都发展得比较好，无论员工的凝聚力还是工资收入都很好，企业发展也很稳健。我觉得，日本小而美的企业可以成为黑松林学习借鉴的标杆。

今后，黑松林不是跟别的企业拼规模，而是争取在成为小巨人上做出大文章。这里的大文章是指：一方面，黑松林的各个方面都发展得很好；另一方面，黑松林在有特色的管理方式上，尤其是对员工的管理方面，要把心力管理不断地探索下去。

我和我的研究团队愿意长期跟踪研究黑松林这样的企业，为这样有特色的管理模式贡献我们的力量。"没有成功的企业，只有时代的企业"，张瑞敏的这句话讲得很好，包含了很丰富的哲学内涵。企业都想做成百年老店，这是没问题的，但是，企业家的第一任务是把企业做成符合当今时代要求的企业，黑松林已经做出很好的探究和实践，我们期待更多的成果！

苏 勇

复旦大学东方管理研究院创始院长、教授、博士生导师

推荐序七
企业文化践行的有效方式

刘鹏凯既是一位创业型的企业实干家,又是一位实践型的管理研究者。在繁忙而紧张的经营管理工作中,他不断思考、总结和凝练,将日常积累的大量实践经验提炼为一般规律,将丰富的感性认识升华为理论成果。本书凝结了刘鹏凯独树一帜的管理观点和方法,具有不可多得的价值,它彰显了两重意义。

一方面,刘鹏凯通过亲历的大量实践和深入思考,回答了"什么是管理的根本所在"这一既明确又模糊的问题。众所周知,企业如军队,打仗胜败的根本在于人心向背。可是,这一真理却被淡忘甚至抛弃了,似乎单纯严酷的规章制度、不断加码的经济利益刺激、简单的雇佣关系等,才是企业制胜的利器。孙子之所谓"上下同欲者胜""不战而屈人之兵",乃用兵之上策,讲的就是"心力"取胜。刘鹏凯以自己的亲身实践证明了管理"人心唯上"的真理,找回了丢失的管理真谛,寻绎到一部永续经营的真经。

另一方面,本书为企业文化的实践落地开辟了一条路径。文化管理的本质特征是以人为本,"以文化人"。怎样体现这个"本"?文化怎样化人?知员工之心,与员工交心,尊重员工,才能体现"本"的主体地位;聚众人之心形成合力,才能使员工真正成为企业的主体;塑造员工向上向善之心,才能使员工形成健康人格和心态,达成文化养成之境界。刘鹏凯认为,"要想改变人的行为,最有效的办法就是改变人的思想,用心力、用先进的思想去改变"。实践证明,经营管理过程的创新,以及设备的改进、现场管理水平的提升、各种工艺流程的优化,都是由一线员工在现场及时发现、分析和解决的,"要创新就要先创心"。企业文化说到底是企业经营文化、管理文化和经济文化,文化管理的任务最终要体现为员工素质和行为的改变,促进企业创新水平的提高。这一切都应从"心"做起。

本书可读性强,因为它具有如下特点。

第一,本书贯穿了中国民营企业家的人学思想和文化观点。人、文化是两个历史悠久的有争论的话题,至今对于这两个看似简单的话题,也未能完全争论明白,可能还要长期争论下去。我认为,人与文化的关系是最本质的,人是文化的产物,文化是人类的独有财富。人之异于禽兽者在于文化,文化是人的本质属性。文化先存于人心,而后表征为行为,所谓"心之官则思"。抓住了人心便抓住了文化,塑造人心就是在塑造文化,塑造人心的首要内容是文化。文化即人化,文化乃人学研究之主体内容。从这个意义上讲,刘鹏凯不仅是在创造一种管理方式和手段,也是在从企业家的视角探索人学思想。书中提出的"善用其心、自净其心、消除恶心、增强爱心、发自内心",都体现了刘鹏凯"以文化人"的主张。

近些年来,很多世界知名企业家把目光聚焦到"人"上,这反映了全球背景下管理趋势和依靠重心的转变。被世人称为经营之圣的稻盛和夫主张"敬天爱人",因为"事业和人生成功的秘诀在人心"。他认为"心性的重要性,对任何人来说,都应该是同样的。人类心性的本质不会因东西方的地域差异而有所不同""在经营资源中,最重要的是人,进一步说,是人的精神""不同的心导致地狱和天堂之别"。稻盛和夫经营的京瓷和日航都是大企业,而刘鹏凯经营的黑松林是家小企业,但是,他们对人的重视和对人心的认识具有很多相通之处。由此可见,刘鹏凯的管理思想是比较有高度的,中国企业家对世界级大师管理思想的敏锐捕捉,对先进管理理念的感知、体味和积极践行可见一斑。

美国玫琳凯化妆品公司创始人玫琳凯曾说:"我们很在意盈亏,但并不是我们的最高目标。对我来说,P 和 L 不仅代表利润(Profit)和亏损(Loss),同时也代表人(People)和爱(Love)。"她认为,"每个人都是重要的,管理人员对下属应该持这种看法",因此,"一个优秀的管理人员应该不断地勉励每一位下属,提高他们的自尊和士气",管理人员身体力行尊重每一位员工和顾客,赢得了员工之心和顾客之心,进而就会取得骄人的业绩。在本书中,我们也能看到许多相似的故事。书中尊重员工的事例,俯拾皆是。每一次谈话与鼓励,每一次误解的冰释,每一次内疚的弥补,每一次惩罚后的深情沟通,每一次剑拔弩张的窘境解围,无论何种境遇中的难题化解,都始终维护员工的尊严,让员工感到满满的正能量、感激与信心。壳牌公司董事长阿里·德赫斯在《长寿公司:商业"竞争风暴"中的生存方式》一书中尖锐地指出:"公司衰亡是由于它们的管理者过分拘泥于生产与服务行为,忘记了他们所在的公司的真正本质是人类社区。"可见,忘记了人,就搞不明白企业为何存在、为谁存在,也会模糊企业发展的根本动力。在黑松林,把员工放在企业的崇高位置上,这说明刘鹏凯有远见卓识,踏准了现代管理的节拍。

第二,讲故事、解案例、重细节、以小见大。企业家写书说理之所以能够吸引读者,激起读者手不释卷地阅读下去,关键在于企业家的行而论道——通过大量案例阐明观点,而且建立在大量实践基础上的观点,大多是令人信服的,这会省却很多见仁见智的形而上的争论。典型案例能使读者触类旁通,便于模仿,具有实践价值和操作指导性。刘鹏凯是个讲故事的高手，以事说理，语言幽默风趣，交心方法灵活，聚心形式花样翻新，塑心路径多种多样。书中的大多案例都是他亲身经历的，故能信手拈来，运用自如，没有隔靴搔痒之感，唯见春水之鸭的舒畅明快。

书中的故事或案例没有惊天动地的大事，都是生产管理和员工为人处世中的细节，这些细节却能使人见微知著，悟出大道理。事实上，企业管理的成败得失，经常发端于细节，日常管理工作也都是处理细枝末节之事，所谓成大事者必作于细，就是这个道理吧。

第三，旁征博引，立论稳妥。注重学习已成为刘鹏凯的一种优良品质，学理论、学实践，向专家教授学、向员工学，上班学、下班学，吃饭时学、出差路上学，古今中外的学问兼收并蓄。正是不同学问的滋养，各种经验的启发，使他成为一个专业精通的经营者，也成为一名笔耕不辍的文化人。在本书中，他旁征博引各派名家理论和各类实践者的正反经验，阐明自己的观点，与自己的实践方法互为佐证，力求全书思想观点立论稳妥。远至古代圣贤，近至名家名企，刘鹏凯都能多方涉猎，娴熟运用。如果没有这些引论支持，只有自说自话和孤芳自赏，本书观点的说服力和实践的典型性都会大为逊色。

综上所述，本书不仅可学可想可操作，为企业文化建设创造了一种实践范式，还可读可赏可收藏，为心与心的沟通提供了一把灵巧的钥匙。

孟凡驰

中国企业文化研究会理事长、教授

目 录

推荐序一　用心管理与用力管理的结合（邓荣霖）
推荐序二　心力管理：人本管理的题中应有之义（贾春峰）
推荐序三　心力管理与中国传统管理哲学（张德）
推荐序四　"四识"与"四性"（赵曙明）
推荐序五　让心力管理在中国企业界发热发光（刘光明）
推荐序六　时代的企业需要由"心"到"力"的企业文化（苏勇）
推荐序七　企业文化践行的有效方式（孟凡驰）

绪论　得人心者得天下　/1
　　用心管理，管到心里　/2
　　做员工的"知心朋友"　/4
　　节点自治：让员工成为自己的方向盘　/15

第一篇　战略与组织

衔石子法：做好身边正确的事　/ 24
　　找到第一颗关键的"石子"　/ 25
　　以技术闯市场　/ 26
　　众人拾柴火焰高　/ 28
　　迭代产品　/ 30
　　点长当家　/ 32

走棋法：在大市场中获取竞争优势　/ 36
　　产品为王　/ 37
　　打造差异化竞争优势　/ 39
　　把"相同"的产品打造出"不同"　/ 41
　　创新要"出格"　/ 43

暖棚法：应对经营危机　/ 46
　　学会过冬　/ 47
　　敢于向一切袭来的危机亮剑　/ 48
　　敬天爱人　/ 50
　　做什么事都不要轻言放弃　/ 51

园丁法：培育企业精神、精品、精兵　/ 54
　　以人心为本抓管理　/ 55
　　不是精品就没市场　/ 57
　　将锅炉房当成厨房打理　/ 58

学步法：打造企业的组织能力　/ 61
　　工资五年翻一番　/ 62

以感情投入凝聚人心　/ 64
　　吵出来的企业制度　/ 66
　　以制度的底色提升组织战斗力　/ 67
　　心至则力胜　/ 70

磨合法：打造组织凝聚力　/ 73
　　找出最优配置　/ 74
　　磨掉管理者的棱角　/ 75
　　转变思维方式　/ 77
　　巧用"归谬"促磨合　/ 79
　　人才培养的另类磨合　/ 80

第二篇　领导力

眉批法：在工作中适时激励员工　/ 84
　　激励式眉批：晨会上的掌声　/ 85
　　启发式眉批：写在地上的问号　/ 87
　　伏笔式眉批：一封老员工的来信　/ 89
　　修正式眉批：一个不关门的圆圈　/ 90

留白法：发挥管理的艺术性　/ 93
　　空白之美：无人考核的记录栏　/ 93
　　含蓄之美：于无声处的较真　/ 95
　　知"止"之美：宣传栏里的学习心得　/ 97
　　思考之美：体会坐板凳的滋味　/ 98

脸谱法："快乐惩戒"的学问　/ 100
　　变脸：项庄舞剑，意在沛公　/ 100

吹脸：打开心灵的窗户 /102
　　唱三花脸：情感与理性并重 /103
　　扮黑脸：一石激起千层浪 /104
　　演"红白脸"：不信春风唤不回 /106

进二退一法：落实管理责任 /108
　　我做后勤部长 /109
　　一次点长的"微辩论" /112
　　上下同欲者胜 /114
　　一地胶水 /116

第三篇　市场与运营

记豆腐账法：关注营销员成长 /120
　　营销日记管理 /121
　　营销员角色转换 /123
　　管理者用心沟通 /124
　　践行最重要 /126

倒走法：在竞争中打破常规 /129
　　倒骑毛驴：柳暗花明又一村 /129
　　倒踢紫金冠：不做冤家做亲家 /131
　　倒拔垂杨柳：反其道而行 /133
　　反弹琵琶：发挥人的主观作用 /135

做馒头法：俘获客户的"芳心" /138
　　面对危机快速转身 /139
　　"你们的素质，五星级的" /140

有温度的心力营销 / 142

　　人性化经营 / 144

保温瓶法：应对不确定性 / 147

　　"设圈"保温，提升危机意识 / 147

　　"织衣"保温，定制御寒衣裳 / 148

　　"借火"保温，强化品牌形象 / 150

　　"抱团"取温，温润员工心田 / 151

弯道法：跳出安全抓安全 / 155

　　设个弯道，警醒每一天 / 156

　　拐弯抹角，关注每一件事 / 157

　　曲线行走，温暖每一个人 / 158

　　多转几个弯，防患每一个环节 / 160

不一般法：用成本管理建设自己的"护城河" / 162

　　风中的木桶 / 162

　　裁判与教练 / 164

　　干毛巾也能挤出水 / 165

　　五十七秒 / 167

第四篇　企业文化

解题法：在解决问题中塑造企业文化 / 170

　　拆解管理难题 / 171

　　解题的思维与策略永远比方法重要 / 173

　　被动催化不如主动"自化" / 175

　　有效配置资源 / 177

草堆寻针法：通过问题管理塑造细节文化　/ 180

　　临时现场会　/ 181

　　一张申报单　/ 182

　　违规的副总　/ 183

　　一枚红色的检验章　/ 185

　　另类"选美"　/ 186

"五道法"：培育和深植质量文化　/ 189

　　知道　/ 190

　　悟道　/ 191

　　行道　/ 192

　　修道　/ 194

　　传道　/ 195

春雨法：让文化管理"润物细无声"　/ 197

　　好雨知时节　/ 197

　　当春乃发生　/ 199

　　随风潜入夜　/ 201

　　润物细无声　/ 203

第五篇　员工培养

以静制"静"法：实现管理的"无招胜有招"　/ 206

　　静以待"悟"　/ 207

　　静以淡化　/ 208

　　静以观察　/ 210

　　静以养心　/ 212

短信法：让情感管理无处不在 /215

　　无形的手 /215

　　朴实的脚 /217

　　遥控器 /219

　　粘合剂 /220

　　贴身小皮袄 /222

"南风"法：赢得员工的认同感 /224

　　难得糊涂：管理中的有情与无情 /225

　　沉默是金：特定情境下的网开一面 /226

　　改善魂：点滴细节造就成功企业 /228

　　换位思考：无心之过需亲和待之 /229

　　"温柔"的惩罚："以文化人"的惩戒艺术 /230

针灸法：改正员工的不良工作习惯 /233

　　伸出你的手 /234

　　多么痛的领悟 /235

　　铁打铁，越打越服帖 /238

　　"改造不良行为"动员会 /240

"热处理"法：打造一流员工队伍 /242

　　整体热处理：钢铁是这样炼成的 /243

　　表面热处理：情绪气象台 /244

　　去应力退火：管理应该是一种快乐 /246

　　正火热处理：医心比医病更重要 /247

　　淬火调质：远方不遥远 /249

赞誉 /251

绪 论
得人心者得天下

国外曾有一档真人秀节目《卧底老板》，每期几乎都请一位公司高管扮成基层员工，穿上工装，重新回到业务一线体验基层工作。一段时间下来，公司高管们感慨良多。一位副总裁发出这样的感慨：董事长在三楼畅谈愿景，看到的都是人心；而自己在一楼做具体业务，看到的都是人性。

人心是一块田，种什么，长什么。多年来，我坚持和自己的管理团队、员工开展深度交流，用心做事，抚育"人心"这块田，不断实践和创新，将人的向善精进之心转化为物质层面的生产力资源，实现企业的提质增效。经过长期的思考和总结，我试着提出"心力管理"这一假设，并在日常经营和管理实践中不断进行验证与反思。在众多师友的指点、启发下，尤其是经过清华大学张德教授的研究和解读，我进一步完善了心力管理的定义和内涵。所谓心力，就是指人凭借自己的思想、体力、能力和才智，发自内心地做好每一件事的精神力量。而心力管理，就是指管理者全心全意地投入自己的精力、感情和行动，对员工进行知心、聚心、塑心，进而实现员工与企业的共同发展。

用心管理，管到心里

"用心管理，管到心里"。这要求管理者在工作中用心做事，像对待客户一样对待员工，真正将管理工作做到员工的心里。进一步，管理者将企业员工的"心"——思想和精神等，转化为"力"——工作的干劲、积极性和主动性；将企业员工的意识、思想和精神转化为物质层面的生产力资源，有效地进行集聚、发散和增效；不断引导员工在工作与生活中，善用其心，自净其心，消除恶心，增强爱心，发自内心，共同构建心心相印的和谐发展环境。

从"心"到"力"的量变和质变过程，就是"心之所及，力之所达"。一般而言，管理者"心之所及"，员工就能"力之所达"。从管理者角度看，就是要用心做管理，才能找到工作的"发力点"。从员工角度看，只有自己的"心"真正被触动、真正用在工作上了，才能发挥更大的才能和产生更大的效能。

无论在企业工作中还是在日常生活中，任何事情都要用心去做，即便面临再大的困难甚至绝境，也要积极应对，力争有所成就，因为一个人内心深处的某些东西起着决定性的作用，这就是"心力"。这里的"人"，既包括企业的管理者，也包括员工。

心力管理的出发点是人，管理的对象是人心。那么，何为人心？它就是人的思想、信念、价值观、精神境界、道德面貌。就企业整体而言，全体员工的"人心"就是企业的软实力。从这个意义上讲，心力管理主要体现为如下的六个方面。

第一，善用其心。管理者要善于运用各种方法和管理工具，发挥思想、信念、价值观的作用，持续激发员工的"心力"和工作热情，提高员工的工作效率。在实践中，既包括企业管理者善用自己的"心"，殚精竭虑地做好管理，也包括激励和引导员工自身"善用其心"，认认真真、扎扎实实地做好工作。

第二，自净其心。管理者要在员工身上用心，善于利用工作中的各种具体场景，针对不同员工的不同情况，运用权变管理原理，引导员工找到自身的不足，克服自身落后的思想、消极的感情和工作态度，以及不正确的价值取向，通过自省达到自净，提升员工的精神境界。

第三，消除恶心。所谓恶心，就是员工受所处外部环境的影响而悄悄滋长的不良或错误的思想倾向。管理者的任务是，通过教育或引导，强化正向激励，使员工克服这些不良或错误的思想倾向，持续矫正员工的不良工作行为。

第四，增强爱心。利用物质激励和非物质激励的方法，不断增强员工对本职岗位的爱、对工作的爱、对同事的爱、对客户的爱、对上司的爱、对下属的爱、对家庭的爱、对企业的爱和对国家的爱。从小爱到大爱，用爱创造奇迹。

第五，发自内心，共同构建心心相印的和谐发展环境。通过心力管理，强化团队成员的相互信任感和为人处世的共同规则，让他们在工作中以诚相待，发自内心地沟通与合作，大家团结一致，互相关心、互相帮助、互相爱护、互相学习。通过持续用心管理、用心沟通来凝聚人心，将企业建成一个协同共生的"和谐大家庭"。

第六，将企业员工的"心之所及"，转化为"力之所达"。通过心力管理，以"文"化人，员工对企业倡导的理念和制定的制度规范先"入脑入心"，再"外化于行"，持续提高工作绩效。换句话说，就是将企业团队层面的意识培育，通过群策群力，转化为企业物质层面的生产力资源，持续地为企业成长和客户服务凝聚动力，实现从"人本"到"心本"再到"心力"的飞跃。

"管人"的本质就是"管心"，做好人心的养育，是心力管理之根本。心力管理的精髓是"用心管理，管到心里"。"用心管理"要求管理者全神贯注，投入全部的精力、心力和感情；"管到心里"要求管理者对员工以心换心，从"知心""聚心""塑心"三个维度进行管理创新与实践。

做员工的"知心朋友"

心力管理关乎人心，在企业实践中，对员工帮助最大且对团队精神建设和企业管理水平提升最有效的就是要做员工的"知心朋友"，要采取各种措施持续地凝聚人心，要按照企业发展和员工职业成长的更高要求，持续地塑造员工的职业价值观和行为。由此，心力管理可以细分为"知心""聚心""塑心"。

知心

企业与员工的关系，并非简单的雇佣关系，企业与员工之间不但要有经济契约，还要有"心灵契约"。但是，人的内心世界不可捉摸，怎样去了解一个人的内心世界，达到"知心"？那只有靠近他、了解他，"知其言，观其行"，在沟通中知己知彼，促使员工的个人价值取向与企业的主导价值观达成一致。所以，"知心"是心力管理的第一步。

真诚与平等。要达成管理者与员工之间的"知心"，或者说，员工愿意与管理者"交心"，首先需要调整管理者的姿态。在这方面，我一直恪守两个基本原则：一是真诚，二是平等。

真诚就是管理者发自真心，诚心诚意。我认为，管理者心灵的管理与修炼是管理的基础，只有当你怀着良知、用一颗真诚的心去对待别人的时候，别人才会同样以真心与你交流。情感交流是双向的，你给他一份情，他就回报你一份爱。一个人为别人考虑得越多，别人也会为你考虑得越多。通常，人心有三道门，第一道门是开着的，你随意进去；第二道门是关着的，你得打开；第三道门是锁着的，钥匙藏在心里，需要用心来取钥匙。所谓"用心"，是指管理者应放下身段，用一颗真诚的心取信于对方，也就是以心换心。

心力管理中的平等，主要是指管理者在与员工交往中要保持平等的姿态。作为企业负责人，特别是老板，很容易在沟通中居高临下，造成沟通障碍，只有放下身段才可能进行有效的沟通。这就好比两个人一起锯一根木头，锯好木头需要这两个人默契交流和配合，要有"拿起锯子就是一家人，两边的人是平等的"的意识，才能使员工的"心电阻"降为零。

作为一名管理者，看待任何一个人、对待任何一件事都要有自己的立场，更要有同理心，懂得换位思考。人与人之间是平等的，没有谁比谁优越，而如果管理者过度地以自我为中心，居高临下，妄自尊大，强调自我，必然会影响有效合作。管理者与年轻人在一起时，千万不要以长者的心态交流、以责备的心态指导，否则，麻烦事就会剪不断、理还乱。

了解员工心思。俗话说："知人知面不知心，隔层肚皮隔层山。"怎样才能了解员工的心思？我认为，应该先从了解员工的个性开始。公司是个小社会，员工来自四面八方，各自的技能、干活速度、脾气、年龄都不一样。不加以区别和了解便随意地组合定置显然不行，因为这既不利于员工间的相互配合，也不利于生产的有序开展，反而会无端增加内耗。出色的大厨能将五味调出百种味道，让人交口称赞。做企业就像做菜一样，管理者要用智慧、灵感和创造力，把员工按个性、专长分成不同的小组或团队，以尽可能地发挥他们的最大潜力。

好的态度是成功的一半。管理者该怎样了解或打开一个人的内心世界呢？我认为，简单来说就是三个字：谈、恋、爱。

"谈"是管理者深入了解员工的过程。管理者要主动了解员工，比如员工的家庭环境、背景、专长、兴趣、个性等，还要知晓员工的理想、信念、需求等，以寻求恰当的共鸣点。其实，要想长期、全面地了解和掌握员工的思想动态及"家长里短"，对任何管理者而言都不容易。

"恋"是管理者获得员工信任的过程。管理者除了要了解员工，还得关心员工，以诚相待，将友情化为亲情，把员工从朋友转化为"亲人"，做到虽无血缘胜过有血缘，虽不是亲兄弟姐妹胜似亲兄弟姐妹。只有这样，员工才会将心里话掏给你；只有员工成了你掏心窝的朋友，他才会把你当成亲人，把企业当成家。

"爱"是管理者与员工相互增进信任的过程。爱总是相通的，通过交心，才能知心，让员工在企业中感受到自己有舞台，工作环境好、人际关系好，实现工作快乐、快乐工作的幸福感。有了这种幸福快乐的爱，员工就会终身"嫁"给企业，将一生托付给企业。这就是爱的力量。

"谈""恋""爱"的过程需要管理者与员工相互靠近，相互了解。"爱"，既不是轻轻一敲键盘就会蹦出来，也不是简单几笔就会草草写出来的，正如繁体字的"爱"中间有个"心"字，爱是需要有心、用心的。彼此在沟通中将心比心，以心换心，才能逐步使员工的个人价值取向与企业的主导价值观融合一致，同心同向、合心合力、言行一致，真诚到永远。

搭建沟通平台。有了态度和做法，接下来最需要的就是渠道和平台了。人性是相当复杂的，像水一样变化无常。它有时可能是汹涌的洪水，诡异而凶残；有时也可能是澄清的溪流，温存而宁静。心的质量就是人的质量。一个人的心若乱了，一切就乱了，心若不乱，一切就会自然、安宁、快乐。人的烦恼据说有108种之多。所谓的烦恼，就是生而为人的迷惘、执着、嫉妒、虚荣等。烦恼又会衍生痛苦。如何消除？那就需要沟通。因为烦恼归根结底是人的意识造成的。藏在心里的情绪就像入锅的饺子，只要到了一定的时间，就会翻腾着浮出来，按都按不住。

为了长期持续实施心力管理，黑松林通过设立员工"情绪气象台"、员工工作日记、合理化建议箱等沟通渠道或平台，了解员工生活和工作中的所思所想，以及外在表现出来的情绪，密切把握员工的思想动态和各种需求，"对症下药"。比如，"情绪气象台"就是在每位员工的名字旁边用不同颜色表示不同情绪：绿色代表快乐，红色代表痛苦，黄色代表中间状态，完全由员工本人自行选择。有了这样的"情绪气象台"，管理者就可以及时对有情绪变化的员工做工作，心力管理才能落到实处。此外，管理者还可以通过微信等渠道了解员工的心理、精神状态，用谈心、表扬、奖励、家访等方式与之沟通，帮助疏导。

"硬制度"的"软处理"。制度是企业管理的基石，这一点毋庸置疑，即便对心力管理这样重视人性化的管理模式来说也是如此。但不可讳言，由于制度较强的刚性、规范性，以及管理者在执行过程中对员工的约束性甚至强迫性，一定程度上会引起员工在思想和行为上的对抗与消极反应，而这恰恰会影响管理者与员工"交心"。怎样解决这一问题？黑松林的做法是：一是"自律"和"他律"相结合，把制度变成与员工的"契约"；二是管理者在执行制度过程中更多地运用"柔性方法"。

我认为，企业的管理制度是用"他律"来规范员工的行为，但是企业仅仅有管理制度远远不够，企业的管理制度能否对企业管理真正起作用，关键在于能否将"自律"和"他律"相结合，即实现管理制度与企业文化的融合。

俗话说，看得住人，看不住人的心。制度是人定的，但更重要的是制度要靠人来执行。黑松林在制定员工守则过程中，运用角色效应，用心为员工服务，广泛征求意见。待大家认同后，便会大张旗鼓地举行一次"全员签名仪式"，并将附有每人签名手迹的复印件与员工守则等挂在企业多个显眼的地方，这增强了员工的参与意识、制度意识和认同感，这就是心力管理的"全员认同管理法"。通过这样的方法，全公司上下形成了"铁规矩"。

在许多成功企业中，上至公司高管下到部门经理，都已把柔性方法作为一种崭新的管理方法和手段，融入日常管理。但是，仍有些管理者挥动着"权力""罚款"的大棒，认为只有这样才能显示制度的"神圣"，使员工不敢越雷池一步。事实上，管理者在执行制度过程中应该更多地运用"柔性方法"，在坚守制度执行不动摇的同时，对员工给予充分的理解，在态度、方法、场景等方面"善于应变"；在保证制度执行效果的同时，让员工"口服心服"，不因制度的执行而影响管理者与员工之间的"心意相通"。

聚心

古人云：得人心者得天下。这句话突出了人心的力量。企业的首要任务是选拔人、留住人。怎样才能留住人？答案是"凝聚人心"。

尽管许多人认为企业文化的重要作用就是凝聚人心，但我们也不得不承认，目前大部分的企业文化建设还停留在理念提炼、宣贯、文体活动等层面，而对与文化的产生和发展最相关的企业管理过程、员工工作状态等层面却极少关注，甚至有不少人认为这些不是"文化"。

面对企业文化"高大上"但"不接地气"的问题，唯一的解决办法就是将企业文化建设融入管理的所有过程和员工的日常工作中。在黑松林，心力管理就是这样的"一块方糖"，自然而然地"溶入"员工的日常工作，起到凝聚人心的作用。那么，究竟怎样才能做到"聚心"呢？

物质聚心。马斯洛把人的基本需要分为五个层次：生理、安全、社交、尊重、自我实现。其中，最低层次的两种需要是生理和安全。生理需要主要是有关衣食住行等基本生活需要，而安全需要主要是对职业稳定性、医疗保障、养老保障、失业保障、生产安全、社会治安及其他福利待遇的需要。显然，这些需要都是物质方面的，恰当地满足这些需要，才能在物质层面凝聚人心。

民以食为天，安居才能乐业。"我的工作是你的，你的生活是我的"，这是我的管理哲学。企业改制初期，恰逢经济形势走低，社会层面拖欠工资成风。为了给员工吃颗"定心丸"，黑松林首先推出"双工资制"，即在中层管理者中推行"双薪工资制"，在员工中推行"双周工资制"。让管理者坐什么位置拿什么工资，同时，高薪要关联高责、高效、高能；让员工做了工作就能拿到钱，一个月发两次工资，解除员工的生活之忧。其次，改革工资制度，建立工资协商制，将员工收入与绩效挂钩。最后，提高工资。2010年年底，为了响应国家员工工资倍增计划，黑松林提出5年内员工每年加薪幅度不低于15%。2015年是黑松林员工收入翻番的最后一年，黑松林取信于民，组织厂部、财务、员工代表三级考核小组，将员工工资计算到元角分，予以兑现，全体员工在阳光墙上自己的笑脸下方签了名字，标志着5年内工资翻一番的目标已经实现。后来，黑松林还建立了"激励基金"制度，对做出贡献的员工进行相应的奖励，用实实在在的奖励来凝聚员工的心。

情感聚心。满足员工物质上的需要，的确能带来一时快乐，然而，现实生活中人与人之间相处的规律是，如果一方习惯了另一方的付出，往往会将此视为理所当然，而产生不珍惜的念头。在管理中，一旦金钱等物质层面的需要满足失去了魔力，剩下的往往就是空虚和苦涩。现实一点，容易获得认同，但太现实又无法起到持续的激励和引导作用，这就需要管理者直面现实，既要物质聚心，更要情感聚心。

这些年，黑松林着力营造一种"大家庭"的氛围，用爱播种，聚心合力，让员工心灵愉悦，快乐工作。在黑松林，有着许多土生土长的"情感聚心"故事。

- 一座"花园"——黑松林积极打造花园工厂，重视安全生产和环境保护工作，保障员工职业健康权益。厂区环境优美，管理有序，闻不到一丝化工气味。黑松林先后被评为"江苏省安全文化示范单位""泰州市环保信任企业""泰兴市园林式单位"等。
- 两项津贴——黑松林出台了《关于发放营销员和驾驶员两项月度家属津贴的决定》，营销员、驾驶员只要每月出差满18天，当月就可享受到每天10元的家属津贴。
- 三种物资——从2016年起，黑松林实行了"员工物资分享计划"，即每月向员工发放10斤食用油、20斤大米、30个鸡蛋的实物补助，以平抑日益上涨的物价给员工带来的生活影响。
- "四苦"帮扶——黑松林规定，员工本人及其直系家属"生、老、病、死"，公司予以200～500元不等的补贴或慰问金。遇到特殊困难时，精准施策，及时提供快捷实在的千元以上帮扶，给困难员工送上企业的温暖。
- 五级助学——每年9月，凡是有子女上学的黑松林员工，都可以从财务科领到一笔数额不等的员工子女助学津贴，分为幼儿园和小学200元、初中300元、高中400元、大学500元、研究生1000元等。
- 六（五）十返聘——男员工满六十周岁，女员工满五十周岁，在办理退休手续后，只要本人愿意，身体条件允许，可以接受返聘，继续在企业工作，且同工同酬，享受企业的一切福利待遇。
- 七节放假——除国家规定休假的春节、清明节、端午节、中秋节等节日外，黑松林还在中元节、冬至节等中国传统节日给员工放假1天，这一规定已经延续多年。

- 八月月饼——每年八月十五中秋节，黑松林都要定制月饼送给每位员工和客户。月饼表面还会写上"黑松林祝你们花好月圆"等祝贺语。
- 九九尽孝——每年九月九日重阳节，黑松林都要给父母在世的员工放假1天，让他们回家孝敬父母，传承孝道。
- 贺十聚餐——每年在国庆节后，黑松林都要集中为当年逢十生日（大生日）的员工举办一次贺十聚餐，全体员工共同送上诚挚的生日祝福。
- 全员旅游——每年春季或秋季，黑松林都要组织全体员工外出旅游。例如在公司成立30周年之际，组织全体员工赴广西5日游。黑松林还安排当年子女考取大学的员工全家旅游，公司报销所有费用。

精神聚心。在管理创新中，近年来黑松林提出了"人人都是主人翁、人人都是管理者、人人都是责任人、人人都是传道士"的管理新目标，放权授权，赋能激活，实施节点自治，让员工更多地参与企业的经营与管理，提升员工的责任认知和自制能力，激发正能量，让员工自净其心，自善其心，消除恶心，增加爱心，成为自我领导者，共同构建一个心心相印的和谐幸福家园。

在经营过程中，黑松林"退一进二"，努力做好员工的"教练"，放手、放权、放心，让团队成员自我担当。在生产过程中，黑松林实行"三自一包"的节点自治，即自我管理、自我考核、自我领导，包任务、质量、消耗、安全、环保、现场等。

塑心

塑心强调对员工价值观的引导，就是塑良心、塑"职业之心"、塑爱心、塑雄心，用企业独有的价值观、传统和风俗，塑造员工的进取之心、感恩之心、敬业之心、友爱之心、奉献之心，这样的员工队伍才是战无不胜的。

一家优秀的企业，不仅要向社会提供优质的产品和服务，更应该培养出志向远大、境界高尚、技术精湛的优秀员工。高质量的产品来自高素质的员工，而良好的员工素质是靠企业家用心灵来培育和塑造的。

我认为，走进管理"心"时代，要做好员工的引路人，不能过分地限制员工的成长。在大海上航行，我们不可能改变风向，但可以改变风帆的方向。一个人不能随意控制外界的环境，但可以控制自己的内心；一个人不能左右天气，但能改变自己的心情。管人先管心，自修"心力"极为重要。黑松林的"塑心"方法，主要体现在"培"与"育"上，从小事做起，从细节入手，一点一滴去建设，像母鸡那样，用自己的体温，将身下的鸡蛋孵化成小鸡。

示范法。企业文化的倡导者和员工行为的塑造者，是企业的主要领导者。"喊破嗓子不如做出样子"，企业家倡导任何精神、理念或行为，都不能光说不做，而必须身先士卒，率先垂范，才有说服力和感召力。

一次，我与区域销售负责人老陈带上小吕一同拜访客户。路上在服务区吃早饭时，老陈和驾驶员小周忙前忙后，而第一次跟我出差的小吕，此时却像个大姑娘，左手搭在右手上，腼腆地干坐在一旁。早点味道不错，我刚搁下筷子，老陈又及时递来两张餐巾纸。"小吕，这个给你。"小伙子接过老陈递来的餐巾纸，羞涩地笑了笑。"小吕，快吃，老总在等你呢！"已经吃好了的小周边说边拿起水瓶装水去了。如梦方醒的小吕这才狼吞虎咽地解决了盘子里的食物。大家都吃好了，我顺手拿起小吕和自己的茶杯向茶水桶走去，小吕见状，猛醒、顿悟，抢过我手中的杯子，似只小鸟蹦蹦跳跳地向前走去……

纠错法。人非圣贤，孰能无过？但作为一家企业，必须有一个纠错机制。企业的制度、标准、规范，就是一把把纠错的标尺。实际上，只有这些标尺是远远不够的，必须加上价值观这把标尺。黑松林的管理者有意识地让员工认识、理解和认同企业的价值观，改变自己的不当行为和想法。

比如，自从有了营销日记制度，不管多忙，我每月都要抽看每个营销员的营销日记，与营销员传递感情、信息和指令。参照老师批卷写评语的方法，我对营销日记中的重要内容，画上一两道粗粗的横线来提示关注；对于一些好的思路、做法，还会画个"红双圈"，写几句眉批，以示认可和表扬。对于那些分析粗浅、记载马虎、语焉不详的营销日记，我会毫不留情地打上个大问号，提示营销员自省自纠。

灌输法。企业文化是企业家价值观的群体化，企业家和企业的主要领导者有一项不可推卸的职责——向员工宣传和灌输自己的理想、信念和企业价值观。在黑松林，企业的管理者既是裁判又是教练，但更多的是教练。因为当裁判比较省事，在赛场上只要裁定比赛双方是否违反比赛规则即可，教练则不同，不仅要考虑如何运用比赛规则，更要考虑如何排兵布阵，组织战术，夺取胜利。

一次设备改造期间，我走访车间，到了三楼，发现平台上拆下的零部件散落一地，几乎没有落脚的地方。车间主任见状，赶忙要将散落的零部件挪到专用工具车上。我一把拦住他："请安装组长过来！"随后我指着一地的螺母和螺栓，对安装组长小王说："你给我听着，'打酒只问拎瓶的'，这事不追究其他人的责任，只记在你这个组长头上。记住，事不过三！"小王连连称是："下不为例！"自那以后，安装组不管在哪里作业，现场都很有条理，作业完毕后的现场清理总是无可挑剔的。"事不过三"，既是玩笑，也是警告。一个善意的玩笑、一个严肃的警告，灌输了一种现场工作方法，问题就这样解决了。

自净法。与生俱来的良知、良能，是人们成长的基础。领导者要充分肯定员工的长处，鼓励他们自省、自律，把不正确的行为和想法扼杀在萌芽中。这在黑松林是一种最积极、最有效的"塑心"方法。

有一次，国外某著名公司向黑松林订购喷胶，第一批订购的200桶喷胶在出厂前发现存在桶外挂胶的严重问题。事不隔宿，下班前，生产科与车间召开收工分析会，责任人小尹做了检讨，主动要求自罚，并利用下班时间清理挂胶。第二天，例行晨训后，我让大家到车间开会，员工们边走边叽叽喳喳："这下子小尹完了，昨天才开了一次收工分析会，今天一早老总又亲自来开会，嘿，准没好果子吃……""同志们，咱们今天开个表扬会，"大家屏住气，静得连针掉在地上都能听得见，"门卫老丁告诉我，昨晚大家下班后，小尹一个人留在车间，把200个胶桶全部检查并擦拭干净，一直到晚上九点多才回家！"我边说边朝小尹看了看，用眼神送去一份理解和信任。"啪……"一阵掌声打破了沉寂。

养成法。哲学上有个术语叫秃头论证，是说当一个人头上掉下一根头发时，觉得很正常，再掉一根时也不担心，又掉一根仍旧不忧虑，长此以往，一根根的头发掉完了，最后秃头便出现了。秃头论证说明，任何细微的小事都是量的积累，不注意量的变化，最终必将导致质的变化。就好比企业管理中一些看似简单的小事，如厂区违规吸烟、打电话、操作中串岗和离岗等，如果不去重视，就可能会在不经意间发生事故，造成难以挽回的损失。

黑松林的"员工工作日记"就是养成法的重要手段。"员工工作日记"分成四个部分：一是"工作与学习"，记录一天的工作和学习内容，梳理思路，查漏补缺；二是"反思与提高"，是一天工作的总结与反思，用以不断提高素养；三是"计划"，计划第二天的工作，及早思考，缜密计划；四是"管理者的话"，是管理者每天批阅员工工作日记，对员工工作绩效予以圈阅点评，对工作细节、思想情绪、方式方法等加以引导，对工作计划加以完善和提示。员工有了成长，企业才能成长。"员工工作日记"是公司与员工沟通、交流的平台和渠道，不仅能促使员工养成良好的工作和学习习惯，帮助员工成长，也能据此简化冗繁的企业绩效考核体系。

实践证明，只有文化管理的"认识圈"扩大了，员工才能更清楚地知道"圈内"更多的内容。我认为，养成法的前提是群体规范和群体压力，组织成员在从众心理的驱使下，不知不觉地改变自己的不良行为和想法，逐渐成长为企业的模范成员。除了依靠正式的、比较完善的制度体系强制推行行为规范，企业也要依靠非正式的、非强制性的行为规范，团队成员的示范等就像企业里的"一只无形的手"，不断地推着员工向前走。

节点自治：让员工成为自己的方向盘

与同行相比，黑松林是一家小而精、小而美的公司。随着规模的不断扩大，黑松林在运营中遇到了不少挑战。比如，企业员工人数少，生产任务重；产品批量小，生产任务不集中，还有一些来料加工的任务；备货、发货周期短，产品和设备转换速度快；产品品种、规格多，员工工作内容变动性大，跨班组协作度高，班组之间的人员流动性大，等等。

黑松林在运营方面的这些挑战，可以通过传统的自上而下的模式加以应对，但效率与效果未必好。因为说到底，应对这些挑战，需要组织和团队具有较高的机动性、灵活性、敏捷性甚至柔性，而要达到这些要求，团队乃至员工工作中的自主性必不可少，这种自主性不仅体现在工作层面，还体现在决策甚至分配层面。唯有如此，团队或员工的自治性才能真正落地。正如彼得斯和沃特曼在《追求卓越》一书中所言，卓越企业"尊重个人"的经营哲学深入人心，这个基本信念及假设无所不在。但是，只靠单一的信念、价值观，很难深入人心。真正能使公司发展壮大的是组织结构的方式、制度、风格以及价值观的配合等，它们合力形成公司的卓越能力，激发员工的卓越行动。让员工掌握自己的命运，有效发挥自己的长处，成为人生赢家。

节点自治，就是让员工与管理者在同一条高速公路的不同车道上协同前行，分车道行驶，重点控制出入口；同时，通过制定行车规则，设置有警示作用的交通路牌、标线和特殊防撞墙等，既满足"客运汽车"（员工）的高速行驶，又强化"货运卡车"（管理者）载重的职责，让每个员工都成为自己的方向盘，以实现"人人用心给力，事事落实管控，人人心中有目标，千斤担子大家挑"的管理效果。

节点自治是心力管理的自然延伸，也是黑松林的"必选项"。正如《奈飞文化手册》中提到的，管理层让每个员工自己做决定，并非出于所谓"民主决策"的理念，而是因为只能这样。比如，"只有墨西哥当地的员工，才知道什么样的内容会受墨西哥观众的欢迎"。

黑松林的节点自治变革，先是从学习身边的榜样开始的。2012年春节假期后上班的第一天，黑松林全体员工在锅炉房召开了新年的第一次现场会，试图放大管理效应，以此推进生产组织方式的变革。

在这次现场会上，大家看现场、挑毛病、找差距、谈体会，看着烧煤的锅炉房打理得像厨房一样干净，无不赞赏、佩服。大家为锅炉房负责人孙石军爱岗敬业、规范自律、尽责奉献的精神所折服，纷纷表决心：要像孙石军那样，在各自岗位上，把小事做好、将细节做亮，争做标兵，为企业稳步、健康、持续发展贡献力量。

内部流程的变革升级，远不是画几个流程图、拟定几项新制度、上几款自动化软件、搞几场培训那么简单。最重要的是要转变员工的价值观、思维方式、行为模式等，进行深层次的变革，这需要用心、给力，进行心力开发。简单说教的方式和硬性规定的手段，都很难改变员工的认知，而采用感性的情感触动员工心灵深处，可使员工自善其心、自净其心，主动反思。

黑松林在公司内部的锅炉房召开现场会，让员工现身说法，现场分析，启发全体员工将自己每天的工作流程从第一道工序开始进行全面梳理，提出可完善的部分，"自省其身"。

大家从生产全过程入手，逐一"过堂"，最后锁定"聚合"与"灌装"这两个关键环节。灌装环节说起来简单，好比将煮好的"粥"装入"碗"内，但用什么样的"碗"（包装桶）装、装多少、如何装等一系列流程，却大有文章。以包装桶为例，从安装手把、压塑料密封圈，到贴商标、打印生产日期等，就有7道工序，而胶水从灌装到成品装箱还有20道工序。如何应对不同客户的不同需求，找问题、拿措施、定标准，使规范化管理涵盖所有环节的细微之处，需要大家群策群力。

有了思想及行为上的准备，黑松林又开始了节点自治的第二步——试点。

试点工作从仓库开始，试图对物料的管理工作流程进行创新，并让生产人员"往前迈一步"，参与物料管理。在这一过程中，大家思考的问题是：沿用20多年的操作流程能不能更改？不是领料员，可不可以到仓库领物料？

比如，生产车间原先的灌装作业流程是：先领料，后灌装，再检验，最后发货或成品入库。为了提高生产效率，黑松林将领料这一工序从开工后第一件事，变为收工前最后一件事，就是变上班后领料为下班前领料，让员工一到岗就能进入工作状态，这样缩短了上班后的领料时间，提高了作业效率。

除领料时间和方式更改之外，黑松林还尝试让员工参与物料的管理工作，以缩短员工和物料之间的距离，减少因领料不及时而产生时间上的浪费。比如，黑松林常规灌装的包装桶、纸箱等辅助材料原来由仓库保管，现在改由操作工来管理，不再专设监管岗位，仓库管理员通过"库存耗用流转卡""生产通知单"控制耗用。这样，操作工当家作主，承担了仓库管理员的部分职责，减少了不必要的领料手续和时间，不但提高了工作效率，而且提升了现场管理水平。而仓库管理员则由"事无巨细"的保管员，转型为仓库物资管理员，不再耗费过多时间在具体物件的保管和发放工作上，每天只须对相关流转卡和库存的物资进行核对稽查即可。于是，仓库管理员的工作就由常规的以管物为主，转变为以组织、协调、控制、服务为主，管"物"又管"人"，由静态的仓库管理员变成了生产过程中的信息收集、记录和传递者，真正实现了黑松林"少增人、多功能、满负荷、高效率、争一流"的运营宗旨。

有了试点的经验，黑松林便展开了全面的节点自治改革。自2014年起，在不影响正常经营与生产的情况下，黑松林依据化工企业的生产与工艺流程、技术等级划分，打破边界，对原有与生产相关的部门进行颠覆式"再造"。另外，黑松林还对生产一线的管理进行改革，撤销原有生产科室、车间班组，搭建平台，设定目标，赋予每位员工角色和责任。

节点自治的具体做法是：优化与生产相关的6个平行节点。各节点对所承担的工作任务实现"三自一包"："三自"指自我管理、自我考核、自我领导，"一包"指包任务、质量、消耗、安全、环保、现场。节点自治的内容涵盖了车间考勤管理、现场管理、定额生产任务管理、工作日记管理、安全环保管理等。考虑到员工工作区域的流动性较大，生产流程环节不确定等因素，各节点员工以作业区域划分为准，若作业区域调整或跨节点合作，则人跟着岗位走，节点属地化管理。

为了加强管理，每节点设 1 名节点管理员（简称"点长"），明确推行"点长负责制"。通常，公司选拔工作责任心强、有一定组织管理能力、熟悉工作流程的员工担任点长，他们可以享受管理员岗位津贴，在委员会领导下，除完成本职岗位的生产职能之外，对节点实行全过程管理、全过程负责、全过程服务。点长为各节点第一责任人，得到充分授权，他们可以自主灵活运用"以单定产""计时计件工资制"等管理工具，将各自所负责的节点做到管理效能相对最大化。

从 2020 年开始，6 个节点以点长的名字命名，目前分别是江胜潮节点、印锋节点、尹家红节点、戴月兰节点、何爱民节点、孙石军节点。

为了确保工作中的有效协作，黑松林采用高速公路"全封闭、半封闭或开放式"的形式，设立生产管理委员会（后来将营销部门纳入，改为"经营与生产管理委员会"），由生产主管、市场主管和安全总监三人组成。每天下班前，他们一起交流当天的工作情况和次日的计划；每天上班前，他们再和六位点长一起开晨会，重点讨论当天的工作任务，也对前一天的相应问题做出评价和处理。一般来说，没有重大事情的话，会议时间都比较短；但是会议时间再短，他们也要将所有事情交流清楚。比如，生产任务若需两个或两个以上节点协同完成，或单个节点发生应急情况，由该委员会主任统一调度，快速反应，马上行动。若节点内设备发生故障，能自主排除的小故障由节点管理员与设备管理员沟通，按规定履行传递手续；当设备故障较大或发生其他紧急特殊情况时，要由该委员会主任统一调度和协调。

每天的点长晨会，目前由各点长轮流主持，除交流工作外，也做"微培训"。需要强调的是，黑松林对生产管理委员会进行了明确的定位：它不是一个管理机构，而是一个服务机构，成员的核心工作就是服务，他们必须为节点生产做好服务。

为夯实生产管理委员会和点长的职责，黑松林进一步深化、推行原先的"进二退一"管理法，"一把手"主动将财务借款、报销审批等签字权下放，由生产管理委员会主任负责审核签字。同时，充分放权给各节点的点长，谁主管谁负责，让他们有权力、有责任，有所为而有所不为，成为自己的方向盘。清华大学张勉教授在调研黑松林后总结道："'节点自治＋生产管理委员会'的方式，既激发了节点的自主性，又能利用生产管理委员会的协调功能，在集权和分权之间达到了平衡。"

节点自治将我从企业的管理事务中适当地解放出来，让我有更多的时间去研究企业的外部变化和未来发展。我时不时地去参加晨会，很少做具体指导，更多的是讲当前形势、企业外部环境的变化、市场形势等，让大家更多地了解一些外部和宏观层面的动态。

节点自治推行后，黑松林以结果为导向，采取"以要货单为计件，以每釜为计时"工资制，生产节点在确保完成交货无虞的前提下，实现"三自"，最终以结果来衡量员工业绩。

节点自治成功运行的关键人是点长，他们的最大优势是自我成长，具有自己内在生长的能力。点长发现问题，就会自己解决问题，他们知道自己该干什么和怎么干。他们既是一线"指挥员"，又是现场"施工员"，一旦充分对他们赋能授权，激活他们的管理潜能，就会有意想不到的收获。黑松林点长每天的"日课"通常由三部分构成：一是想法，围绕当日任务，自我思考本节点当日工作，编制可行的计划；二是方法，围绕操作规程，让各节点成员进行班前安全环保自警、自检，并思考采取什么方法可以高质量地完成生产的准备工作；三是做法，依据目标、要求、流程，保质保量，确保当日生产任务圆满完成。点长还可以通过每日晨会、节点班前安环自警会、员工工作日记、节点每日大事记、微信平台等进行沟通，在日常工作中与节点成员建立信任关系，就会像高速公路发挥重要运输作用一样,"我的节点我负责、我做主",实行闭环管理。

王钦在《人单合一管理学:新工业革命背景下的海尔转型》一书中提出,一线团队活力和战斗力不足是组织僵化的典型表现。因此,海尔重新思考组织内"上"和"下"的关系是什么,思考员工的活力从哪里来,通过不断赋权让一线员工拥有实实在在的"三权"(决策权、用人权和分配权),从而形成自下而上的倒逼机制,改进管理体系,在"控制"与"自主"之间寻找到新的平衡点。

在黑松林,有了员工的主动参与和自我激活后,生产管理委员会便能很快找出生产过程中的管理"盲点",并进行有针对性的调整、优化。例如,让原有的三只 1 吨规模的反应釜"下岗",改用一只 5 吨的反应釜进行集中生产、集中灌装,既保证了质量、方便了生产操作人员、节约了用汽量,又解决了灌装人员分散操作、不利于管理的问题。又如,根据万能胶的生产过程,黑松林鼓励专业人员开展技术攻关,创新"定时控制装置",实现了定时搅拌、自动控制停机,节时节电。不仅如此,一线员工的创造性和主动性也被大大激发,由机修节点自行设计,在储胶罐罐体上增加了观察视镜,让灌装操作人员随时掌握储胶罐的储存量,方便了操作,效果十分显著。

一次,灌装节点的老孙与小罗上班后,照例将夜班生产好的产品取样送检,一切按照常规的生产流程进行:开启滤泵,泵到灌装釜内,待灌装通知单到达后开始灌装。不料刚泵了不到十分钟,受台风"云雀"的影响,园区停电一上午,影响了客户提货。于是,在当天的点长晨会上,大何建议让夜间值班人员帮助灌装工泵料,提前做好辅助工序,这样既能提高效率又能合理利用时间。正是大何的这个建议,才带来了一系列的生产流程优化。

黑松林实施节点自治后，不仅增强了自身的组织弹性和适应能力，还优化了劳动组合，提高了员工自主管理的积极性。从管理效率来看，一专多能、一人多岗，节点自治，动态组合，消灭了人浮于事、忙闲不均的现象；分工明确，职责清晰，消除了互相推诿的可能；有分有合，职能合理交叉，消除了"分工即分家"的常见病。从组织弹性来看，这样的组织弹性大，对任务的适应性强，就像一块橡皮泥，能根据需要捏成不同的形状，很符合黑松林的生产要求，可称之为"适度的非规范化"或"适度弹性"。

第一篇

战略与组织

衔石子法：做好身边正确的事

走棋法：在大市场中获取竞争优势

暖棚法：应对经营危机

园丁法：培育企业精神、精品、精兵

学步法：打造企业的组织能力

磨合法：打造组织凝聚力

衔石子法
做好身边正确的事

"没有成功的企业,只有时代的企业。"这是张瑞敏总结海尔变革发展时提出的一个著名观点。对一家企业来说,除不懈努力外,还需要有发展目标。企业如果没有发展目标,便会失去前进的动力。这个目标不是一成不变的,需要随着时代发展而变化。因此,在设定目标后,企业还要学会在成长过程中自我革命、不断求新。

在近40年的创业发展过程中,黑松林从"一根棒、两口缸"的"搅糨糊模式",凭借着衔石子法,在"一无品牌、二无市场、三无设备、四无技术"的形势下,一路打拼,一步一个脚印、一步一个台阶地走到今天。这个衔石子法就是受到了《乌鸦喝水》那篇小学课文的启发:口渴的乌鸦发现长颈瓶里有水,可惜嘴太短喝不着,于是乌鸦开动脑筋,衔来石子投入瓶中,使水位上升,最终如愿喝到了水。

这个故事似钥匙一般打开了我心中的锁,使我在人生的时时刻刻都受益。我的心中有了一个目标:每天都从平平淡淡的小事做起,运用衔石子法，坚持做下去……

"不知道明天干什么的人，不是黑松林人"，这是黑松林激励员工做长期主义者的一个重要理念。目标是什么？在我看来，目标是工作中的压力，也是成功的动力，我们的目标是在中国胶粘剂的绿洲里长出一片茂盛的"黑松林"。从工作角度来看，朝着这个目标走出去，就是"志"，中途不言放弃，就是"气"，两者合起来就是"志气"，我们要有志气，心怀目标沿着自己选定的道路前进！

在黑松林，我们抬高水位的那些"石子"，既包括战略思路，也包括产品开发；既与员工队伍的持续锻造相关，也与客户的持续开发与维护分不开。

找到第一颗关键的"石子"

创立黑松林之初，公司一穷二白，势单力薄，没有技术，没有客户，没有品牌，只有两三只反应釜的作坊式生产，要进军大市场并非易事。我想起小时候，家里一贫如洗，母亲经常嘱咐我们兄弟的那句话："红军长征过的是铁索桥，我过的是电索桥，哪有艰险是过不去的！"我下定决心，必须用心把企业当成事业干，小企业也有自己的大事业。于是，我拿出自家房产证为工厂抵押，投入市场大潮。

经过充分调研，我决定去找自己的第一颗"石子"——借船出海。在1994年，谈合作、寻联营很难。那一年，我历尽千山万水，想尽千方百计，吃尽千辛万苦，说尽千言万语，终于找到了上海市化工轻工总公司普陀分公司。当时，上海市化工轻工总公司是全国较早经销粘合剂产品的单位，我想借这条"大船"上技术、上质量、上台阶，也想借"上海"这块金字招牌改变自身形象。然而，这家公司已和另一家乡办企业草签了合作协议。懊悔之时，我并没被"迟到一步"搅乱了方寸，硬是"厚着脸皮"

缠住了公司领导。至今难忘的是,为了见这位公司领导,我顾不上吃饭,站在大门外苦等了6个多小时。见面后,我从天时、地利、人和层面列举诸多优势,勾画自己企业的发展前途,坦承自己珍惜联营的真心。最终,公司领导被我"吃方便面,夜宿双排座"的吃苦精神和对企业发展的执着所打动,感慨道:"刘总是块搞粘合剂的'料儿'!"于是,双方开启了长期合作,这让黑松林生产的胶粘剂产品迅速打开了市场。

联营后,这家公司几次派人到工厂考察,他们每次都能看到厂里的新变化。这些新变化又促进了合作,对方开始主动为黑松林组织生产原材料,并在上海市西康路经营部免费提供了两个橱窗,专门陈列黑松林的粘合剂产品。在经营过程中,我们不仅兑现了当初的诺言,更是设身处地为对方着想,以真心换真心,双方的合作粘得更牢了。黑松林通过这次"借船"出海,也为自身以后"造船"积累资本和经验奠定了坚实基础。

后来,我看到小米科技有限责任公司(简称"小米")创始人雷军在创业初期苦苦寻找供应商和代工企业的故事,尤其在福岛核电站事故后,雷军等人乘坐飞机(整架飞机上只有他们三名乘客)到夏普公司商谈手机屏代工的经过,感叹创业者的不容易,也感叹找到第一颗关键"石子"的难处和重要性。

以技术闯市场

有了一定的市场,产品、技术和质量就成为成败的关键,而技术是重中之重。没有技术改造能力,企业的生命就很难延续。这时,黑松林就要"借鸡生蛋",技术人才成了企业发展中的另一颗关键"石子"。

当时,我找到一位刚从精细化工企业退休的总工程师,他技术精湛,身材魁梧,人称老熊。我几乎踏破了老熊家的门槛,白天登门劝说老熊的老伴,晚上登门直面老熊,磨破了嘴皮子,说的全是掏心掏肺的话。在我和同事们的不懈努力下，老熊最终同意加入黑松林，于是才有了公司的主打产品。"面子是给别人看的，里子是给自己用的。"出于感恩，也为了纪念，我特意注册了"老熊"牌商标。

有了产品和技术，还得有自己的市场与品牌。有一年的正月初六，我们组织召开了一次别开生面的"能工巧匠新春茶话会"，把黑松林附近搞装修的能工巧匠请进工厂，参观不对外开放的理化实验室、封闭式的生产车间，了解企业先进的生产设备、新开发的系列装饰产品和质量检测仪器，让匠人们加深对黑松林产品的认识。"项庄舞剑，意在沛公"，让匠人们成为企业的座上宾，直接与"客户的客户"面对面地交流，以尊重为前提、以理解为基础、以合作为核心、以发展为目的，这样做能使黑松林人便捷快速地收集到来自一线的隐性需求，同时与客户建立起亲和关系，进而不断改善、调整、培养和巩固稳定的客户群。

后来，我们又把这一做法复制到很多市场。比如，刚到上海、山东等地推销黑松林产品时，很多经销商不认黑松林的产品。于是，我就请来当地的木工、装修工、经销商开茶话会，让这些木工、装修工"现身说法"，打消经销商的顾虑，逐渐打开了市场。交往久了，我也和这些木工、装修工成了朋友。黑松林常常在每箱产品中为他们准备小礼品，比如卷尺——"尺短情长"，袜子——"黑松林人伴你行"，台历——"黑松林人祝你天天好运"……十足的人情味儿、浓浓的客户情。正是因为如此，各地的木工、装修工成了黑松林产品的义务宣传员。

这些木工、装修工，是黑松林的"客户的客户"、经销商的客户，也就是"最终客户"，用现在时髦的话叫作"C端"。这种直通C端的营销模式，现在似乎成为许多生产企业的不二法门。前有小米，今有蔚来汽车，皆是如此。以阿里巴巴创立的淘宝为例，2003年刚上线时，员工到处找商品，为了增加交易量，一些员工还把自己家的东西放到网上卖。比如，淘宝的第一笔交易是虚竹买了同事一把龙泉宝剑，以 300 元成交，成交程序在网上进行，实际交易是面对面一手交钱一手交货。现在成交额数千亿元计的"双 11"购物狂欢节，在 2009 年创办时只是淘宝商城（现名为"天猫"）发起的一次促销活动，目的是让用户记住"淘宝商城"这个名字。当年，报名参加"双 11"活动的公司有 27 家，成交额是 5200 万元。可见，市场这颗"石子"，是实实在在托起企业大厦的重中之重。

目前，不确定性成为一个大家津津乐道的名词，甚至成为一些人推卸失败责任的关键词。实际上，企业经营中的不确定性一直存在，正是因为存在不确定性，市场机会才会出现。与其在不确定性前面徘徊彷徨，不如赶快行动，做身边正确的事。

乌鸦喝水的故事启示我们：乌鸦不去幻想遥远的山那边也许会有一条河，也不因天边飘来一片乌云就期待下雨，而是面对现实"做好身边正确的事"，一颗一颗将石子丢进瓶里。纵然水少，但不愁喝不到水。

面对复杂多变的国际形势、碳达峰与碳中和等环保压力、技术进步引发的行业外部降维打击等，企业经营者必须像乌鸦那样，少想远方那些不确定性，力争做好身边正确的事，保持创业初期的那股干劲和吃苦精神，想在人前，走在人前，打破传统发展模式的禁锢，花大力气，下真功夫，一步一计，频频俯拾一颗颗"石子"，铺设一条通向明天发展的大路。当然，企业经营者也可借助"石子"投石问路，激起一片组织内外部的创新涟漪，带来一线商机，使企业不断认识市场和创造市场，从竞争到竞合，将市场这块蛋糕做大做好。

众人拾柴火焰高

经常听到企业家抱怨，市场竞争愈演愈烈，生意越做越惨淡，经营企业越来越难。他们指责原材料价格不断上涨，抱怨员工薪金、贷款利率不断上调，感慨物价指数不断升高，却很少在自身思维和企业组织建设方面找症结。

不少企业家把主要精力放在找资源、找关系等方面，固然没什么错，但我认为，一些企业最终失败就是因为它们仅仅依靠资源和关系的一时之利，而忽视了企业长远发展的组织基础。吉姆·柯林斯、杰里·波勒斯在《基业长青：企业永续经营的准则》一书中也指出：有远见的领导者，他们主要致力于建立一个组织，一个会嘀嗒走动的时钟，而不是只找对时机，用一种好的产品打入市场，或者利用一次优势产品生命周期的成长曲线……他们采取建筑大师的方法，致力于建设一个组织的特质。管理者要真正创建永续经营的企业，必须要有强大的组织。就黑松林而言，组织建设与组织管理是又一颗重要的"石子"。

管理者要做到不失职，关心和体恤员工是第一步。比如在企业改制初期，我就想员工之所想、急员工之所急，以工资制度为突破口，端出暖人心的"滋补药膳火锅"，确立"不同岗位、不同考核、不同薪金"的"双工资制"新模式，在员工中推行"双周工资制"，在中层管理者中推行"双薪工资制"。高薪之下，必然是工作中的高责、高效、高能。付出总能得到回报，黑松林的劳动关系越来越和谐。一些企业在管理中的盲点，变成了黑松林的看点、亮点、出彩点。这些举措，激发了员工与管理者的积极性和创造性，提升了他们的凝聚力、向心力，进而保证了企业生产经营活动。

企业要通过绩效制度改革激发员工的工作积极性，但如果员工的职业能力和人效不能持续提升，工资待遇的"水涨船高"就是无源之水。养家糊口是员工的基本需求，但如果员工的工作目的仅仅是赚钱、赚更多的钱，同时又不能对自己提出更高的要求，企业就无法摆脱低效率的状态；企业效益不能保证自身正常的扩大再生产，也不能保证员工拿到更高的工资，员工的工作积极性就会下降，这是一种恶性循环。就像理查德·帕斯卡尔和安东尼·阿索斯在《日本企业管理艺术》一书中所说："我们的竞争能力取决于我们将人们组织起来，从而产生机会和成果，而不是产生僵局、停滞、官僚主义和无益的倾轧。"基于此，与外部市场推广能力和品牌建设相伴随，我们的核心目标，就是全面提升企业的整体管理水平。

比如在员工管理方面，黑松林实行分级、分档管理。分级管理就是强调"谁主管，谁负责"，对主管人员充分授权，让他们有事用不着"瞻前顾后"，但也不能"王顾左右"——该你管的事儿保证没人插手，你想把该你管的事儿推给别人，也不会有人接手。一级管一级，级级有权力范围。分档管理就是厂里把员工分为四档来实施管理，即优秀员工、合格员工、临时员工、见习员工。临时员工一般是刚来的员工，要有考核期；见习员工是不合格的员工，有可能在企业变动中被清退。员工的档次由专职评议小组初评，报厂部核准。评定标准既包括员工对企业规章制度的遵守情况，也包括员工完成的产量、达到的质量、质量合格率的反馈、是否符合安全操作标准等。优秀员工每月可获得荣誉津贴，连续获评者可以连得。年终根据四个季度的评议结果，对员工落实奖惩，奖惩的额度由董事会决定。

面对这样的管理制度，一开始有一些员工不适应，甚至有朋友劝我说：黄桥地面不大，员工又都是当地人，低头不见抬头见，差不多就行了，太认真了，弄得大家没面子，后果不好。

后来，我和《经营与管理》杂志社原社长牛国锋谈起这个问题，他问我的看法，我的回答是："散兵游勇是不可能打胜仗的，等企业发展得好的时候、大家的职业能力提高的时候，员工们就会理解我。"

牛社长感慨道："企业有大有小，管理的道理却只有一个啊！"

迭代产品

一个企业要想不被市场淘汰，就得按市场的游戏规则和规律办事，在自己经营的领域中，保持清醒的头脑，充分了解市场，找准产品与市场发展的着力点、突破口。同时，企业还要凭借敏锐的洞察力，快速反应，抓住发展的重点，克服发展的难点，培育发展的亮点，像乌鸦一样能喝到水且不断有水喝。

产品品质是企业的生命线。化工产品既受制于客户需求，也受制于国家环保政策的要求。面对这样的外部环境，黑松林始终保持高度警觉，随时观察、研判产品和客户的新动向，持续实现产品的迭代升级。

2008年，国家出台了《室内装饰装修材料胶粘剂中有害物质限量（GB 18583—2008）》的强制标准。就胶粘剂产品而言，这个标准是环保达标的"最后通牒"，对大部分企业来说无疑是一次生死考验。当时，面对即将实施的新标准，黑松林一方面积极融入，主动参与国家新标准的制定，"提前五分钟"抢占制高点；另一方面围绕新标准找差距，选择新材料、采用新工艺改进老配方，在第一时间攻坚克难，完成产品的转型升级，赶在国家强制标准实施之前，生产出绿色、环保的新型胶粘剂。

市场经济不听申辩，市场经济也不相信眼泪，只有一切从实际出发，围绕国家产业政策法规和市场需求，用质高、价廉、多能、健康、绿色的产品适应市场，企业才能不怕风吹浪打，站稳脚跟，才能走出沙漠，寻得一片绿洲。当然，这样的事情说起来容易做起来难，但实际上，企业的发展就是持续地自我否定、自我超越的过程，如同英特尔芯片的迭代升级。英特尔公司创始人安迪·格鲁夫说过，"自相蚕食就是一种生活方式"，在企业发展过程中，自相蚕食不仅不可避免，还应加快推进。

事实再次证明，要改造客观世界，首先要改造主观世界。唯有创新，方能领先。如今市场上畅销的"黑松林"当家主打产品——黑松林环保型装饰万能胶、汽车内饰喷胶、聚醋酸乙烯酯乳液等系列产品，就是黑松林这些年"做身边正确的事"、不断自我否定、俯拾"石子"，一步一步发展、做强做大的结果。

产品迭代很重要，市场更加重要。近年来，黑松林人不放弃，不言败，放眼全球市场，在发挥自身机制活、决策快、包袱少、负担轻等优势的基础上，借风使力，先后与多家《财富》世界500强企业、国内外知名企业建立起紧密型或松散型的合作关系，借梯上楼，竞合双赢，打开了国际市场。

企业的成长，基因最为重要。一棵小草的志向再远大，也不可能长成参天大树。通过"衔石子法"打基础，黑松林的"基因"逐步由草本变成木本，即使冬天来了，树叶落了，新春来临仍能长出新芽，而且树干一年比一年粗壮，这片"黑松林"也就一年比一年茂盛。

今天的世界也许让我们感到陌生。大数据、人工智能、物联网、虚拟现实、区块链……新技术层出不穷，试图改变社会，直指未来。

在这个充满不确定的时代，企业家需要怎样拥抱不确定性，在变化中找到机会呢？正如一年有四季，经济也有复苏、繁荣、衰退、萧条、再复苏等阶段。万物轮回，大道至简，其实道理相通。回首30多年的创业发展历程，黑松林"过冬说"不是新鲜话题。冬天不能简单靠"熬"，成功也不只是"熬"出来的，企业家必须有心、走心、操心，必须知变、应变、适变，还要有"新三观"：未来观、全球观、全局观。有了这样的定力，瓶子里的水纵然少，也不愁喝不到。

点长当家

2018年7月的一天，12号台风"云雀"还在台湾海峡肆虐，市气象台、安监部门便发布台风蓝色预警信息，提醒注意防范，并备有防御指南：停止露天集体活动，停止高空作业，加固门窗、围板、广告牌等易被风吹动的搭建物等。

一大早，太阳还没露脸，我就来到公司，隔老远便看到大屏幕上的宣传语"战高温，防台风，安全生产每一天"。看着那熟悉的一草一木，走在整洁的厂区，两边堆放着整齐的成品，听着嗡嗡作响的反应釜的旋转声……我的心头似清风拂过。

我沿着阶梯查看平台上的每一台设备、每一处定置区，突然发现一扇窗户虚掩着，露着几厘米的缝隙，我走近窗户拉了一下把手，可怎么也锁不上，再仔细看了看，原来是把手的锁快脱落了。这让我不由联想起灰犀牛的故事。

这是多年前在肯尼亚马赛马拉国家野生动物保护区旅游时，导游讲给我听的。灰犀牛看起来体型笨重、反应迟缓，当你看见它在远处时，或许心里会想：没事，它不会过来的，但你要知道，灰犀牛跑起来的速度非常快，一旦它朝你狂奔而来，你往往很难躲避。很多危机事件，就像灰犀牛一样，其实在爆发前已有迹象显露，却往往被人们忽视。这扇窗户的缝隙不就是灰犀牛吗？一旦台风刮过来，这个缝隙就成了进风口。

当天，点长晨会的时间还未到，六位点长早已在会议桌两边坐定。

"今天轮到我主持，大家早上好！温馨提示一下：这几天多晴热高温，加上台风预警，请各节点注意防暑、防'云雀'。"晨会由印象中腼腆得像大姑娘似的点长小尹主持，这一番开场白，让我刮目相看。

一个企业，不是一个人的奔跑，真正能让企业跑得更远的，是赋能、激活一群人。这段时间，我一直在外出差，许久未参加晨会了，我为小尹的进步由衷地感到高兴。

"按常规，从聚合节点先谈。"小尹边打开笔记本，边朝我看了一眼。

"我们节点一切正常。昨晚下班前，我发现2号釜后面窗户把手的锁快脱落了，窗户锁不住，今天请机修节点帮助修理一下。"小戴边说边将一张维修通知单递给了机修节点的小江,一切按部就班。

"我们节点一切正常……"

"好,平安是福,一切正常就好。关于聚合节点提出的窗户报修的事情,散会后请机修节点优先完成,台风一到,不怕一万,就怕万一。"小尹布置妥当后,又话锋一转,面向聚合节点的小戴,一脸诚恳:"戴点长,窗户锁快脱落了,机修人员下班了,你不能解决,这不怪你,但在台风来临之际的这个特殊时刻,我们不可以等到第二天处理,应该主动联系江点长,我想江点长虽然下班了,他不会拒绝。""我不会拒绝!"一旁的小江脆生生地接过话。"'快速反应,马上行动'是黑松林的工作作风。大家对此事要警醒,引以为戒,下次可要记住,特事特办去做好。"其他点长纷纷点头。

"感谢老天帮忙,雷声大,雨点小,台风尚未光临。"小尹顿了顿,"不过,这件事还得给我们机修节点点个赞,刚刚江点长的表态很棒,做企业就要有这种精神。今后不管遇到什么特殊情况,我们都得合心、合力,风雨同行。今天节点晨会我主持到这儿,请刘总指点。"小尹干净利落,脸上泛起一阵红晕。

听着小尹的一番话语,看着眼前六大节点点长的精神风貌,我笑了笑,摇摇手:"今天,我是来旁听学习的,贵在参与,很好,很好。"

"今天节点晨会到此结束,散会。"小尹的话刚说出口,"嚓,嚓……"六位点长纷纷合上记录本站起,将椅子推进桌洞,向着各自的岗位走去。看着他们的背影,我不由想起《大学的理念》作者约翰·亨利·纽曼的那句话:"只有教育,才能使一个人对自己的观念与判断有清醒和自觉的认识,只有教育,才能令他阐明观点时有道理,表达时有说服力,鼓动时有力量。"

乌鸦能够成功喝到瓶中的水,实际上是源于洞察事势,探求途径,不断衔来助力成功的"石子"。只有不断地解放思想,科学发展,脚踏实地,才能一步一步做强做大，做优做久。节点自治，帮助黑松林创建了自驱动型企业文化，提升了企业的自我组织、自我纠错和自我更新能力。赋能员工，不断创新，让工作变得更有意义，这颗"石子"很管用。

总之，影响企业发展的因素很多，外部产业政策的宏观调控、内部管理失控等，都可能会引发震荡或危机。这就迫使企业必须像乌鸦那样，突破瓶颈，放弃熟路、走出套路、避开窄路、寻求新路，用心仔细地去找水，不能因瓶颈太细喝不到水而轻言放弃。

旱则资舟，水则资车。不管在什么时候，企业经营者都要开动脑筋，多问几个"怎么办"：假如最后半瓶水喝完了，怎么办？最后半瓶水被竞争者发现了，大家都想喝这半瓶水，怎么办？当遇到严冬时，瓶中的水结成了冰不可以喝，怎么办？装水的瓶子在与竞争者的争抢中被打破了，怎么办？

大卫·B.尤费等在《战略思维：盖茨、格鲁夫和乔布斯的5条长赢法则》一书中指出，在形成未来愿景的同时，要设定眼前企业发展的边界和首要任务；在预测客户需求的同时，要努力从组织上匹配这些需求；在预测行业拐点的同时，要应对改变并坚持到底。

走棋法
在大市场中获取竞争优势

当下,民营企业特别是中小企业,处于一个奇特的"不对称"时代,面临一系列的问题:规模越做越大,负债却越来越重;研发投入越来越多,市场份额却越来越小;产品生命周期越来越短,竞争对手模仿速度却越来越快;销售成本越来越高,利润空间却越来越小;营销网络越来越细,库存风险却越来越大;生存门槛越来越高,发展却越来越难;员工学历越来越高,员工的忠诚度却越来越低……

有些企业家遇到问题时,总习惯于想当然,或者一味贪快,只图眼前,头痛医头,脚痛医脚,不愿多问几个为什么,也不愿多想底层逻辑。这样,表面上看问题似乎迅速解决了,实际却给企业的长期发展埋下了隐患。

下象棋是在规则约束下的战斗。其中,规则是指象棋规定了行进的界限,设置了各个棋子的"规定动作";战斗是指象棋在规定的范围内,可以任意发挥,大比棋艺的高下。市场竞争就如同下象棋,既要按游戏规则办,又要尽进退攻防策略之能事。

产品为王

有这样一个故事。两个和尚分别住在相邻两座山上,这两座山之间有一条河,两人每天几乎都会在同一时间到河边挑水,久而久之,便成了好朋友。

不知不觉,5年过去了。突然有一天,左边山上的和尚没下山挑水,右边山上的和尚以为他睡过头了,也没在意。第二天,那位和尚还是没下山挑水,一个星期过去了,还是没见他下山挑水。于是,右边山上的和尚猜想,我的朋友是不是生病了,他决定去看望一下。

当右边山上的和尚看到左边山上的和尚时,他正在练剑。"你怎么一个星期都没下山挑水,你喝什么呀?"左边山上的和尚带他到后院,指着一口井说:"这5年,我每天做完功课后都会抽空挖井,即使再忙也会坚持,挖多少算多少,如今终于挖出水来了。现在,我就不必再下山挑水,可以有更多时间练习自己喜欢的剑术了。"

这些年,黑松林人不像右边山上的和尚只知道挑水,而是咬住"产品主义"的目标方向不放松,在变化中不断实践、不断攻关,找到自己生存和发展的坐标,先后开发出了多项适应市场的绿色、健康、环保的高新技术产品,有的还申报了国家发明专利,为企业的持续发展挖了一口"深井"。

- 20世纪90年代末,国家启动"小化工"安全整治工作,黑松林由于提前转型生产绿色环保产品,在大浪淘沙般的整顿行动中站稳了脚跟,公司的高固含水性胶迎来了快速发展。
- 2002年,黑松林从"一类产品还需一类包装"的信息中预测到包装行业即将迎来快速发展期,率先开发出了单组份彩印纸复合胶,产品获中华人民共和国轻工业部⊖优秀新产品一等奖。当许多企业受利好驱使，企图挤入这一领域时，黑松林则快人一步，推出了新一代无毒、无味、阻燃的环保水基型彩印纸复合胶。

- 2005年，黑松林创新采用"本产品使用去离子水生产"的卖点，将环境保护与绿色营销作为经营策略，推出绿色水基型白胶，该产品被评为"江苏名牌产品"。
- 2007年，黑松林开发出"以水代油"的无毒、环保、不含苯等有害物质的水性接着剂。
- 2008年，黑松林成为全球最大的粘合剂生产企业——汉高公司的供应商，水基胶生产能力达到万吨级。
- 2009年，凭借与国外专家建立的长期技术支持协议，黑松林结合国内市场特点，选择行业和消费市场，先后开发出改性乳液、环保型抗流淌性水性快干胶、水性氯丁胶、水性拼板胶、无毒水性箱包胶等绿色环保新品，不断巩固和扩大黑松林系列粘合剂产品的市场占有率。
- 2012年，黑松林被认定为"高新技术企业"。2010—2012年，黑松林实施科技成果转化12项。
- 2015年1月，黑松林成为泰州首家"新四板"挂牌企业，开发出水性万能胶、水性喷胶、D3白胶等新产品。
- 2017年12月，黑松林主持制定木材胶粘剂系列国家标准，被泰州市人民政府授予"泰州市首届标准创新奖"。
- 2019年10月，黑松林因持续开发绿色环保产品，努力实现企业与自然环境协调和谐发展，被中华人民共和国生态环境部环境发展中

⊖ 1993年4月22日，根据第八届全国人民代表大会第一次会议通过的国务院机构改革方案，撤销轻工业部，组建中国轻工总会，是国务院直属事业单位。

心评为"中国环境标志优秀企业"。
- 2021年12月，黑松林水性快干胶被复核认定为江苏省专精特新产品。
- 截至2022年，黑松林已与3M、汉高等多家《财富》世界500强企业和十多家国内知名企业形成了稳固的合作关系，参与了17项国家标准的制定或修订，获得了5项发明专利，在规范胶粘剂行业发展的同时，抢占了市场先机。

星巴克创始人霍华德·舒尔茨在《将心注入：一杯咖啡成就星巴克传奇》一书中提到，每个公司首先必须代表"某样东西"，比如星巴克代表了优质咖啡和烘焙咖啡豆至黑色的深度加工法，它们使产品超凡脱俗且货真价实。舒尔茨还认为，公司不能仅仅向顾客提供他们想要的东西，如果公司能提供某种他们并不熟悉却又超乎他们品位的东西，就能给他们带来全新发现的兴奋感，培养他们的忠诚度。这样做花费的时间可能长一些，"但如果你的东西确实绝佳，顾客就会喜欢上你的产品，而不必向大众市场顶礼膜拜"。

多年来，黑松林坚守客户导向，坚守产品主义和长期主义的价值观，倾力打造代表着黑松林的"某样东西"，精心开发与打磨产品，新品开发成功率超过98%，新品销售收入多年超过总收入的50%，这就是黑松林的棋局观。

打造差异化竞争优势

在企业竞争的"大棋盘"中，看起来无足轻重的企业文化，同样发挥着不可替代的软实力作用。企业硬实力不足，想要贷款，银行却不感兴趣；企业规模太小，经不起折腾，非常脆弱；企业发不出高工资，又地处偏僻，难以吸引人才——这就是中小企业的生存现状，因此，以软补硬是中小企业生存的一条重要法则。正如中小企业一直所向往的那样，黑松林也希望实现"薪酬低而心气高，资金少而效率高，条件差而感情深，诱惑多而跳槽少"。因而，黑松林全力打造以"心力管理"为代表的企业文化，以文化和品牌带动产品与市场发展，以市场开拓持续传播黑松林的文化与品牌。

黑松林的企业文化，源于我认识到它的重要性，成于全体员工的躬身践行。从这个意义上说，企业文化是在黑松林"心力管理"的实践中生长出来的。同时，"心力管理"的实践与提升，就是黑松林企业文化不断演进并与管理实践融为一体的过程。也就是说，是心力管理而不是文化宣传，让黑松林的企业文化真正成为美国创投企业家本·霍洛维茨所讲的"你所做即你所是"。

员工对企业日常经营问题所给出的答案，恰恰就是企业文化的体现。因为，"企业文化会使你的公司在你缺席的情况下做出决断，你的员工会凭借此番文化应对日常工作中的一切问题，文化会使你的员工自觉自愿、无须监督地去做事"。比如，我们提出"不知道明天干什么的人不是黑松林人"的理念，极力倡导发展意识和危机意识。同时，我们也倡导员工思考和解决"明天干什么"的问题：员工的心百分之百地交给企业，能挑千斤重担，不挑九百九，一点儿也不偷懒；产品的合格率达到百分之百，一件不合格产品也不放过；每年新开发产品数量占总产品数的50%。

再如，对于"你争500强，我干500年"的理念，黑松林人认为：大也是美，小也是美，由小到大才是真正的美。既然目标已定，就要系统思考，我们将昨天的生意，变成今天的企业，再到明天的事业，咬定青山不放松。认准500年的核心，在于干好每一天、每一月、每一年，天复天、月复月、年复年，不断学习，"加油充电"，循环往复。时时创造，天天创新，年年创业，在一个既定的圈子里勠力同心，做大做强。

吴春波在《华为没有秘密2》一书中指出，任正非坚守"三个主义"来构造华为。第一，理想主义，通过优秀的文化把大家凝聚起来。第二，以制度为核心，以内部规则的确定性应对外部环境的不确定性。第三，以利益为基础，共同创造，共同富裕。周永亮等在《方太文化》一书中提到方太文化建设的途径时，也提出了"制度固化"的重要性：以制度规范约束，建立激励机制，养成自主行为。在教育过程中，会慢慢形成一些制度和行为规范，不仅要做"道之以德"，也要做"齐之以礼"。"齐之以礼"就是用制度来"固"化，这样整个团队就会越来越有秩序。黑松林在创建企业文化的机制时，无非也就牵涉思想、制度和利益，正是这些朴素、简单的管理思想在企业中持之以恒、不厌其烦地实践，才带来了黑松林的成长。这是黑松林在"通用"棋盘上下出有竞争力棋局的关键所在。

把"相同"的产品打造出"不同"

下棋是一种互动性极强的活动，不仅要看自己的棋子，更要看对手的棋子。回到商业情境中，企业既要关注市场与客户、自身状况，又要随时跟踪行业动态、关注同行现状，随时借鉴、学习、吸收行业先进经验，这样才能真正立于不败之地。

几年前，公司营销管委会建立市场数据库后，责任人会定期对照同期销售数据进行跟踪和分析。在一次对比分析中发现，安徽一位大客户在压板胶的使用量上出现较大幅度的下降，第二天，营销责任人老周便火速赶往客户那里调查。

到了客户那里，老周边询问边深入车间，了解后却傻了眼。市场上的新产品、新材料、新工艺如雨后春笋般层出不穷，客户不久前还在使用黑松林的压板胶，不到两个月的时间就被新型胶替代了。看着眼前的一切，老周一边和客户套近乎，一边找来矿泉水瓶将样品带了回来。

根据老周的反馈，公司组织了一次技术攻关会，公司的能工巧匠都来了。大家不约而同地将目光聚焦到那瓶浅绿色的新型胶上。我一声不吭，拿起样胶，先是闻了闻气味，基本无味；接着用手指沾上一点，在两指间磨了磨，凭指感试着粘接强度，再将手指分离，劲道还挺大。我凭经验一边分析着胶液，一边听着老周介绍客户的使用情况。

技术员小王站起来，拿起桌上的另一瓶样胶说："刘总，这种新型绿色胶与我们不久前刚刚研发的胶在性能及各项指标上基本相同，只不过加了点绿色色浆，取了一个好名字，把相同卖得不同。"接着，小王将一张表格递到我手上，这是他连夜检测得到的一组对比数据。

看着小王，再看看桌上的样胶和检测对比数据，我一阵感慨，不由想起一个故事。两个老板相邻摆摊卖米线，一年后，甲赚钱买了房子，乙却无力购房，为何？原来，乙的生意虽好，但刚出锅的米线很烫，顾客吃一碗米线需要15分钟，而甲把煮好的米线放在冰水里泡30秒，再端给顾客，温度正好。为顾客着想，把相同产品卖得不同，这可是当今竞争的一大诀窍。

战略大师迈克尔·波特认为，战略不是要你做得更好，而是要你做得不同。苹果创始人乔布斯指出，当我们看到新的事物或机遇时，窗口期也许只有10年，但是如果我们管理恰当，那可能就是黄金10年。我认为，我们把"相同"卖得"不同"，就是在对产品进行"恰当的管理"。

事后，我们重奖了小王。比竞争对手做得更好不容易，做得"不同"更不容易。在移动互联时代，企业经营环境瞬息万变，激发员工的创造性、工作热情，让员工在组织中感受到工作的意义，把知识和智慧更多地用在产品与服务的"不同"上，不断创造价值，是非常重要的。

创新要"出格"

有一位围棋高手讲过这样一段话，让我印象深刻：你要问我下一步究竟应该走哪里，我告诉你，我也不知道。但是，我和你们的区别就是我很清楚我不能走哪里。

企业消亡的原因有很多，其中之一就是"一成不变"。所以，一家企业能否在这场比赛中竞争取胜，赢得生机，最重要的是能否走出思维定式，学会创新。创新是企业发展的源泉，企业要把创新作为战略追求，力求"做得不同"。

一个学不会游泳的人，靠频繁更换游泳池是不能解决问题的。熊彼特曾说：多少马车相加也得不到一列火车。如果我们的思维得不到突破，一直陷在自己的经验怪圈中，那么到今天，我们可能只有跑得更快的马车，而不能发明出汽车、飞机与高铁。穷则变，变则通，通可达。企业家不仅要能顺风行船，更要能掌控逆风行船的本领。逆风航行要处变不惊，换个思维，反问追问，如此一来，我们就能看到更多，走出一步天地宽。

创新本身就是一个超越自我、超越现状、突破现有做法和经验的自我否定过程。要创新首先思维必须"出格"，从思维上突破落后保守的旧观念，启发新的思想，找出新的方法。在继承传统基础上的创新，乃是"出格"的创新。

第一，勇于自我淘汰。根据不同地区民情、不同消费层次、不同客户需求，黑松林结合企业产品的实际情况，不断研究消费心理，有针对性地采取不同的销售谋略。根据"产品在工厂，品牌在市场；产品卖系列，品牌卖形象"的理念，开展研发活动，不断自我淘汰，向市场推出消费者喜欢的绿色环保产品、方便用户的配套产品。

第二，"小产品"也要往高处走。黑松林充分利用与多家《财富》世界

500强企业合作积累的技术和管理资源，不断消化吸收、扬长避短，从独特的诉求角度，捕捉到水性白胶的卖点，创新研发绿色环保新产品，增强了自身的竞争力。在具体操作上，黑松林"将心注入"，精心培植"看家产品"，稳扎稳打，使大市场有了"小产品"黑松林的位置。同时，围绕可持续发展观、大众观、地区观，黑松林坚持走好三条路。一是坚持"人少我多，扩大市场；人无我有，引导市场；人有我优，占据市场"的发展之路。二是坚持产品逐步向高科技、高品质、高附加值方向迈步，走科技兴厂之路。三是坚持产品向大众消费群体延伸，走"名牌更是民牌"的质量大众化之路。

第三，用与众不同的创意，持续开发延伸产品。黑松林一手抓稳定发展，扩大现有市场，集中优势开发新产品的新市场、老产品的潜在市场、重点产品的重点市场；一手抓滚动积累开发，小步快走添后劲，在多品种和产品系列化发展的基础上，利用现有设施的潜在生产能力，开发相关延伸产品、用户需求的配套产品，向同行学习，以"多（品种）、活（方法）、廉（价格）、优（品质）、佳（服务）"取胜。

第四，持续加大研发投入。早在2001年，黑松林就成立了厂办研究所，聘请上海、天津、湖北、山东等地科研院所的十多位专家担任技术顾问，一起科研攻关；同时，积极参与有关国家标准的制定，赶在国家强制标准实施之前，生产出绿色环保的装饰万能胶。2014—2015年，黑松林组建泰州市环保型胶粘剂工程技术中心，之后与湖北大学、上海橡胶制品研究所、上海合成树脂研究所达成合作，形成"产、学、研"一体化的研究机构。2016年5月，组建黑松林胶业联盟，收购泰兴金缘精细化工有限公司，上马以水性胶粘剂为主体、年产3.8万吨的环保型胶粘剂技改项目。

黑格尔说，真正的创造始于想象。想象，能让人超越现实的羁绊，找到人类过去所未能触及的新境界。想象不是幻想，而是一种文化涵养的长期积累与陶冶。从想象到创造需要创新的地图,这个地图就是真正以用户需求为中心,坚持从一线中来,到一线中去,深入市场;真正站在用户的角度,换位思考,了解用户现在需要什么、未来需要什么,用心为用户所需、所思、所爱而琢磨、努力和创造。

在数字化的大背景下,面对科技、经济、社会的迅猛发展,企业要生存、发展,就应该能动地去适应时代的变迁,反思企业的使命和中长期战略目标,不断战胜自我,勇于迎接挑战,科学发展,把眼光从内部扩大到外部,从眼前延伸到长远,并朝着这个使命和目标不断前行。

暖棚法
应对经营危机

著名管理学家拉姆·查兰曾这样说过：每当遭遇逆境或困难时，其中蕴含的新信息、新洞见、新信号，你有没有捕捉到？你有没有从中看到新的机会？伟大的企业家、伟大的领导人就有这样的能力，他们内心不会放弃，在逆境中会有更多的思考，也会看到那些不易被捕捉的信号，并把它转化成机会。所以，每一次遇到逆境或困难的时候，反而是他们逆势成长的好机会。

其实，早在1921年，芝加哥大学弗兰克·奈特教授就提出"市场的本质特征是不确定性"的观点，他分析了这种不确定性的产生原因，特别阐释了用哪种经济制度来应对市场不确定性的问题。事物的不确定性是一种常态，确定性反而值得怀疑。

知易行难。面对威胁生存和发展的难题，中小企业如何"危"中寻"机"，熬过严冬，在艰难蜕变中"破茧成蝶"，迎来万紫千红的春天？

这让我想起一年冬天在哈尔滨开会，会议间隙，三五位老友结伴去看雪景。一行人在漫山遍野的雪地中跋涉，突然，光秃秃的树枝上盛开的粉色桃花吸引了我们的视线。"奇迹，简直是奇迹！"大家边叫边掏出照相机"咔嚓——咔嚓——"。走近了，才发现那是纸花。尽管如此，看着眼前花团锦簇，我的心里还是暖融融的。原来，春天有时不必等待，它可以由自己来创造！

我浮想联翩，从眼前的桃花想到了中国蔬菜之乡山东寿光的大棚，想到了现代化温室大棚的温控系统，这些"保温"设施可不就是企业创造的抵御"严冬"所需的最佳生存环境嘛！

学会过冬

有一天晚上，我在外出差，躺在酒店床上看《动物世界》这个电视节目，突然收到一条微信："我现在在客户这边，已生产好的四个集装箱，两个星期内出货，另外四个集装箱请暂停生产，目前都不景气。"国际贸易代理公司王总发来的这条微信，让我抓着手机久久没有放下，脑中浮现出"动物世界"：豺狼虎豹你追逐着我、我戮杀着你，一片血腥残忍的生存竞争……

睡着以后，我做了一个梦。在梦里，我变成了一条蛇，捕蛇者把锋利的刀片竖在洞穴的入口，我进洞寻食时，锋利的刀片刺痛了我，我拼命往前爬，爬啊，爬啊，感觉肚子已被划开了，疼痛，恐惧，大叫，自恨没有倒退的本能……"救命……"一阵呼叫，我舞动双手从噩梦中惊醒，房间里一片寂静，什么也不是，什么也没有。

我揉揉睡眼，自嘲一笑。我真变成了一条蛇？眼下全球性不景气，市场需求低迷，已签好的合同突然变故。这样的情境让我感到忧伤，就好比腹部被刀片刺痛的蛇……

本·霍洛维茨在《创业维艰》一书中说："挣扎是成就伟大的竞技场"。

在梦中，蛇的教训告诉我，面对感知到的疼痛，要学会转身，避开刀锋，躲过劫难，从而保全自己，求得新生，闯出一条新路。记得一位经济学家曾说过：企业在经济繁荣时期播下什么种子，在经济萧条时期就会有什么收获。反之，在经济萧条时期播下什么种子，在下一轮的经济繁荣时期就会有什么样的收获。

任正非在《华为的冬天》一文中这样说：十年来，我天天思考的都是失败，对成功视而不见，也没什么荣誉感、自豪感，而更多的是危机感。也许是这样才存活了十年。我们大家要一起来想，怎样才能活下去，也许才能存活得久一些。失败的这一天一定会到来，大家要准备好迎接，这是我从不动摇的看法，这是历史规律。

第二天，东方才露出鱼肚白，我便急忙打开手机，将王总深夜发给我的微信转发给公司中层管理者，通知大家我回公司后要召开紧急会议，主题是"面对危机，我们该怎么办"，让我们的管理者也感受一下"肚皮被划开的感觉"，以便快速反应，搭建起抵御寒冬的温室大棚，边干边部署，做好进入"严寒期"的准备。

企业发展没有永远的"常青树"，既然冬天就要来了，要想不被冻死，就得提前准备，接受蛇的教训，学会规避风险，调整发展思路，练好转身本领，为下一轮企业再发展做好准备。

天下没有比人更高的山，没有比脚更长的路，寒冬总会过去。学会转身，度过冬天，企业将会迎来春暖花开。

敢于向一切袭来的危机亮剑

经济下行期，看着库房里一排排待出厂的成品，我的心似早来的冬天一般冷冷的。距离贸易代理公司原先约定的出货时间已过去40多天了，虽说时常用各种方式联系，可总是今天约明天，明天约下周……

回到办公室，我抓起电话，迟疑了老半天，最后还是硬着头皮拨通了贸易代理公司方总的电话："方总，还有两个月就要过春节了，这批货到底什么时候能出货啊？""刘总，你急，我比你还急，上次的货款还是我先垫付给你的，客户至今还未打给我。如果这批货发出去，我的钱又收不回，有什么意义呢！"电话里方总言必称"危机"。

"你最近和客户联系过了吗？"我急切地询问着情况。

"昨晚还联系过，你放心，客户不是不要货，主要是汇率对资金收益有影响，客户货币贬值25%，赚不到钱，所以客户说，能不能大家共担一些损失，你们也让点利，共渡难关。"方总话题一转，变被动为主动，让我措手不及。抓着电话欲放不能，我只好含糊其词地支应着："好，好，共渡难关，降多少我测算一下，晚上跟你联系！""行！"方总简单爽快地回答，我仿佛看到一个生意人博弈的智慧。

冬至后的傍晚，天黑得早，讲完这通电话，外面就黑得像锅底了。我端起茶杯喝了一口，两眼微闭，想稍微休息一下。"刘总，这样会受凉的，你该回家了。"一声轻轻的男低音将我唤醒，我蓦地睁开眼，原来是保洁员老孙来整理办公室了。"哦，哦……"我边应声边揉揉双眼，看着老孙一副憨厚朴实的样子，恍恍惚惚中，眼前的老孙仿佛变成了故事中的老茶客：

茶亭里，一个盲人向一位上了年纪的茶客讨点零钱。这位茶客问盲人："你看不见？"盲人回答："是啊，先生，我看不见。"茶客说："你睁开眼睛看看，我在哪里？"盲人眼睛转动了几下说："我睁不开。""那你闭着眼睛使劲地去看！"盲人停了停说："我看见了一片黑。"茶客提高嗓门："你黑都能看见，难道白你就看不见吗？睁大眼睛向前看！"

脑子里突然而至的故事，让我瞬间醒来：我倒变成一个盲人啰！眼睛盲了不要紧，心却不能盲啊！那位茶客逼看不见的盲人往前看，不就是逼他顿悟嘛！

我仿佛有一股"冬天之应"，一股天高云淡的感觉在升腾：冬天里的企业可要"去寒就温"啊！现金为王，痛快地让利，加快资金回笼，将呆钱变成活钱，与客户携手过冬！我又一次拨通了方总的电话……

市场永远在波动，企业总是在市场波动中生存，有死有存。企业经营者必须适应这种永远变化的局面，始终保持敢打必胜的心态，敢于向一切袭来的危机亮剑。面对无可逃避的经营危机，我们要像那位茶客所说，睁大眼睛向前看，用壮士断腕的气魄和胆略，去扛、去挺，以图东山再起，笑傲冬天。

敬天爱人

因为知道冬雪之后必定会迎来春天，所以在这个乍暖还寒的日子里，我们"大手笔"地逆势而上，进行又一轮扩产改造。

设备科的大小伙们夜以继日、废寝忘食地在车间连轴转了十多天，工程接近尾声，我每天都要跑去看上好几趟，给大伙一点"精神可乐"。现场一则则感人的故事，让我不时眼眶湿润，企业有这样一群好伙伴，我打心底里感动，这是企业明天的生命动力啊，有了他们，再冷的冬天都不怕！

试产成功的当晚，我在公司设特宴款待参加设备改造的大小伙们。席间，杯光盏影，热闹非凡。

"老高，一车间的那两台设备你功劳不小，我敬你一杯！""多谢刘总！""小江，还记得你装二车间那台10吨反应釜啊，手指甲盖都被砸紫了。""刘总，都七八年了，你还没忘，那时我们是用手拉葫芦一米一米、一层一层拉上四楼的。企业发展到今天真不容易……"

趁大家酒酣耳热之际，我慢慢站了起来，说道："伙伴们，这些年你们是企业发展的当头炮、活见证。我们从三间茅屋、两台反应釜起家，走到现在的几十台设备，哪一台没洒过你们的汗水啊！辛苦你们了！""兄弟们，来，咱们一起为企业兴旺发达、危机不危干杯！"项目负责人小江不但活儿干得好，话说得更好。一顿饭下来，大家伙儿都很高兴。

《孙子兵法·作战篇》中说："杀敌者，怒也；取敌之利者，货也。"意思是说，要使军队勇敢杀敌，就要激发士兵对敌人的仇恨；要使军队夺取敌人物质，就要以财货奖赏士兵。古今中外，采用奖励的办法是激起士兵奋勇杀敌的秘诀之一，有时虽没金钱，哪怕是一杯酒，一句话，现场一个身影……也能给员工带去精神动力。这就是非物质激励的作用，如果管理能够到达这样的境界，"胜则举杯相庆，败则拼死相救"，纵然面临艰难险阻，又何惧哉？！

做什么事都不要轻言放弃

经济不景气时，恰是考验企业管理者是否具有大智大勇的时候，如果企业还是按常理出牌，常规经营，往往会处处碰壁。一位资深企业家说得好："经济危机，企业倒闭，罪不在外部，而在自己。"我听后感慨良多。市场是企业的第一车间，危机中企业最大的风险，莫过于不能适时调整，只有以变应变，企业才能绝处逢生。

为了应对危机带来的外需萎缩、内需不足，我们试图在市场开发方面取得突破，围绕企业特性、顾客特性、产品特性、竞争特性、环境特性及中间商特性，提出了"以内补外"策略，并对营销员进行了"八大区块"调防。调整后，我带着营销员老陈一起驱车调研北方市场，从山西一路东行拜访客户，连访18家。

这一天我们在泰山服务区吃午饭。驾驶员小周三扒两咽，吃完上车休息去了，我与老陈边喝酒边聊天，说着掏心窝子的话。

菜的口味一般般，我俩却吃得津津有味。一同出门在外，不分领导员工，而是一对良友伙伴。我们谈着外部环境的事、国家的事、公司的事、客户的事、自家的事，一句句对着心思。

我率先转了话题："这次营销大调整，把你从南方调到北方过苦日子，有想法吗？"

老陈眼睛睁得大大的，脸陡然白里透红："没有想法不可能！这几年在南方干得好好的，为什么要转到北方来，我心里一直想不开！"

"哦，还真想不开。老陈啊，可别刚从山西回来，就喜欢'吃醋'。你可知道，山西为什么出产老陈醋？"

老陈不解，一脸茫然。

"醋是你的本家啊！陈姓人家酿的醋有名啊，老百姓就叫它'老陈醋'了。"

"同是陈家，此陈非彼陈，惭愧，惭愧！"

"你开拓新市场有办法，这次这么严重的危机，之前谁也算不着，抽调精兵强将开拓薄弱市场，是企业的战略决策。以你的能力，只要心态平稳，不居功自傲，不把酒当成醋，就一定能成功！"我的眼神里充满了信任。

为了解开老陈的思想疙瘩，我给他说了个故事。某煤矿发生事故，6名矿工困在井下。每名矿工都有一个矿灯，电池够用10个小时。有人提议，把矿灯集中起来，只亮一盏灯，留着光明才有希望。大家异口同声地答应了。

"后来那6个人活下来没有？"老陈急切地问。

"尽管饥饿、寒冷和恐惧一分一秒吞噬着他们，但守着矿灯的微弱光亮，他们轮流用矿帽接着井壁上的滴水滋润嗓子，分享着原本只有一餐的干粮。

整整6天6夜，他们始终相信，灯光在，希望就在！就在最后一盏矿灯快要熄灭之前，营救人员发现了最后一丝弱光，让他们与死神擦肩而过。"

"这就是贝壳公司创始人左晖说的那句话——'相信相信的力量'！"我说。

"刘总，你的用心我懂了。市场何其大，危机我不怕，东方不亮西方亮，西方不亮头顶上开天窗！让新手去守卫南方市场吧，我相信，也请您相信，北方市场很快就会红火起来的！"老陈的回答让我很高兴。

利用出差的机会与员工聊天讲故事，用我的真心换你的真心，帮助员工消除心病。

"相信相信的力量"，心力管理在老陈身上又一次得到验证。

稻盛和夫在谈到危机下的生存之道时说：萧条是构建良好人际关系的绝好机会，中小企业经营中，最重要的事情就是经营者与员工的关系问题。经营者要爱护员工，员工要体谅经营者，互相帮助，互相扶持。

我想，无论在什么时候，我们的企业都必须建立这种关系——不是资本家和劳动者的对立关系，而是互帮互助、共同经营的伙伴关系，能够建立起这种关系、形成这种企业风气的企业，就是优秀的企业。当一个人和另一个人、一种想法与另一种想法，不是对立关系，而是互帮互助、成功交融时，它的答案就是"1+1>2"！

我的母亲在世时曾对我说："生意前面的路是黑的，许多事情不像你想象的那样风调雨顺。记住，做什么事都不要轻言放弃。"这句话令我刻骨铭心。

《道德经》云：天地所以能长且久者，以其不自生，故能长生。这个"冬天"将持续多久，以后的"冬天"何时会来临，谁也无法确切预料。经营企业，你无法决定明天会发生什么，唯有以顽强的本能，保持乐观自信的心态，不停摆、不自怨、不崩溃；努力，再努力；奋进，再奋进；坚持，再坚持；冲锋，再冲锋。

园丁法
培育企业精神、精品、精兵

20世纪初,英国哲学家詹姆斯·埃伦在《原因与结果法则》一书中,将人心比作庭院,提出"如不加以耕耘,任其荒芜,不播撒美丽花草的种子,必将飘落无数杂草的种子,内心就会杂草丛生"。

作为企业的"一把手"、第一责任人,也应该像优秀的园丁,用脑、用心、用耳、用手精心耕耘,不断浇水、施肥、松土,铲除无用的杂草,种上纯洁美丽的愿望,精心培植企业的精神、精品、精兵,以心为本,辛勤培育,不断创新,提高层次,利他利己,构建和谐企业。

非洲有一种被称为"草原之王"的毛尖草。这种草成长初期只有三至五厘米高,长得很慢。其实,它是"倒生长"的,在漫长的半年中,聚焦于根部的生长,根系最深可达28米。雨季来临时,毛尖草便转换成长模式,疯狂地向上生长,一天可以长半米,三至五天后就能长到两三米。吴晓波在《华为没有秘密》一书中将毛尖草的生长模式总结为:聚焦、坚韧、沉静、内敛,以"倒生长"的方式为"正成长"积蓄力量。

在内外部环境瞬息万变的今天，如何使企业学习毛尖草的"倒生长"模式，稳步健康地积蓄力量，顺应变化，以变应变，创造相应的态势，适应市场竞争？在黑松林的发展过程中，我们在探索中悟出了些许哲理。这就是：以员工为本培育企业精神，以市场和客户需求为核心打造产品与服务，以管理为本培育精兵。

以人心为本抓管理

1949 年，惠普公司创始人之一戴维·帕卡德在一次企业领袖会议上表示，管理层除了替股东赚钱外，还有一种责任，就是对员工的责任，确保他们应该分享因自己的努力而获得的成就。

企业的主体是人，企业管理主要是对人的管理。企业家不仅是指挥家、实业家，更应是现代企业管理的艺术家。实践证明，在相同的条件下，企业生产力与生产效率方面的区别主要与员工的态度和能力相关。以人心为本抓管理，就是要使每个员工有健康的心态和健全的人格，就是要培养员工的上进心，发挥员工的积极性，让每个员工实现自己的最大价值。

黑松林的企业精神是"修己、安人、聚合"。长期以来，黑松林培养企业精神的核心工作是抓班子、带队伍，深入持久地开展"三五"活动，即进行"五感"教育，分别是命运共同感、岗位职责感、相互信任感、竞争危机感、发展紧迫感；培养"五气"，即干部有灵气、员工有志气、队伍有士气、产品有名气、企业有朝气；通过"五感""五气"实现"五高"目标，即员工素质高、产品质量高、工作效率高、企业效益高、员工收入高。

在一次"中外企业文化论坛"上，我和一位咨询界的朋友交谈，谈到判断企业成熟的标准时，这位朋友表示，企业成熟的标准，不是看管理者身上有多少光环，而是看细节，尤其要看"员工的品行被锻造到何种程度"。我十分认同他的看法！

有一年，台风"麦莎"犹如怒吼的雄狮，咆哮了一夜。第二天一早，我匆匆往厂里赶，沿途一片狼藉。一进工厂大门，就看见许多员工忙碌的身影：有人在清理被风刮跑的空塑料桶，有人在捡四处吹来的垃圾袋，还有人在用木棍支撑着被风刮歪的树木。其实，每当遇到大雪、大雨、暴风天气，黑松林的员工都会自觉地提前来到公司，清扫积雪，修复被暴风雨破坏的厂房、设备。

特伦斯·迪尔和艾伦·肯尼迪在《企业文化：企业生活中的礼仪与仪式》一书的开篇讲到一个有意思的故事：1945年8月，作为盟军方面第二次世界大战后进入德国的首批民间人士，NCR公司董事会前主席艾伦去了解自己公司战前设在当地的一家工厂的状况。这家工厂在战前刚建成，很快就被德军充公，并服务于战争。当艾伦在工厂的废墟中艰难行进时，意外地遇到了两个已经六年未曾谋面的NCR员工。他们衣衫破旧，满面灰尘，正忙着清理残砖碎瓦。几天后，当他们还在清理现场时，吃惊地看到一辆美军坦克径直开进了工地，一个美国士兵手握方向盘，冲他们咧嘴笑道："你们好！我是奥马哈，NCR的员工，你们这个月的定额完成了吗？"艾伦走上前去，和那个美国士兵紧紧拥抱在一起。

迪尔和肯尼迪评论这个故事说："战火可以摧毁周围的一切，但NCR公司勤奋、开拓、强调销售的文化却完整地保留了下来。"这意味着，企业是人的机构，而不仅仅是一栋建筑，对这三个把NCR公司从废墟里挖出来的人来说同样如此，在员工心中，企业是一个有生命的组织，它存在于员工的头脑与心灵之中，这对企业发展意义深远。

我想，这就是企业精神培育的最重要价值，也是"园丁"工作的首要任务。

不是精品就没市场

当今市场竞争愈演愈烈，已发展为短兵相接的态势。作为一个起步较晚、生产普通产品的中小企业，要写好"小产品占领大市场"这篇文章，需要耐心和毅力、实力和智慧。现实告诉我们，生意既不能"做老"，产品又不能"老做"，只有不断培植出新品，推向市场，市场才能越做越"年轻"，经营才能越搞越活。

多年来，黑松林把主要精力投入到通过产品创新满足市场与客户的需要上，像辛勤的"园丁"培育优良的产品，持续不断在产品质量和服务质量上下功夫。

一次，一个员工在灌装胶粘剂时发现铁桶里有一点点残留的机油（铁桶在压沿、合缝时，偶尔会沾上一点机油），这样的桶装上胶粘剂后，可能会使产品变质，给企业声誉造成损失。于是，我们迅速采取补救措施，并对制桶工艺从严要求，杜绝此类现象。事后，为了鼓励这位员工的主人翁精神，公司决定奖励500元。有人认为："一桶胶才30元，奖励500元太多了。"我说："员工关心企业的真情是无价的。我们是小厂生产小产品，小产品就得搞成精品，不是精品就没市场。"

多年前处理一位客户"投诉"的事情，也令我终生难忘。当时，公司刚投产墙纸胶，一天下午，快要下班了，电话铃声突然响起，是安徽客户詹老板打来的："刘总啊，你们前天送来的300箱墙纸胶存在质量问题，瓶中居然还有化纤丝……"电话那边带着火药味的话语，让我感觉仿佛一盆冷水从头浇到脚后跟，我像一尊泥菩萨呆坐在椅子上。"连夜出发，将不合格的产品换回来！"我突然从椅子上蹦起来，做出这样的决定。

第二天一大早，刚刚开店门的詹老板突然看见我出现在他的面前，有点吃惊。"给你赔礼道歉，换货来了。"我说。仔细探究之下，原来是灌装过程中不小心将一根化纤丝带进了瓶中。看到我一脸倦容，一个电话就亲自连夜来换货，詹老板不但没有退货，而且连随车带去的 300 箱货也全部留下！

将锅炉房当成厨房打理

《管子·参患》有云："得众而不得其心，则与独行者同实"。德鲁克在《管理的实践》一书中也提到，最打击员工士气的事情莫过于管理者像无头苍蝇般瞎忙时，却让员工闲在那儿无所事事。"无论员工表面上多么庆幸可以领薪水不做事，在他们眼中，这都充分显现了管理者的无能。"管理是经营的基础，管理服务于经营活动。要想让黑松林的品牌真正深入人心、经得起市场和客户的检验，必须持续提升企业内部的管理水平。

管理是硬功夫，又是慢功夫。管理水平决定着企业的经济效益和生存发展。管理的核心是培养人才，在数字经济时代，"精兵模式"被称为企业竞争的关键。腾讯创始人马化腾也认为，"精兵战略"代表着这个时代的趋势，是腾讯要坚持的。腾讯经历过团队高速增长期，出现了不少管理上的挑战。注重在持续引入各领域精英人才的同时，不断提高内部人的激情和效率，让企业的内部人体系和组织能力再上一个台阶，以支撑公司战略和业务发展。

从实践来看，"精兵"的核心是强调员工的自我驱动和自我管理。黑松林通过持续的科学管理，培养了越来越多的精兵强将。

知道黑松林的人，都知道锅炉房的故事。鉴于锅炉房对于企业的重要性，我根据司炉工的岗位特点，提出"将锅炉房当成厨房打理"的要求，并在不影响工作完整性的前提下，设置了清理、清洁、工具定位、捡煤渣等多项工作内容，力图改变司炉工的价值观和工作态度，将他们的潜能开发出来，给乏味的重复劳动加点儿"增味素"，使他们的工作尽可能多样化，激发他们的活力。同时采取考核、表扬、奖励等手段肯定他们的工作，使他们从平凡的工作中感到受尊重、被信任，提升他们的荣誉感和成就感，使他们认识到工作的意义和价值。

现在，黑松林的锅炉房是公司现场管理的一张名片。参观的人纷纷夸赞：锅炉房是企业的脏地方，但黑松林的锅炉房比自家的厨房还干净。

多年管理锅炉房的孙石军，也从一个普通工人成长为锅炉与物流节点的点长。他于1992年进厂，一直在车间做操作工，2000年开始到锅炉房工作，学习烧锅炉，在参加考试拿到证书后便跟着锅炉房的师傅学习，到后来独立工作，一干就是20余年。20余年中，孙石军由一个他自称的"软懒散"和"对自己要求也不太高"的人，变成了一个技术能手和点长，他带领的锅炉节点被评为省级先进班组。在工作中，他还有很多小发明、小创新，比如，燃气锅炉的过热器原来没有保温层，孙石军在观察一段时间后，提出给过热器安装保温层的建议，此举较大幅度地降低了热量消耗，节约了能源，节省了成本。

锅炉烧得好，不在于管好现场、擦干净锅炉等，烧锅炉是一个技术活，比如烧锅炉之前，要对水质进行处理，水的硬度是多少、要放多少药水，都得把握精准。每两年一次的锅炉检验时，监管部门都对孙石军的工作给予了很高评价，认为他对锅炉内壁积垢的技术处理及燃烧器的保护保养技术，在泰兴市是名列前茅的。

宋志平在《三精管理》一书中提出了"三精管理"的概念，即组织精健化、管理精细化和经营精益化，这是一套集管理与经营于一身、效率与效益相结合、内功与外功兼修的企业工法。"三精管理"在一定意义上与培育企业精神、精品、精兵有"神似"之处。企业规模大，可以创造规模效应；企业规模小，短兵相接式的竞争就是自不量力。因此，黑松林坚定实施"三精"发展策略。企业的规模不重要,重要的是打牢基础,打造核心竞争力,把产品做专、做特、做精、做佳,以小体量走价值最大化的发展道路。

作为"园丁",管理者要精心培育本企业的精神、精品、精兵,再加上不屈不挠的信心、信念,就能使企业的规模、产品、质量、营销、管理、文化等,从本地逐渐拓展到全国,从单方面到全方位超越同行,企业就能在风云变幻的生存考验中战胜困难,取得稳步、健康、持续发展。

一片用心播撒美丽花种而盛开的庭院,要比一座承继来的花园美丽得多。"园丁花木巧杯桊,万紫千红簇绮筵",企业管理者应当做用心力耕耘的"园丁"。

学步法
打造企业的组织能力

常言道,台上10分钟,台下10年功。就说京剧舞台上的走步吧,被称为台步,表演者必须拜师,进行专门的学习和长期的训练,才能走得像模像样。我在企业里做管理已有多年,可以说早就会"走步"。活到老学到老,为适应数字经济时代的变化,我再次学习"走步":希望从管理内涵上彻底转变、有所突破。

管理的基础,就是企业这个组织如何建设和运行。中欧国际工商管理学院兼职管理教授、杨三角学习联盟会长杨国安在《组织能力的杨三角:企业持续成功的秘诀》中指出,组织能力不是个人能力,而是一个团队所发挥的整体战斗力,是一个组织在某些方面能够明显超越竞争对手、为客户创造价值的能力。组织能力包括员工能力、员工思维模式和员工治理方式,简单来说,就是员工会不会干事、员工愿不愿意干事,以及企业的制度是否支持员工干事。组织能力深植于组织内部,是整个团队的战斗力,并且是可持续的,可以帮助企业实现基业长青。

当下，人工智能的概念大热，对企业管理者来说，应更多关心的不是机器能不能像人，而是人能不能保持持续学习的心态、能否付出100%的努力，去改变、去创造、去创新。机器有智能，动物有本能，而人类拥有的智慧是机器无法获得的，因为机器只有"芯"，而人有"心"。

工资五年翻一番

管理工作的核心，是努力铸造组织的凝聚力和战斗力，降低内部交易成本，提升市场竞争力。提升组织的凝聚力靠什么？首先还是要依靠制度设计。制度的第一属性是助长自由创造，激励人的自主性与创造性，"工资五年翻一番"就是这样一种激励性的制度。

《管子·治国》曰："凡治国之道，必先富民。民富则易治也，民贫则难治也。"物质凝聚能够解决员工养家糊口的后顾之忧。

2008年的全球金融危机使国内经济深受冲击，许多民营企业裁员降薪，黑松林的员工也十分担心。2010年，我在全厂大会上庄严承诺：黑松林员工的工资不仅不降，而且五年要翻一番，年均增长15%！

2011年是工资倍增调薪计划的第一年，我们以2010年的月基本工资为基数，全体员工按20%的增长幅度作为调整后的基薪。为了调动企业战略性人才的积极性，我们又根据企业效益的80%是由20%的骨干人才创造的"二八原则"，对核心部门的特岗人员（管理人员、技术人员、营销人员等）有的放矢地采取倾斜政策，增加岗位责任津贴，体现了责权利对等、平衡，激发了员工的积极性，产生了强烈的内驱力。

2012年年初，黑松林召开座谈会，调查分析调薪前后的变化，进一步明确薪酬竞争策略，让员工的个人需要、发展规划与企业的战略目标相适配，统一思想，深挖员工的内在动力，运用绩效考核这个杠杆，让各个层面达成共识。这一年，黑松林获得了大丰收，达到了建厂以来营销的最高水平。

2013 年，黑松林在价值观认同的基础上，继续以 20% 的比例递增工资，使员工基本工资达到本地区的较高水平。当时，外部大环境对员工薪酬的影响莫过于物价上涨，黑松林站在员工的角度，将能为员工提供的和员工实际需要的调在同一频道上。

2014 年，黑松林设立了年度"激励基金"政策，凡工龄满 1 年的员工，由考评小组按照 A、B、C、D 四个等级进行考核。这样，可以让员工把高薪酬和高绩效统一起来，真正实现论功行赏，"薪中见心"，见到企业对员工真诚的关心和爱。

2015 年是兑现员工收入翻番的时刻，黑松林举办了工资发放仪式，按人头逐一认真核算金额，连元角分都不马虎。拿到工资后的员工笑逐颜开，开开心心在印着自己头像的"笑脸墙"上签下自己的名字，标志着"工资五年翻一番"的目标已经实现！此后，黑松林发文规定每年的 12 月为"工资协商月"。在这个时间段，经营者要了解每个人对工资水平的预期。同时，黑松林还建立了专项基金，专款专用，鼓励员工多发挥主观能动性，为企业多做贡献。

实践证明，一个企业组织建设的根本在于老板与员工之间关系的改变。工资五年翻一番，黑松林用企业对员工的承诺，唤起了员工对企业的承诺、激发了员工的潜力、培养了员工的能力，让员工更有动力、更有劲头，全心全意为企业做事情，这就是"心力"的输送。

管理学者陈春花说，20 多年前，在个体和组织的关系中，最关注的是"员工忠诚度"；10 年前，最关注的是"员工满意度"；今天，我们更关注一个贴近员工的词，那就是"员工幸福感"。

在如今的企业组织中，员工个体和组织之间的关系发生了根本性变化。个体和组织之间，从过去以组织期望为主导变成了现在以个体期望为主导。

因此，怎样顺应这种变化，调整我们的管理策略，是管理者需要认真思考的。

以感情投入凝聚人心

曾经有位企业家说过："管理者就是员工的船，为了将员工渡上岸，自己却一生都在水里，没有上岸。"我却认为，渡别人上岸，其实就是渡自己上岸；帮助别人，就是帮助自己到达"心之岸"。

在处处被尊重、事事受关心的企业文化氛围中，员工必然会用一颗"企业之心"，担起责任，自动自发为企业发展劳心劳力。

有一年高考开考前两天的上午，我在办公室翻阅刚到的报纸，内容尽是各保障部门全面备战，全方位、全力服务高考。我想，黑松林是否也该为迎考的员工子女做点什么？

"刘总！"一声招呼打断我的思绪，财务科老何从银行办完几笔汇款刚回来，汗也没顾上擦一下，就来到我的办公室，脸红红的。"后天女儿高考，高考这三天的上午想请半天假，照应一下孩子的饮食起居。"我抬头朝她看了看，她又说道："刘总这几天有什么着急要办的事，请你考虑一下，我抓紧办。""行！"我站了起来，很爽快地回答，"预祝你的女儿马到成功！另外劳驾你统计一下，全厂有多少员工的孩子参加高考，各买一箱牛奶另加一束鲜花，请工会安排送给孩子们，祝他们金榜题名！"老何满面春风，笑得合不拢嘴："我先代表大家谢谢你啦！"

看着她离开的背影，我陷入深思。人心是肉长的，望子成龙、望女成凤，这是所有父母的心愿。老何的爱人在外打工，一人拉扯孩子不容易，关爱员工不应说在嘴上，而应付诸行动。心理学研究表明：人越能认识自己行为的意义，行为的社会意义越明显，就越能产生行为的强大推动力。

企业的短期发展靠做事，长期发展靠做人。心力管理既要关心生产又要关心人，是认真做事、踏实做人的团队管理方式。在感情投入上，我常说的一句话是："把我的真心，放在你的手心。"

当年，公司院子里的六棵柿子树第一次挂果。金秋季节，柿子熟了，我把全厂干部员工召集起来，每人分发两个，自己一个也没吃上。打那以后，分柿子成了厂里的"规矩"，每一位员工都会精心爱护厂里的一草一木、一花一果。

临近春节，黑松林会组织召开"员工家属座谈会"，听取意见，通报情况，共同支持员工工作。每年春暖花开的时候，组织全体员工外出旅游一次。

黑松林的员工子女，从小学到大学每年可以享受一次性助学补贴。对优秀员工、销售人员和驾驶员的家属，黑松林会经常组织他们聚餐和外出旅游。

对结婚的员工，黑松林会送上一张贺卡并附一份礼金，我会在贺卡上亲笔写上一句话："有小家别忘大家"。员工过生日的，黑松林会送上一个蛋糕以示祝贺。员工父母生日的，黑松林会送一束鲜花，并给员工放半天假。

黑松林成立十周年时，我决定送每个员工两个不锈钢热水瓶。员工反映，都什么年代了，还送热水瓶？我解释说："我这个人脾气不好，看起来冷冰冰的，但我的心是热的，就像这热水瓶，同时，我也希望大家像热水瓶一样，对企业满腔热情。也祝愿企业像不锈钢热水瓶永不生锈，亮亮堂堂！"

宋志平说过，管理的真谛是点燃员工心中的火。怎样点燃这把火？凝聚人心是企业永恒的主题。靠什么去凝聚人心？需求层次理论提出者马斯洛指出，人有生理、安全、社交、尊重、自我实现五个层次的需要。其中，生理、安全属于物质需要，要靠工资、福利去满足；社交、尊重、自我实现属于精神需要，要靠优秀的管理过程和企业文化去满足。

要成为一名成功的领导者，首先要将心注入，发自内心、掏出真心，与员工"共情"，善于制造影响。管理中投入的情感，是平等的尊重，是衷心的信任，是如家的亲情。它的重要成果是凝聚人心，而"聚心"则是"塑心"的前提，是传道式领导的基础。

吵出来的企业制度

任何管理，有效才管用，才是硬道理。

一天下午，已到了下班时间，营销员小王的爱人行色匆匆地朝我的办公室走来。看着她涨红的脸庞，额头沁出的汗珠，我心里就明白了几分：家里出事了。果然不出所料，"小王的父亲骑三轮车被一辆卡车刮倒，已送医院了。"小王的爱人边说边抹着眼泪，怪让人同情的。我递过去纸巾，安慰着她，叫她先回去照应，答应即刻打电话给小王。可小王的爱人怎么也不依："这个家，我里里外外一个人，小王长年累月不在家，我拿你们公司的工资啦？今晚你们非要叫小王回来，他是当家人。"

可是，小王正在北方出差，即使坐飞机今晚也赶不回来。我马上叫来办公室主任，三人一起赶到医院。还好，小王的父亲只是皮外伤，没有大碍。处理完这件事后，回家路上，小王爱人"我拿你们公司的工资啦？"这句大实话，一直在我的耳边回响。这件事使黑松林发布了"关于发放营销员、驾驶员月度家属津贴的决定"，规定一个月里，营销员、驾驶员只要出差满18天，每天就可享受一定数额的家属津贴。津贴数额虽然不多，但我希望给公司员工的"贤内助"送去一份温暖的内心体验！

黑松林的另一项制度，也是"吵"出来的。在清明节未被确立为法定节假日之前的一个清明节前夕，公司的外贸任务压得很重，快下班的时候，我到车间查看生产情况，老远就听到一阵争吵声。原来是女工小印正激动地嚷着："不准假我就歇，一点人情味都没有。"

"不是我不批假，而是任务压得这么重，你怎么歇得下来！"车间严主任摊着双手，一脸苦笑。

质检员小朱也过来劝和，一把拉着小印："别吵，别吵，领导来了，尽量克服。"

"领导怎么啦，领导也有父母！明天不和家人一同去扫墓，我这个儿媳妇怎么做人呀！"小印越说越激动，声音似响雷。

"哦，原来是这回事，咱们小印是个好媳妇，真孝顺，明天放你半天假去扫墓，我特批。"听到我的话，小印朝我看了看，脸红红的，眼睛湿润了，亮亮闪闪的。

打那以后，黑松林依据中国传统节假日，除国家规定的假期外，清明节、冬至等传统节气也被规定为特定假日，让员工有时间尽忠尽孝。

钢铁大王卡耐基说过，要以你希望别人对待自己的方式对待他人。说得好，不如做得好，构建和谐企业，做一个有温度的企业，不仅仅是形式上的外化、虚化，而应该是实实在在地从口号到行动，将以心为本的价值取向融入现代管理之中。就如管理学者陈春花所说，未来的组织应该是一个共生型的组织，不是一个独立的组织，也不是简单的平台型组织。未来的组织形式是互为主体的，你是主体，我也是主体，最重要的是共生。

以制度的底色提升组织战斗力

管理的本质是"严管"加"厚爱"。企业关爱员工是十分必要的，而关爱之外，制度意识和契约精神也是企业管理者必须认真加以关注的。好的管理，一定是"契约化的制度设计＋管理者的敬业和用心"共同作用的结果，而不是单纯的关爱、说教和字面意义上的"以文化人"。制度很难十全十美，价值观既需要制度来保障，又能弥补制度的不足。

一天快下班时，我从安徽出差回来，车行到厂大门，自动伸缩门一动也不动。"嘟……嘟……"驾驶员小周按了按喇叭，门房还是不见动静，远处的值班员看见有车子被挡在门外，小跑赶到门房按下大门遥控器，车子慢慢驶进了工厂，只见老远处门卫老朱如两脚踏了风火轮一般，朝门房跑过来……

下班时，我走过门房，老朱手里拿着一张罚款单，讪笑着对我说："刘总，不好意思，刚才让你在门外久等了。刚刚离岗是因为一名来客手里拿的东西太多了，我帮着送到了办公室……""哦，原来咱们老朱是学雷锋做好事才离岗的。"我的高嗓门打破了短暂的尴尬，"但是，坚守岗位是第一，制度不讲理由，请理解！"老朱默默地点了点头。

在管理中，为了在坚守制度等前提下撬动员工的"情感之门"，我还曾替员工代写假条、代缴罚款。

"嘀铃铃……"丁科长办公室的电话铃响了，我正巧路过，见没人接，便抓起听筒。听筒中传来员工小张的声音："喂，是丁科长吗？""不是，是我！""刘总，你早啊！今天是我岳父的60岁生日，向您请个假。"我稍一停顿："既然这样，那就好好尽尽孝心，别忘了带上我的一份祝福啊！""谢谢刘总，谢谢！"电话那头小张的声音有些激动。

小张欢天喜地给老丈人拜寿去了，我却遇上了难题。因为企业制度明确规定，不准以带口信或打电话的方式请假，违者罚款。再者，小张请假该由丁科长审批，我无权决定。但是，如果我当时不接受小张请假，在电话中给小张讲企业制度，对小张而言，会显得企业缺乏人性。

思考片刻，我迅速代小张写下一张请假条，送给总值勤，请总值勤转交给丁科长，并自掏腰包，替小张到财务科缴了10元罚款。这样既维护了企业制度的权威，又添入了些许的温情和关怀。

一天，我陪某研究所的几位专家到车间参观。走到生产区大门口，我指着挂在一边的安全双环钟向专家介绍："外面的大圆圈标示着一个月的天数，小圆圈标示着一年的月数。红色的长针指当日，黑色的短针指当月。"专家边听边不住地点头。"右下方是记录栏，由当天的安全环保值勤员每两个小时进行一次巡检，检查人员不定时抽检，并随时记录在案。"我一边介绍，一边用眼光搜索着当日的值勤记录，蓦地，心中掠过一丝不安——怎么到下午了，今天才记录了一次？

送走了专家，我马上找来了当天的安全环保值勤员小张。小张振振有词："今天赶外贸出货，我去帮忙抽不开身，就没及时巡检。唉，九十九样好，一次不好也是不好。刘总，我错了，随你怎么处罚吧！"

"小张啊，你真明白就好。九十九次好，不等于一百次都好！再说，事故苗头并不因为你做对了九十九次就不来找你，有一次事故就会毁了那九十九次防范。这是制度，这是铁的纪律，你懂吗？"随着我的声音的提高，小张的头低了下来。这事后来是这样处理的：一是让小张写了检讨，二是让财务兑现了罚款，三是利用安全日开展了"九十九次与一次"的大讨论。

管理是不见痕迹的，对待九十九次与对待第一次在本质上没有区别，安全生产不怕一万，就怕万一。企业管理者的责任是，不仅要让员工明白应该做什么，更应该让员工知道如何踏踏实实做到位。要执行好某项制度，一般需要经过三个阶段：一是认识阶段，员工初步感受到制度的重要性，认识到什么应该做，什么不应该做；二是认知阶段，员工不仅知道是非标准，而且知其所以然，并将思想转化为行动；三是认同阶段，员工有了情感投入和深层感悟，才会自觉践行制度，并能长期坚持，继而养成习惯。

许多管理者不想在员工对制度的认同上、制度执行的过程中下功夫，我认为，执行制度最难的不是纠正错误，而是养成良好的习惯并持之以恒。如果这种情况不改变，即便制度设计得再科学，也没有任何意义。

心至则力胜

张瑞敏提出，管理归结起来就是企业即人，人即企业。人是目的，不是工具。企业的资产本身永远不能增值，能让企业增值的是人。海尔以人为本，是以人的创造力而不是执行力为本。

在黑松林，组织管理的一个核心问题，就是怎样在制度约束下发挥员工的主观能动性，激发他们自我驱动、自我管理的创造性工作行为。节点自治就是在这样的背景下产生的。

我所倡导的节点自治，就是"人人都是主人翁、人人都是管理者、人人都是责任人、人人都是传道士"的自我管理目标，就是公司不再分派任务和监督工作，让员工自己计划、自己决策、自己负责，自己的客户自己管，发挥员工的专长、兴趣以更好地解决客户的问题，用目标、愿景引领员工，用客户的需求拉动员工，在服务客户过程中找回工作的内在价值。唯有发自内心地有想为企业和客户服务的意愿，才能真正激发持续的创造。

"今天的'7S再学习再提升'，从一辆工具车开始！"领学的办公室主任小胡话音刚落，屏幕上即放出了水基胶车间一辆红色工具车的照片。工具车分两层，放着按规格大小排列的扳手、紧固螺栓、工具盒、密封垫等日常使用的工具与材料。

"这辆工具车，是咱们公司7S管理的标杆，其中每件工具的白色线条是我们节点员工的创造，曾得到很多来公司参观学习的管理专家、同行精英的赞许，今天请大家结合7S管理，给这辆工具车挑挑刺、找找碴！"小胡一脸严肃，像一位资深管理培训师。

看着小胡这别开生面的培训，我打心底高兴，思维对了，往往能事半功倍。

"上层第三支扳手放得不规范，尾部未完全放在定置线内，根据7S管理中的整顿要求，虽合理放置在定置中，也能符合在最短时间内找到工具的管理要求，但尾部的这一点点踩线，用打篮球的规则来判定叫犯规，对照7S管理的再提升，不符合标准与要求。"灌装工小尹点到了这个较为明显的问题。

"小尹说得正确，讲得到位，给他点个赞！"小胡说。

"顶层的白色密封胶带没有合理放置与区分。扳手是常用的，放在顶层是对的，密封胶带是预防备用的，应放置在底层，而不应放在顶层，这是放置不合理，整理不到位。"操作工小印戴着一副黑边眼镜，不紧不慢地道出整理的个中细节。

"咱们小印用四只眼睛看问题，说得有理有据，很好！此时应该有掌声。"现场一片掌声响起。

"还有那油壶，已成出土文物了，壶身灰尘未能擦拭干净，未能按照7S清理做到无灰尘。清洁生产，不但要做到外部干净整洁，更要加强内部素养提升。"老师傅大王像给徒弟讲操作规程，有板有眼。

"讲到素养，工具车是看得见的，而素养有时是看不见的自觉。"坐在后排的灌装工老项接过话题："我说我见到的一件事吧。前几天，机修工老何修理升降机，他先将电源切断，后将一块'升降机维修中，注意安全'的牌子挂上。他不但将该做的做了，而且将一些细节做得很到位。维修前托请我灌装时留心看住升降机底下不准站人。而我感触最深的是他的一个细节，在拆卸开关盒前试按了开关，确定没问题了再拆开，以防万一。老何注意的这些安全细节，说起来是一件小事，安全制度、7S素养中也没具体规定，但再提升7S管理，我认为在素养方面我们要向老何学习，像老何那样十几年如一日，不但要将安全挂在嘴边、做在手上，更要将安全生产内化于心，根植于日常工作行为之中。"

听着老项的发言，看着眼前"7S再学习再提升"的学习现场，我一阵感叹，管理的目的，不仅仅是修正员工行为，更重要的是引导员工"修心"。"7S管理"需要召集所有人一起，在实践中与心力文化同频共振，不断在心上下功夫，才能不断提升。

管理学者穆胜认为，如果把企业想象成一个装有组织能力（包括组织价值观、组织规则和组织知识）的黑箱，任何资源从一端投入，都可以在另一端获得绩效产出。而企业想要获得更多的绩效产出，至少有两个影响因素：一是资源量级，即投入更多资源，尤其是关键性资源，这是业绩的基础保证，任何企业都不可能无中生有；二是组织模式，即只有通过组织模式的变革、创新、升级，才能打造出强悍的组织能力，进而确保资源的转化效率。

管理是基础，只有用节点自治把员工的心打通，形成"心力为本，心至则力胜"为核心的价值观，言行一致，持之以恒，员工的潜在能量才会自然发挥，意识才会变成物质力量进而转化为生产力。

磨合法
打造组织凝聚力

多年前,公司买了一辆载重汽车。新车第一次装货前,驾驶班班长小吴对驾驶员再三叮嘱:"千担不伤人,一担会伤人。新车上路处于磨合期,2000千米内装载量不要超过核载的七成,一定要限速慢走、少拉呀!"听者有心,这番话令我牢记深省。

新车上路,马达的齿轮需要磨合,以使活塞环与气缸壁之间精密吻合,进而让汽车达到最佳工作状态。其实,任何一个新组织的管理也如同新车上路,人与人之间、组织与组织之间、组织中不同思想观念之间,有一个文化层面的冲突、包容、认同和寻求价值观适应、同化的磨合过程。管理是一门艺术,通过磨合,人们会找到相互之间相处比较舒适的那条边界线。这条"线",对于提升工作效率、处理相互之间的利益关系、增强价值理念的同化、发展一致的愿景等,都有着十分重要的影响。

在实践中,磨合的一个重要方式是解决问题。不存在没有问题的企业,有问题并不可怕,只要我们能像驾车那样,头脑清醒,明确目标,能看到问题，找到问题的关键和本质，及时磨合沟通，就能顺利度过磨合期，助力企业迎来健康稳定的发展。

找出最优配置

现代组织管理的目的，就是不断提高劳动效率，使员工之间、员工和生产资料之间密切配合，以让劳动时间得到合理的分配和利用。正如德鲁克所言，如果没有管理者的领导，生产资源始终只是资源，永远不会转化为产品。

一天，某大企业领导来厂，我陪同他去车间参观。来到灌装车间，员工们两人一档、三人一组，头也不抬，专心致志地灌装着不同品种的产品。走着走着，这位领导冒出一句："刘总，这里有多少员工？""9个！"我脱口而出，"一共是三个小组，一个小组灌装大包装2个人，一个小组灌装牙管3个人，一个小组灌装外贸小包装4个人。"

我们边走边聊。"这是2、2、3、3组合。"指着生产组合定置图，我与这位领导交流起来："人民币只有1元、2元、5元三种小额面值，而没有3元、4元、6元、7元、8元、9元面值的，为什么？因为1元、2元、5元可以很合理地组合成所有面值。受此启发，我们在原劳动组合的基础上，创造了'2、2、3、3管理法'。当生产需要2人、3人时，第一人为责任人；当需要4人、5人时，2个小组合并，车间最多组合人员不会超过5人。"听着我的介绍，来访的领导凝视着生产组合定置图，再看看秩序井然的车间。墙上那"2、2、3、3"生产组合定置图，如一条直线，一端连着责任，一端牵着员工，简单却生动。

一个优秀的管理者，要像对待新车那样，愿意花时间去了解、适应每个员工的特征，让每个员工通过磨合得到提升、完善，逐步形成共识，用智慧、灵感和创造，把看似没有区别的员工按照不同个性、不同专长进行科学合理的组合，不断提高科学管理水平，促进生产资料合理高效地流转，从而使员工在良好的磨合适应中，不断提高组合效应，使每个人都能发挥最大的潜力，尽职、尽责，全心全意为企业发展贡献力量。

磨掉管理者的棱角

汽车在磨合期，可以磨掉零部件上的棱角，从而减少阻力，实现各个部件之间完整的契合。管理者也要在解决问题过程中，学会磨掉一些"长官意志"，多站在员工角度思考，找到解决问题的"金钥匙"。

好的管理者都会关注到这一问题，只是解决方法不同。杨国安在介绍京东时提到，作为公司"一把手"，刘强东非常重视与一线基层的互动和信息收集，他每年都会拿出一天时间，亲自做快递员送货，每年会到几个大区请基层的员工吃饭、畅谈。相对于从人力资源部门那里了解员工满意度，他更倾向于直接到基层问员工：今年感受到的好政策有哪些？哪些政策应该调整？是不是努力工作就会得到应有的绩效回报？……

一天，不知是谁悄悄在我的办公桌上放了一份《广州日报》，并用红笔标出一行醒目的标题——"员工顶撞领导罚款50元，律师称毫无法律依据，非常荒唐"。静心慢看，这则新闻说的是某企业一员工因不服临时加班，被罚款50元，顶撞领导又被罚款50元。无奈之下，员工找到律师咨询，律师称，"顶撞老板罚款"没有法律依据且非常荒唐。

时代在进步，员工的法律意识在不断增强，管理者所遇到的不确定因素也在增加。经过一番思考，当天下午，我召开部门负责人会议，先讲了这则新闻，然后提醒大家在履行管理职责时要规范行事，不可贸然惩罚员工。紧接着，我宣布在全厂开展"挑刺"活动，让员工给企业"挑刺"，给管理者找毛病，员工找出问题有奖，管理者有则改之，无则加勉。这一系列活动在全厂引起不小的震动，让管理者时时注意自己身上有可能刺伤员工的"棱角"，也让员工感受到了管理者的诚心与善意。

一则"新闻风波"，引发了一次有意义的"挑刺"活动，对改进企业管理无疑是一次有力的促进。如果我当时假装没看到这则新闻，或者追查送报人，可能会引起员工的逆反心理，那会让事情陷入更复杂的境地。我要感谢这个送报纸的人，让我体验了简单中的复杂，并且提醒我将复杂思考放在前面，从而将复杂变得简单。

法国启蒙思想家伏尔泰曾说："让人疲惫的不是远方的高山，而是鞋子里的一粒沙子。"有个"一粒沙"的故事，说的是一名参加长跑比赛的选手，跑过一片沙滩时，鞋子里灌满了沙子，他匆匆把鞋子脱下，胡乱地把沙子倒出，便又继续奔向前面的路程。有一粒沙子仍留在鞋子里，在他后面的路程中，那粒沙子磨着他的脚，走一步，疼一步。但是，他并没停下把鞋子脱掉，抖出那粒磨着自己脚的沙子，仍匆匆前行。天晚了，疲乏的他忘了脱下鞋子倒出沙子便沉沉入睡。第二天，天刚微亮他又急急上路，奔向新的目标。就这样，他在痛苦中疲惫，又在疲惫痛苦中上路。直到有一天，在离终点不远的地方，因脚痛难忍，他不得不止步，最后放弃了比赛。

这则新闻就好比这粒沙子，看起来微不足道，然而，一旦管理者缺乏敏感性，对于员工传达的信息不做分析、判断，不进行沟通磨合，居高临下，死守教条，不知变通，就会像鞋子里出现一粒沙子，让管理者在痛苦中疲惫，最终导致管理上的失败。

因此，及时发现问题、磨合疏导，是化解矛盾的最好方法。在现实工作与生活中，我们无法避免沙子钻进鞋里，能做的是及时倒掉沙子，继续赶路。一个企业就是一个团队，要想提升团队合作的契合度，必须磨掉不和谐的棱角，磨出一致认可的共同价值观，这样才能相互适应，减少发展中的不和谐声音。

如果我们视员工为人力资源，就必须了解这种资源的特性是什么，当我们把重点分别放在"资源"或"人"上时，会得到两种截然不同的答案。只要牢记员工是"人"而不是"资源"，设身处地，将心比心，管理者就有可能磨掉棱角，减少管理中的阻力。

前几年，我与牛国锋聊天时曾谈及此事，他漫不经心地问我："你叫工人加班有没有不干的？"我摇了摇头。

"为什么？"他急于得到答案。

"有些事，它复杂我不复杂，它简单我不简单。当企业有了自己的价值观之后，员工会把自觉做好工作当成一种习惯。这大概就是所谓的'上下同欲者胜'吧。"一番话引来他的感慨连连、啧啧称是。

转变思维方式

汽车磨合的优劣，对于汽车的寿命、安全性、经济性将会产生重要影响。企业唯一宝贵的资源是人才，以及由人才打造的优质团队和组织能力，对企业来说，要培养出好的组织能力和工作作风，磨合的功夫必不可少。

2004年的第一场雪不期而至，夜幕降临，北风挟着寒冷肆意咆哮。工厂新建的车间里，却是一番繁忙景象，安装设备的小伙子们喘着大气，紧张有序地吊装着釜盖。

"今天能不能安装到位？"我随生产科长来到操作平台，向刚刚上任设备科长的小江问道。

"基本上可以结束，但还少几个配件，已经派人采购去了。只要配件买回来，再晚也要安装到位！"脸冻得像红富士苹果的小江拍着胸口，说得斩钉截铁。

第二天一早，例行的晨会一结束，我特意又去了操作平台，只见买回来的配件静静地躺在冰冷的铁板上。"刘总，不好意思，配件买回来得太晚了。我今天上午保证把它装好，不会影响试产！"小江满不在乎。

一个新提拔的管理者能否及时跟上团队的工作节奏，这也需要磨合，需要有一定的心理和文化适应期。但适时的提醒与"敲打"也是磨合中必不可少的环节。

当日午休前，我又特意去了新车间，面对仍然散落在铁板上的配件，我想起了汽车磨合期的注意事项：对磨合期的车辆，平时要经常检查，提前发现问题并排除它。于是在当晚收工日评会上，我给大家讲了一则"关注细节"的故事：在一家企业总装车间的地面上，有一颗废弃的地脚螺钉，因为碍事被掰弯，时间一长竟被人踢得铮亮。后来，这家企业与美方合资。一天，美方经理指着地脚螺钉对车间主任说："你今天派人把它铲掉。"晚上下班时，美方经理看到螺钉依然没动，车间主任解释说："今天太忙了，明天一定派人把它铲掉。"美方经理说："不用你费心了，你被免职了。"

大家以为这则故事是我临时编撰的，我掏出载有这篇文章的《中国工业报》，在座的人一个个眼睛瞪得大大的，只见小江脸上飘起一片红云，逃避着我善意的目光。

一个人独特的感性认识，是在特殊情境中通过亲身经历获得的。美方经理对一颗地脚螺钉的"挑剔"和免职车间主任，反映了中外企业管理理念的差距。我却认为，管理是"管"与"理"的有机统一，如果我也像美方经理那样简单处理下属，只"管"他们而不去"理"他们，就会产生冲突，造成相互对立和排斥，进而疏远关系。所以，我更愿意通过善意提示的方式与小江磨合，在留住人才的同时，推动组织的运转更顺畅、更有效率。新车上路需要磨合，人才培养也需要磨合，成功的磨合能迸发出灿烂的火花！

巧用"归谬"促磨合

一天，我到车间平台巡视，看到反应釜釜口围着员工自制的防护围裙，感觉有些别扭，像个穿着一身新衣的少妇，却围着一条脏乎乎的围裙，很不协调。车间副主任小严正好在身边，我便让他组织员工换掉。小严的回答很爽快，拍着胸脯打包票说会马上行动。

几天后，我出差回厂，再到车间平台时，那些"围裙"面貌依旧，我看了看，什么也没说。回办公室的路上，小严刚好从生产科出来，我俩碰上了。

"小严啊，一个多星期前我让你做的事，做了吗？"

小严眼睛朝我看了看，左手摸着头："刘总，什么事啊，你提示我一下？"

"反应釜釜口上的防护围裙换了吗？"

"噢，刘总，不好意思，这几天我都给忙忘了！"小严嘴一抿，朝我看了一眼，有点不好意思。

我叹息一声，心里有些失望。这个小伙子已有两三次忘事了，我得让他尝尝忘事的滋味！

"小严，下班后在厂里等我，我找你有事。"我给小严发了这条微信后便回家了，我故意爽约，正是要用"忙忘了"为理由来小小惩罚他一次。

管理学上有一个归谬法，说的是欲指出对方的错误时，先假定对方虚假的论题为真，然后从这个论题引申，推导出更为荒谬的结论。

打乒乓球时，最难接的是擦边球。对管理者而言，管理中的那些擦边球，不但要接，而且要研究怎么接好。员工工作中的一些习惯性老毛病，就像管理中的擦边球，尽管不是什么疑难杂症，然而用常规方法来解决，有时会像吃药，吃多了身体就会产生抗药性。

月光再亮也晒不干衣服。现代管理的艺术性，要求管理者感同身受，以心治心，用"忘记"治"忘记"，这样起到的效果可能比说教更有用。

人才培养的另类磨合

米开朗琪罗天赋异禀，14岁时来到美第奇创办的艺术学院学雕刻。学艺的第一年，老雕刻家不允许米开朗琪罗碰石头，每天只是画素描，画完后如果老雕刻家不满意，就让他重画。米开朗琪罗非常愤怒，但还是照做了。一年以后，美第奇突然接见了米开朗琪罗，对他说："我知道你是一位雕刻天才，但我不知道你的心性能否驾驭你的天赋，其实，过去一年是在磨炼你的心性。"

实践表明，管理骨干从磨炼基本的心性开始，一般需要5～8年的实践锻炼方能成熟。为了给黑松林培养一支拉得出、打得赢，能适应长远发展的高素质管理者队伍，我时常设计一些状况，有意无意地考验他们，以培养他们的心理素质和工作技能。

在一次人员调整中，我有意将进公司不到两年就升任部长助理的优秀员工小何调整到车间去做主任，一方面想让他熟悉生产过程，培养他全面工作的能力；另一方面也想考验他的心理素质。调小何去车间之前，我找小何进行了一次含蓄的谈话，既没挑明也没承诺，只是希望他以平常的心境看待调整，经得起摔打，要干就干得出色。小何沉默地点点头。

有些出乎我意料的是，小何在职务调整后，好似变了个人，总觉得自己低人一等，全无年轻人的朝气、大学生的才气，倒是多了一股怀才不遇的怨气。干活走路都是低着头，时不时流露出一丝丝的失落感。在车间干了二十多天，他向我递交了辞职报告。这真是企业与人才双方的灾难啊！我走到小何面前，握着他凉丝丝的手，坦然地说："想走你就走吧，想来你还可以来，黑松林还欢迎你。"说完，我掏出一张名片递给他，并希望他去读一读英国前首相格莱斯顿听布道的故事。小何两眼直直地看着我，有点茫然。临行前，小何朝我深深鞠了一躬，并伸出了手，我也把手伸过去，两只手握在了一起。

我很敬佩格莱斯顿，当教堂里的教徒几乎都在打瞌睡的时候，他能从头到尾专心听完牧师冗长的布道，他用这件事来试试自己的韧劲，考验自己能够忍耐到什么程度，正如他自己所说："以这种耐心去面对政治上的种种难题，还有什么事情不能解决呢？"

后来，小何又回到公司，并且干得有声有色。这件事告诉我：一个人对别人的期待越大，之后产生的失望可能就越大，这并不利于人才的培养。但如果对人才的期待像季节的变迁、冷热的交替一样自然，反而容易获得满足感。

华为的管理骨干张顺茂在接受华为高级顾问田涛的访谈时说，员工是否留在华为，就看他能不能接受公司的价值观。有些企业十分重视价值观的一致性，比如，58同城在员工招聘时就十分注重找到有共同愿景的人。对于一定级别的岗位，他们会设置"文化面试"环节，由人力资源业务合作伙伴（HRBP）和老员工评估应聘者的价值观与公司价值观的匹配程度。价值观的评分若不合格，对面试结果起到一票否决的作用。

企业是一个训练品格的大学校，培养一个全面发展的人才就像开一辆新车，不要长期使用一个挡位，应以低挡起步，逐步换为高挡，循序渐进地行驶。每个企业都应为明天而思考，去精心培养一支阶梯式的管理队伍，才能持续应对市场经济的暴风骤雨。调整岗位，就是检验一个人基本素质的试金石，更是一种"另类磨合"。

当今社会，人才流动是任何企业都无法避免的。企业持续面对新的挑战，要想"安全行车"，就得不断磨合，提升能力，塑造共同价值观。企业与员工之间的磨合，更多需要靠事业去留人，靠形象去吸引人，靠价值观去育人。正如万科创始人王石所言，"共性"或"共同价值观"对一个群体来说十分重要。工作层面的志同道合，就是指一个人的个性和一个群体的共性在价值观上是一致的。所以，"价值观一致，个人就会选择加入这个群体，也会在这个群体内得到个性伸展的空间"。

心不安则身不安，身不安则缺乏主动性、积极性、创造性，更不用说肝胆相照、风雨同舟地干好工作了。

第二篇 领导力

- 眉批法：在工作中适时激励员工
- 留白法：发挥管理的艺术性
- 脸谱法：「快乐惩戒」的学问
- 进二退一法：落实管理责任

眉批法
在工作中适时激励员工

记得小学三年级时，语文老师布置了命题作文《记一件难忘的事》，我写的是星期天在父亲工作的仓库帮忙整理干果的事。语文老师在作文中画了好多双圈、虚线，一段眉批至今令我难忘：帮父亲整理仓库的细节写得很细腻，心灵也美，但整篇作文的字迹很马虎，不像一个能认真做事的好孩子。希望今后作业能写得像帮助父亲整理仓库一样认真、一样美。

细想起来，企业每天的经营管理活动，都像一篇原汁原味的"记叙文"。围绕企业的产品、客户、员工、运营、服务、效益等要素，精明的管理者会像写文章一样，围绕时间、地点、人物、事件、特点，不断写人、记事、状物、生发议论，让"文章"一天比一天精彩，使企业一步比一步稳健扎实地成长，永远也不应有止步的一天。

管理无定式。伴随着黑松林的成长过程，我遵循客观规律，努力摆脱固定思维模式，尝试把语文老师常用的批改作文的方法——眉批，用于现代企业管理的实践，将日常管理中的每一个人、每一件事、每一个问题，当成作文来读。例如，把问题看成钉子，用"眉批法"这把锤子面批，或者在天头地脚处眉批，或者文后点批；见到美好的人与事，创新革新的"好文"，画上几条虚线，或者打上几个双圈，评出效应，评出感动，让员工找到自信，找到路标；发现错字、病句，写下几句提示，打上一两个问号，画上一个个提示修正的方框，让错者自警自省，不再重蹈覆辙；抑或埋下一两处伏笔，为希望出现的结果留下一个有待补充的句号。

当下，随着社会的进步和企业经营管理模式的转变，传统管理中的威权式、命令式渐渐不再为员工所接受，管理者作为一名"老师"的作用却日益凸显。因此，在工作场景中用"眉批法"去设疑、释疑，去赞赏、激励，去传道、授业，让员工明确道理、提高认识，堪称适应现代企业特点的"心力管理"新方式。

激励式眉批：晨会上的掌声

赏识教育创始人周弘是一名听障孩子的父亲，在20年间他不断地以鼓励、赞美与赏识的方式，最终将他的听障孩子培养成了留美博士。赏识教育的意义在于，要对孩子多伸大拇指，加以鼓励和赞赏，就像老师发现学生一篇书写整洁、文风清秀、思想深刻的美文一样，会在精彩之处画上几个双圈，写下一段赞赏激励式的评语，注上几句眉批。

多年前的一天清晨，我骑着自行车往厂里赶。车子还未进厂，老远就从大门栅栏的隔挡中看见机修工老王，扛着两根角铁晃晃悠悠地走向车间。要知道，一根角铁有几十斤重，通常是两个人抬一根，而老王竟一个人扛了两根！我迅速将自行车停进车棚，朝老王追去。只见他到了车间门口，一侧身，角铁就像跷跷板似的，一头搁到了地上。老王腰一挺，双手抓住肩头的角铁，来了个"太极功"，轻轻地往下放。我正欲冲上去助他一臂之力，被突然转过头来的大老王发现了，他憨厚地一笑，说："厂长，没关系，习惯了。"边说边熟练地托着角铁放好，角铁"咣当"一声平稳落在地上，在寂静的清晨，似清脆的钟声，在我的心头震荡。

哈佛大学学习领域专家罗伯特·凯根指出，在一般组织里，大多数人都在做"第二份工作"，就是花费不少时间和精力去掩盖自己的短板，积极经营自己的"粉饰管理"，这是组织每天都在面对的最大资源浪费。

的确，员工在工作中如何分配他的精力和体力，不正类似于一家企业如何分配最有价值的资源吗？而我的想法是，在企业工作中，任何人都在同时进行两项工作：一项是"技能的运转"，另一项是"心的运转"，而"心的运转"是"技能运转"的统帅因素。一根角铁两人扛是常事，而一个人扛两根角铁，就需要一种炙热的精神根植于内，这就是心灵深处的光辉。态度是心灵的表白，老王的行为，传达了他对工作的一种尽责、一种热忱、一种主人翁精神。

一家企业的所有经营管理工作，都需要通过员工的积极态度去执行，失去了主动和自觉，就等于失去了创造力和兴奋点，员工自然会热衷于"第二份工作"了。所以，对于老王这样的好员工，我当天就给了他最高"眉批"——晨训会上的表彰和大家热烈的掌声。

心灵就像一顶降落伞，只有开启的时候才有作用。黑松林的共识是，掌声激励远比钞票珍贵，你拿了高额奖金，鼓掌的也许只有你的家人；而你热情感动了企业，全体员工都会为你鼓掌。好孩子是表扬出来的，好员工也是表扬出来的。在企业管理过程中，高素质员工的举手投足，哪怕是点点滴滴，都需要管理者用心用力聚焦、跟踪，并适时写下一些赞赏的"眉批"。

掌声响起来、赞美多起来，员工的潜能就会像喷泉一样涌动起来！

启发式眉批：写在地上的问号

贪玩马虎、不认真的孩子写作文，往往盲目动笔，乱写一气，或者结构紊乱，词不达意，或者书写潦草，错别字比比皆是。不认真的员工犹如不认真的孩子，只是学生的问题反映在作业上，员工的问题反映在工作中。

管理实践界有一句话说得好：人不是让你"管死"的，而是让你带路的。实际上，出色的管理者既是"传道者"，又兼任"父母"的角色。启发式眉批，专"治"那些制度暂时无法解决的问题，目的是激发大家动脑思考，自己动手解决问题。

记得我刚到黑松林做厂长时，由于管理不到位，车间里胶水"跑冒滴漏"现象严重，日积月累，地上时常黏糊糊的，周转桶四周挂满胶也是家常便饭。有一次，一个员工串岗与人聊天，老远透过窗户看到我往车间这边走过来，匆匆忙忙地往自己的岗位跑，结果一只脚踩到洒在地上的一摊强力胶上，鞋子被粘住动不了了。这个黑色幽默本身就是一篇生动的教材，而被粘住的那只鞋就是最好的"启发式眉批"。

围绕这只鞋，我们及时召开了现场会，用"行为疗法"激发全车间员工向"跑冒滴漏"挑战，发起围攻。在讨论制定相关工作守则时，我们打破传统做法，广泛征求意见，待大家认同后，又大张旗鼓地举行了一次全员签名仪式，并将每人签名手迹的复印件与工作守则挂在黑松林的显眼处，使之成为一个动人的"眉批"，时刻提醒员工：做行动的巨人，不做行动的矮子。

又一天的早晨，我到车间与车间主任交流工作情况。忽然，眼睛余光看到干净透亮的水磨石地面上有一摊滴胶，似白衬衣上的墨渍一般显眼。胶渍的正上方，反应釜的放料阀口上，挂着一根胶柱，上粗下细，似倒挂空中的冰凌。

我心里明白,这是放料阀门关闭后留下的景象。触景生情,我又似批改作文一样"灵光闪现",顺手拿起了一旁记录牌上的粉笔,在地上滴胶的四周画上了一个大大的圆圈,写下启发式眉批:大处着眼,小处着手,如何彻底消灭滴胶?最后连画了三个粗粗的大问号。一边的车间主任低着头弓着腰,像个犯了错的孩子。

在管理实践中我领悟到,解决问题的最佳场所就是问题发生的地方,解决问题的最佳时机就是问题发生的时候。作为一名管理者,应当及时抓住意外事情中闪现的"破窗"现象,在第一现场画一个圈、写一句启发式眉批,用最直白的线条加语言"锁定"问题,启发员工共同关注、一起分析,努力寻找解决问题的钥匙。

随后,"眉批效应"变成了群策群力的心动力,每台反应釜的出料口都安装上员工自己革新的专利成果——防泄漏保护套,从而杜绝了滴胶现象,即使一不小心滴在了地面,员工也会及时清理。启发式眉批的点评,使员工印象深刻,经过一个多月的整顿,滴胶问题解决了。

有个人想把一头牛赶进牛栏,但无论在前面使劲地拉,还是在后面狠狠地打,牛就是死活不进栏。一位路过的农夫见了,笑着从田边扯了一把青草,放在牛的嘴边,想不到,牛乖乖地跟着农夫进了牛栏。这个故事告诉我们,要员工做好一件事,强迫是不行的,哪怕你使出浑身解数,也难以奏效。大巧若拙,真正的"巧"不是那种"违背自然规律,卖弄小聪明"的权谋,而是"顺应自然规律,使自己的目的自然而然地得到实现的智慧"。

自从我在地上画过问号以后,现场管理"地下无滴胶,桶外无挂胶,桶内无积胶"的"三无"制度深入人心,清洁生产变成了持之以恒的自觉行动。

伏笔式眉批：一封老员工的来信

　　伏笔是文章里前段为后段埋伏的线索。在解决管理中出现的问题时，伏笔式眉批就是指在处理问题之前有所暗示，然后顺理成章地引向所希望出现的情境或结果，让人心服口服，从而大大降低解决问题的难度。这种方法深入浅出，可以通过简单的事物轻而易举地抓住问题的本质，若是加上艺术化处理，效果则更加明显，耐人寻味，意蕴深长。

　　过去我们办企业，大多依靠创始人的财力、精力、胆量和经验；如今的企业发展，更多要靠用心了解员工的价值观，用心理解员工认知事物的方式，用心选择说服员工的方法。一句话，用心力管理，以人心凝聚力量，从而取得最佳管理绩效，正如通用电气集团CEO杰克·韦尔奇所言，要让企业能"赢"，没有比找到合适的人更重要的事情了。

　　多年前的一天，几位老员工联名写信向我反映最敏感的工资问题。信中写道：如今舅舅不如外甥，萝卜不如菜根，我们干了二三十年，收入还不如新来的大学生，不知厂长是何感想。来信虽短，余音颇长。

　　第二天下午，我将这几位老员工请到办公室，又是倒茶，又是递烟。先进门的老张见桌上放着一份美国发来的邀请函，就对身边的几位老同事说："看，咱们厂长开洋荤了！"我付之一笑，顺势将邀请函递过去："看看写的是什么。""厂长拿我这个初中生穷开心了，学的几个字母早跟老师跑了！"老张边说边摇手。"你们几位谁能看出来写的是什么，我给你们加工资！"几位老员工一下子沉默下来，连头都不抬。

　　见此情景，我拨通电话叫来刚从人才市场高薪聘来的大学生小王。"厂长找我有事？"戴着一副宽边眼镜的小王彬彬有礼。"把这份邀请函翻译一下。"不到一支烟的工夫，小王又进来了："厂长，这是原稿，这是翻译稿。电脑上已经存储，可随时调阅。"听着小王的一番话，几位老员工面面相觑，不时地偷觑着我。我感慨地说："我们都落伍了，这就是差别啊！"

几位老员工的联名信，谈的是工资问题，反映的却是价值观上的差距，不能小看这种现象，一旦形成一种心理障碍，就会影响工作绩效。抓住问题面批、解决，这种伏笔式眉批形式简单，内涵深刻，起到了激励的效果。

我们身处一个充满挑战的时代，新老员工之间的薪酬差距问题，几乎是所有管理者工作中的一个"痛点"。"精兵"思维要求我们不断寻求优秀人才，同时，要让老员工齐刷刷地赶上来也很困难，而少数人对高薪人才有微词也无可厚非。但是，管理者对这种情况不能听之任之，必须做好对老员工的教育、解释、疏导工作。

管理者要想对企业的一切掌控自如，就要洞察人性，理解别人、了解自己。面对薪酬差异这样实实在在的问题、面对一群为企业做过贡献的老员工，一本正经的说教、枯燥无味的灌输、因循守旧的"老道道"，收效都不会太大。说一大堆道理，还不如做个有心人。抓住核心，用普通的一件事、简短的一句话，促使他们自己去思考、感悟，往往问题就能迎刃而解。

修正式眉批：一个不关门的圆圈

我的一个老同学从瑞士回来，聚会时给我们讲了一个故事。

瑞士的一家幼儿园开饭时，阿姨只把饭盘放在孩子们面前，用手比画着让他们自己吃，大的孩子用勺子吃，小的孩子用手抓着吃。可他的孩子年龄太小，又刚刚入园，不会抓着吃，只能呆呆地坐在那里，这位阿姨始终不喂他，待到吃饭时间结束，他的孩子的那份饭就被收走了。

后来，这位阿姨告诉我的同学，瑞士人从来不喂孩子吃饭，孩子饿了他自己会吃，孩子不会做的事，必要时应该给予鼓励和暗示。大人不必强逼他去做，因为这样可能会抑制孩子的独特行为。

一位教授在做有关领导科学的主题报告时，展示了一个留下缺口的圆圈，问道："这是什么？""零""圈""未完成的事业"……台下的听众七嘴八舌地答道。听完大家的回答，他说："其实，这是一个未画完整的句号。好的领导者做事就像画句号，不会把事情做得很圆满，总是要留下缺口让员工去填满的。"

一天，下班铃已响多时，我看见车间主任老丁还在整理当天的考核资料，便走进他的办公室，想了解新品的试产情况。老丁见我来了，忙放下手中的笔。我们边走边谈，无意间发现有只秤砣掉在了地上，连秤钩也被甩到一边。"可能是整理工具时掉下来的。"老丁边说边弯腰准备捡。我一把拉住他："还是在明天的班前会上通报这件事吧，让丢三落四的人自己去拾，否则你有拾不完的东西。"我拿起半截粉笔，在秤钩和秤砣旁各画了一个留下缺口的圆圈。

掉在地上的秤砣，虽说无伤大雅，但依据7S整理现场的硬规定，在井井有条的灌装车间，这只秤砣就成了一个缺憾，像刚买回来的新桌子，桌面上却有道划痕一样。车间主任替当事人拾秤砣，也未尝不可，但长此以往，员工容易形成惰性，责任心会降低，甚至会将责任推给管理者。于是，第二天围绕秤砣、秤钩和两个缺口的圆圈，我和车间主任带领大家进行了认真的复盘、讨论和反思。

杰克·韦尔奇在《赢》一书中提出："在你成为领导者以前，成功只同自己的成长有关。当你成为领导者以后，成功都同别人的成长有关。"这句话说得特别棒！当自己完成某项工作时，你是一名很好的业务员；当你通过别人的力量完成某项工作时，你才是一名合格的管理者。在管理过程中，纠错是救火，是在出现错误时纠正错误。防错是防火，是在没有错误时采取措施预防错误。纠错重指标，防错重治本。结合员工工作中的问题，用修正式眉批的方法画一个不关门的圆圈，让失误的员工自己去修正这个

"句号"、填好这个不关门的圆圈，这才是治标更治本。优秀员工对任何公司来说都有巨大价值，离开他们的技能、活力和责任心，任何管理者都难以履行自己的职责。但我们需要知道，优秀员工不是天生的，而是在工作实践中一步步磨炼和培养出来的。

管理之道，存乎一心，而"道"要通过"术"来体现。做裁判比做教练省事，裁判在赛场上裁定谁违反比赛规则就可以了，而教练不仅要考虑和运用好比赛规则，还要帮助自己的队员提高战术，利用战术取胜。

眉批、面批，面对面地交流、零距离地接触，利用现场发现的问题，启发员工的心智，共同分析和解决问题，这样会拉近人与人之间的距离，也体现了以"人心"为本的真谛。管理者一旦掌握其中的"粘接配方"，一切问题都将迎刃而解，就像经常爬山的人，爬小山坡会变得如同走平地一样轻松。因此，我把"眉批法"看成管理工作中一种营造文化氛围的艺术，通过管理者的用心用力，以这种"顺乎自然"的方法做管理，就如同会借助风势的蒲公英，将种子传播到企业的各个角落，播撒到每个员工的心里，让员工找到提升职业素质的方式。这就是管理中的"自然"成"文化"，"文化"成"自然"。

留白法
发挥管理的艺术性

字节跳动有一种理念：把公司当成一个产品来打造。他们认为，公司这个产品最重要的用户，就是自己的员工。那么，如何打造一个好的产品，让作为用户的员工满意？这是一个颇费脑筋的事情。

读高中时，我跟随学校的美术老师画中国画，在了解中国画的基本绘画原理后，我感悟出些许心得体会。后来，进工厂做了管理者，我发现管理过程中的问题，也可巧妙地利用中国画独有的"留白"形式，艺术性地加以解决。

我认为，管理中的"留白"，不仅能弥补管理"表达意境"的不足，还会充分展现管理的艺术性，丰富"文化管理"的思路与做法，产生"言有尽而意无穷"的效果。

空白之美：无人考核的记录栏

中国画虚实相间，很大程度上是利用留白来体现的。留白可以突出主体,增强意境,给人无穷的遐想,让人从中画出、品出、悟出无形似有形之意,以形写神,形神兼备。

20世纪90年代初,我曾到海尔参观学习,看到海尔连厕所墙上都贴着"当班清扫记录""巡检记录""督查记录",钦佩之情油然而生。于是,我赶紧将这些做法记下来。回到工厂,我将这些管理模式直接"克隆"——对厕所改造整理,值勤记录表格全部上了墙。执行新制度前还开了一次厕所里的"故事会",效果真不赖。几年过后,这里已完全告别脏、乱、差,"你们厂的厕所比人家的客厅都干净!"来过的人经常会这样赞叹。

然而,企业管理是一种长期行为,不能一成不变。管理者只有将企业当成富有活力的生命来培育,虚实相生,用心创新,才能找到发展的新方程解法。

一年初冬的某天,我在厕所边洗手边打量正在冷风中摇曳的厕所保洁考核表,考核表的内容填写处空空如也。多年来,洁厕管理已变成保洁员自觉履行的责任,员工如厕时的自律行为也成为习惯,"自主管理""无管理"已根植于大家的思想深处,成为一种"理念",直接决定着员工的自觉行为,反倒是每天必须填写的厕所保洁考核表,成了摆设。

长期的制度约束,使保洁员和员工都形成了好习惯,一个群体长久的习惯,就演化成了一种"文化"。这时,制度管理就变成了形式化的做法和过度模式化的管理,该"留白"了,我心里默默思量着。

于是,在年终总结会上,我举一反三,提出去繁就简,废除诸如厕所保洁之类考核制度,让管理从繁杂的形式中走出来,让自律与责任化为每个员工的自觉。

会后,原先考核表的位置旁边多了一块告示牌:"这是一处无人记录的考核栏,相信我们的员工会做得更好。"从有管理到无管理,实者虚之,虚者实之,无人记录的考核栏就像一幅中国画的"边角之景",似虚则实,以简胜繁,给员工留下了一片"自我管理"的空间,带来心灵上的轻松与快乐，体现出一种空灵与简约之美。

制度与文化的关系，是管理实践中的一个重要问题，也是学界时常争论的问题。一些企业的制度设计"看上去很美"，其实只是一种愉悦视觉的道具，常常是一种空虚的概念。也有管理者认为，制度很重要，规章制度越多越好，管理资料越厚越好，执行过程形式越丰富越好。但是我们都知道，如果这些制度得不到真正的实施，因制度而起的文字游戏、形式主义，就会将原本简单的管理推进复杂的漩涡之中。

制度是管理的核心，制度的长期与持续的实施，能够激励、约束员工的行为。所谓文化管理，就是基于制度约束、注重养成教育，即在制度的长期规范下，当员工的举手投足、思维行为都具有鲜明的与制度相匹配的企业文化品位时，企业的"文化力"就形成了。这是一种自动自发的执行力，好比"余音绕梁，三日不绝"，渗透到企业的全部生产、经营和管理活动之中。

文化管理，就是无笔之处皆成妙境。无人记录的考核栏，是一种空白的美，是画中没有笔墨的美。

含蓄之美：于无声处的较真

所谓意境，唯有在观画者的神思中得以显现。中国画中的留白，正是给观画者以神思的空间，即"意到笔不到"。

一天，我到市场部转悠，看到几名回厂休整的营销员，就跟他们开了句玩笑："你们看涂刷后的厂房像刚穿了件新衣裳，墙边落下的乳胶漆，多像漂亮脸蛋上的雀斑呀！"市场部长心领神会，来了个紧急大动员，安排在厂的营销员找来水桶、清洁球等工具，把滴落的乳胶漆收拾干净。

起初，大家还挺认真，一个个埋头苦干。一个多小时后，便松懈了下来。有的搬来凳子，有的拿来报纸垫在地上，坐下来聊起了"山海经"。我坐在办公室里，透过窗户，无意中瞥见了几位营销员的懒散样子，只见那个高级营销员小王更是说得眉飞色舞，旁边的几位听得捧腹大笑。

中国画强调主观肯定，强调对人物神态的刻画，更强调作者情感的抒发。对于暂时无关的事物，则往往"心不在焉，视而不见"，尽量减弱以致舍去，直至空白。待我处理好手头的事后，小伙子们仍在闲谈。我没有走过去批评他们，毕竟是义务劳动。我欣赏法国思想家蒙田所说的那句话："在开启一颗脆弱的心灵、一颗为了荣誉和自由而锻炼的心灵时，我反对一切粗暴行为。"

我拨通内部电话，让人将小王请到我的办公室。一眨眼工夫，小王笑嘻嘻地来了，我忙站了起来，给小王递上一杯水，笑眯眯地指着我的椅子说："小王，今天坐一坐厂长的椅子，感受感受。"小王疑惑地朝我看了看，极不情愿地坐了下来。"这窗口像不像摄像机？换个身份，朝窗外看看。"小王顿悟，忙从椅子上站了起来："厂长，今天不干好，我没脸见您。"不一会儿，小伙子们又热火朝天地干了起来。

从心理学角度来看，任何人被批评后一般都会产生两种情绪：一种是消极情绪，甚至是逆反心理，以致将不满的情绪发泄到工作上；另一种是明白"批评是买主"，是为了进步，便会服气、服输，会努力将工作做得更好。

这件事让我体会到，在有些事情上，巧妙的暗示比直白的批评更有力量。墨分五色，对于那些见多识广、聪明灵活的营销员，管理者有时不必用重锤，只须旁敲侧击，以善意的启发点到为止，就好比作画的人，必须精心布局，在谋篇动笔之前就已成竹在胸，而后留下淡淡一笔，却是画龙点睛之笔。

管理者出自善意，用心思考，将批评含蓄地蕴藏在巧妙的幽默之中，是企业管理中的留白艺术，不伤人面子，却使人有所触动，在特定条件下，这种用心的"批评"，能发挥相当大的积极作用。

知"止"之美：宣传栏里的学习心得

白石老人画虾，若干只透明的虾，周围大片空白，没有画水，但人们觉得周围空白处都是水。管理要成为艺术也需要留白，要言不烦、轻点辄止。比如，面对需要进步的员工，管理者既不宜故作高深，絮絮叨叨地讲大道理，也不能粗暴训斥、大声吆喝，搞"专制主义"那一套。为了解决问题，无为而治不失为良策。有时，过分追求制度的执行力，往往会令管理者陷入烦恼，无法自拔。

一天，开发部正在试制新品，我前去查看，刚走到二楼，便听见急促的脚步声。循声望去，一个人影正急奔三楼而去。"是不是有人串岗？"操作工小王微惊，继而默不作声。我随即上楼，操作工小沈正心不在焉"做样子"，我顿时全明白了，却什么也没讲。

回到办公室，我将一篇名为《守卫你的岗位》的文章用信封装好，让开发部主任交给小沈，并请他写一篇读后感。《守卫你的岗位》说的是在瑞士一家大酒店，负责接待客户的琳恩娜在工作时间离开接待室，去楼下吃早餐。其间，接待室电话铃无人接听，一支旅游团队就这样悻悻而去。酒店老板为此辞退了已为酒店服务了近六年的琳恩娜。

管理留白天地宽。第二天，厂区宣传栏内出现了《守卫你的岗位》这篇文章的复印件和小沈的读后感。"每个企业特别是化工企业，安全生产的弦一刻也不能松，擅自离岗、串岗是操作规程绝对禁止的，谁能预料什么时候会有突发情况呢？不怕一万，只怕万一呀！"小沈的读后感情真意切。

无论对个人还是对企业来说，责任心都是一种财富。瑞士那家大酒店因为琳恩娜擅自离岗，失去了一单生意，损失微不足道，而琳恩娜却因此失去了心爱的工作，她将终生难忘。小沈离岗、串岗尽管未给企业和个人带来损失，却是企业安全生产的重大隐患，这不能不算是一个深刻的教训。

这件事的处理过程，令我想起多年前我和作家朱建华一同去拜访双星集团总裁汪海的经历。汪海认为，管企业就是管人，管人就靠两手：一手是规章制度，另一手是思想工作。如何交替使用并得心应手，这可就是"高科技中的高科技"了。

结合汪海的观点，我的体会是：人管人累死人，"心力管理"抓住魂。管理过程中，要真正纠正员工的一些不正确行为，管理者就不能用强硬的办法伤害员工的感情。高明的管理者是严格而受人尊敬的领导者，在日常管理中善于耐心地把问题提出来，给员工适度的思考与改进空间，才能保持和谐的关系。

一篇文章复印件加一篇读后感，可不可以达到辞退琳恩娜那样的效果呢？我想，给自己留一点空白，给他人留一点空白，你一定会发现用心管理原来如此厚重，如此丰富多彩。

思考之美：体会坐板凳的滋味

中国画中的留白，留给观者想象的空间越大，作品的意境就越深，这正是中国画论所言景愈蕴、境愈大、意愈深的道理。如果将这种艺术的手法灵活运用于现代管理，就像给"文化管理"插上了飞翔的翅膀。

我喜欢走动管理。一次，在溶剂车间的平台上，我突然发现放料釜的盖没盖上，借着窗口射进来的阳光，溶剂正一个劲儿地向上蹿，似一层薄薄的雾在挥发。我站在釜口一动不动，转眼正想询问一旁的小王，眼明手快的小王赶忙拿来一旁的一块塑料布蒙上。"盖子去哪了？"我不甘心，继续找，结果在小王拿塑料布的位置，找到了已经积满灰尘的釜盖。"去把生产科长、质检科长找来！"

当天，我让行政科长买回了几张方凳，将生产科长和质检科长的椅子撤掉，换成了方凳子。

麦当劳创始人雷·克洛克的"锯掉靠背的椅子"，是美国管理史上的一个经典案例。他不喜欢整天坐在办公室里，大部分时间都用在走动式管理上。那个时代，当克洛克将好端端的椅子靠背锯掉时，许多人骂他是个"疯子""有病"。然而不久后，大家悟出了克洛克的良苦用心，纷纷走出办公室，开展走动式管理，及时了解情况，现场解决问题。这促进了麦当劳的发展，克洛克也成了美国有影响力的企业家之一。无独有偶，亚马逊有一条价值观叫作"深潜"，鼓励领导者深入基层，体验各个层级的工作，了解方方面面的细节，当指标与报告的不一致时，就要提高审计频率，扩大调查范围。

没有硬性的批评和指责，甚至不用和管理者说什么。撤掉管理者舒服的椅子，让他们坐上方凳，充分"留白"，就是留给他们思考的机会，促使他们将车间作为管理的广阔"空间"，扑下身子，多到一线走走，负起责任。

老子曰："三十辐共一毂，当其无，有车之用。"意思是说，车轮是由 30 根连接轴心和轮圈的木条，以及车轮中心有圆孔的圆木共同结合而成，有了它营造的空间，才有车子的作用。南宋马远的《寒江独钓图》中，一只小舟，一个渔翁侧身垂钓，四周寥寥几笔微波，却有烟波浩渺之感。这些年，我们一直在努力探讨管理创新的方向，就是这种"无用"中的"有用"和"烟波浩渺"中的"留白"。

画中之白，即画中之画，也即画外之画。这种画外之画，是一个企业领导者的独特能力。留白不是遗漏，也不是鞭长莫及，而是主动使然。留白，是"无管理"的高境界，在管理中就是宽容与信任，是对员工的宽容和信任。它所创造的美——管理和人际连接的效果，在很多时候会远远超过制度和威权控制的"浓墨重彩"。正如本·霍洛维茨所说：企业文化不是单一的某个决策，而是一套行为准则，渗透在无数个事件中，随着时间缓慢释放威力。

文化无形，"留白"有声。

脸谱法
"快乐惩戒"的学问

　　脸谱艺术是中国戏曲独有的化妆造型艺术,既能彰显人物的性格特点、相貌特征、身份地位,又能以缤纷的色彩,美化舞台效果。

　　出于对脸谱的好奇和喜爱,在探索脸谱文化渊源、考证脸谱与戏曲人物角色关系时,我突发奇想,可否借鉴戏曲脸谱艺术特征,来解决企业管理中出现的矛盾和问题?想到了就做,在管理实践中,可以将红脸、黑脸、白脸以及变脸等用于对犯小错误员工的惩戒。这样的模拟创新,让我找到了一种快乐工作、"快乐惩戒",艺术性地解决问题的模式。

变脸:项庄舞剑,意在沛公

　　变脸是川剧艺术中塑造人物的一种特技,通过脸谱变换表现剧中人物的内心情感。在管理中,巧妙地借用"变脸"小施惩戒,既能体现独特的管理艺术性,也是提升执行力的好方法。

多年以前，我兼任一家亏损企业的厂长。由于管理混乱，纪律松懈，企业濒临倒闭，人心惶惶。"斗大的馒头"该从哪里下口？经过调查，我深感"纪律不抓，一盘散沙；人心不齐，泰山难移"。一些简单的问题缠绕起来、一些琐碎的事情堆积起来，就可能威胁企业的生存。找出症结后，我发动全厂自上而下、分级讨论并制定了临时的"厂规二十条"，并试着增加了"可用纠正违纪替代罚款"的规定，为"变脸"管理埋下了伏笔。

企业管理的难题之一，就是光有制度不行，还要看这个制度执行得好不好，能不能执行下去。压力不大是无效应，有点压力是软效应，压力太大又会产生负效应。因此，怎样把管理的"情"和"理"结合起来，强化制度执行，实现管理的合情合理，是我一直在探索的问题。

抓考勤的第一天，许多员工都在关注这第一把"火"。第一个迟到者迟到3分钟，看到大家表情严肃，便自觉从口袋里掏钱，欲缴罚款认输。然而，我们要的并不是这一点儿罚款，而是心灵的震撼和思想上的认知。于是，我当场"变脸"，宣布不对这名迟到的员工罚款，改为让他站在大门口协助管理考勤，直到有第二个迟到者来接替他。这种稳准到位、心中有数、自己管自己的"变脸"表演，使许多隔岸观火的员工在新奇中嬉笑、议论、受教育、受启发，迟到者因为丢了面子，面红耳赤，感到惭愧、警醒。这一招还真灵，第二天竟无一人迟到。

任何制度的产生，皆有它的外在需要和内在意图。就好像川剧中的"变脸"，但凡到了情感波折、内心激变之处，总能体现人物内心不可名状的律动。一个濒临倒闭的企业在恢复、整顿、重建过程中，遇到这类"非实质性"问题，运用"疏"的方法，比用"罚"去"堵"会产生更好的效果，尤其是在中国文化背景下，大部分员工会把面子看得比罚款更重。实践中，管理者处理问题的最终目的不是惩罚人、限制人，而是要审时度势，像"变脸"一样以独特手法增强现场"表现力"，抓住痛点警醒人、感化人、引导人，以达到最佳管理效果。

吹脸：打开心灵的窗户

  吹脸就是演员吹起色粉，以改变脸色，这也是川剧中的招数。这一招只适合于粉末状的化妆品，如金粉、墨粉、银粉等。有的时候是在舞台的地面上摆一个很小的盒子，内装粉末，演员表演时，做一个伏地的舞蹈动作，趁机将脸贴近盒子一吹，粉末扑在脸上，会让脸立即变成另一种颜色。《活捉子都》中的子都、《治中山》中的乐羊子等人物的变脸，采用的便是吹脸的方式。

  吹脸的过程在观众不经意中快速完成，能够恰当揭示人物的心灵隐秘，给观众以极大的冲击力和欣赏乐趣。而将此法用于管理，也能实现员工理念与行为的和谐统一，达到较好的管理效果。

  春节后上班的第一天，一名员工做完手头工作，趴在桌子上睡着了。我走过时没惊动"梦中人"，而是让部门负责人和值班长拿来我值班穿的大衣，披到这名员工的身上。员工惊醒后，揉揉睡眼，脸一下子红到了脖子根，主动请求处罚。

  正确的教育方式与方法能打动员工的心灵，唤起被教育者的共鸣。员工上班打瞌睡是企业中都会发生的事情，通常都是采用简单的加减法处理，按规矩办，该罚的罚，该处分的处分。然而，在新年喜气还未被冲淡的特定情形下，我对这个不会有太大负面效应的个别问题，反其道而行之，用"吹脸"手法，将黑脸变成棕脸，用和风细雨送温暖的方法，去打开员工心灵的窗户，让员工回味、体验、感悟，这远比罚款、处分起到的作用要大得多。

  当员工知道了对与错后，大部分人会自省、自律。在抓制度管理过程中，发现不了问题是没有水平，处理不好问题则是没有能力。看演出时，内行的观众善于发现问题，从脸谱上就可分辨出这个角色是好人还是坏人，是智者还是愚者，是受人爱戴还是让人厌恶。而在管理中发现问题的过程是艰难的，一般人总是去看结果，却忽略了对过程的"拷问"。因此，处理问题的方法和艺术，直接关乎此类问题是否重演。如果在处理问题过程中注重方法、融入感情，使用类似为员工披大衣的做法，实施"吹脸式惩罚"，就会像文化一样，润物无声，让人口服心服、欣然接受。

唱三花脸：情感与理性并重

与净角的面部化妆相比，丑角的化妆面积小，只限于面部中心，故称小花脸、三花脸。一个企业就是一座舞台，如何通过不同方法让员工在制度约束下养成文明的习惯，也是一种舞台艺术。有时，管理者用心唱一出三花脸的戏，无须浓墨重彩勾整脸，也能博得满堂彩。

老高是工厂新聘请的机修技工。一次下班前，设备管理员在巡检过程中发现管道漏水，根据"7S现场管理法"中"有问题不过宿"的管理要求，当即开出了检修通知单。等到老高加班加点检修完毕，已是深夜了。

第二天一早，随厂部督查组检查时，我发现机修间钳工桌上有一些铁屑未清理，当即按"三定管理"平面图找到了包干区的老高。对老高来说，这件特别情况下的偶发性过失还是第一次，然而我们并没网开一面，而是唱了一次"三花脸"，进行了一次滑稽调笑式的处理，按照最低的罚款额度规定，只罚一元钱，就像"大花脸"与"俊扮"同时登场"粉墨做大戏"。罚得老高沉默地苦笑起来，自言自语道："罚一元钱，难得而难忘啊！"

制度是冰冷的。老高因为加班较晚，忘记清理机修间，纯属无意，而且是初犯，从情理上似乎可以原谅，但从现场管理来看，它意味着自我管理的意识与执行制度的自觉性不强。管理不问客观，只讲结果。罚一元钱，对老高来说会终生难忘，对全厂员工来说会唤起心灵的共鸣。执行制度，不是为了罚几个小钱，而是体现制度的神圣。在制度面前，任何人都不能摆资历、卖人情、搞特殊，或者以功抵过，否则制度就会形同虚设。

管理过程中处理问题的艺术，在于情感与理性并重，就好比脸谱艺术，既让人产生美感，又具有舞台真实性。"唱个三花脸，只罚一元钱"的背后是一种"甜柠檬效应"。违规罚款的数目缩小了，但对违规者来说却由于这个"意外"强化了认识。

一个健康的组织，必须有自己的理念，理念衰则组织衰，理念亡则组织亡。而企业的制度派生于理念，又是理念落地、生根、行为化的保障体系。一个好的理念如果没有一套完整的制度设计和制度安排，就会被束之高阁，久而久之就成了华丽的披风、廉价的口号，徒有其表而无实际意义。因此，一家企业，如何让制度变成惯例、变成"文化"，是管理之本，也是对执行制度自觉性的肯定。但是，硬性地执行制度，的确会产生一些负效应和影响，关键是我们如何去改变一味硬性处罚等固定模式，以变应变，积极创新，解开各种现实中的"结"。

扮黑脸：一石激起千层浪

管理实践中，也会出现一些需要管理者亮明态度的矛盾和问题。这时，如何置身事中、不回避问题，通过"大开大合"的鲜明"艺术形象"唤起员工的心理共鸣，值得管理者深思。

1997年年底，我兼任一家濒临倒闭企业的厂长，走马上任才一个多月就过年了。放假前，我在收工会上宣布，正月初五上班，迟到者最高罚款50元。可初五早晨，全厂却有192人迟到。要不要罚？众说纷纭。有人认为，法不责众；也有人说，正月初五"财神日"不能让人破财；更有人抱怨，一次罚款收入近万元，厂长不能靠罚款过日子。我没急于表态，让大家先发表看法，待大家意见发表完毕，我最后上演黑脸包公，给所有迟到者送上新年"礼物"：处罚兑现，一点情面也不给，一分钱也不能少，并贴出了"警钟长鸣"的告示牌。

正月里让192名迟到者破财，犹如京剧脸谱中的杨七郎额头上画的那个繁体"虎"字，凶猛无畏。而"警钟长鸣"的告示牌犹如净行"吼叫式"的粗犷，在员工中亮起"红灯"，造成强烈的震动，抑制住了迟到的不良行为。纪律是制度的基础保证。一些企业经营不善，除业务方面的因素外，管理中的不良行为重复出现也是重要的影响因素。比如我当时兼职的这家企业，管理混乱、纪律松懈，工厂大门随进随出。这样的企业，怎么可能有凝聚力来发展生产呢？

有这样一句话：假如你看到了不达标的东西却不予回应，那就等于在重新确立标准。这句话同样适用于文化：假如你看到了与文化相悖的东西却未置可否，那就等于在创立一套新的文化。对特殊企业来说，管理者在特殊时候必须唱黑脸。处罚192名员工，既是猛药，又是清醒剂，让全员犹如吃了一次麻辣烫，既麻又辣，浑身出汗；这种特定时候对共性问题的敢罚、重罚，是一支有效的强心针，会使员工深刻认识到企业的管理规则是铁的纪律，不容侵犯。

总之，管理者如果不能真正摆正宽容、和谐与惩罚的关系，就会给员工行为提供一种矛盾的信号，导致员工行为和认识的混乱，造成"干的不如看的，看的不如说的""先来挨打，后来挨骂，不来作罢"的局面，这恰恰就是一种不良文化的开始。正如田涛所说，评价制度最重要、最根本的维度是，它是否与企业的核心价值观一致。如果偏离和抛弃了内含于制度结构中的价值观，并因此拆毁了组织的文化基座，这样的制度将是低效的、无效的，甚至是有害的。相反，如果制度的文化根基健康有力，即使随着时间演化会产生某些制度衰变，但它总能被重新注入活力而得到改善。

演"红白脸"：不信春风唤不回

"红白脸"是戏剧表演中烘托剧情、吸引观众的一种方法。管理中运用演"红白脸"这一方法，体现了管理的科学性和艺术性的有机统一，效果十分显著。

一次年终工作总结会上，我演了一回"红脸"，宣布了一项极具"爆炸性"效果的决定：退还一年来13名员工因违反规章制度被罚的全部罚款。其实，企业规章制度中有退罚款的相关规定，只是不轻易执行，被员工淡忘了。员工小马从我手中接过被罚的50元钱后，动情地说："罚的款还能退回来，从来没有想过。刘总，谢谢你对我的信任，我不会被昨天的那块石头绊两次跟头！"

在制度执行过程中，管理者不可能回避或杜绝惩处，很多时候就得用经济杠杆来表演"白脸"，以强化纪律，提高员工执行制度的自觉性。尽管制度设计是人性使然，但要真正让制度发挥作用，同时达到教化人和塑造人的目的，一个重要的前提是制度的设计和执行需要得到全体员工的认同、拥护和支持。要做到这一点十分不容易，因为在实际工作中，有些时候员工违规被罚，并非主观故意而往往由客观条件引发，比如上班途中自行车断了链条或交通堵塞等原因造成的迟到，匆忙中忘记佩戴上岗证等。但我们依然要坚持规章制度，不允许有随意性，不允许打"和牌"，虽然这的确会因管理者与被管理者双方的信息不对称而导致误解、抱怨，甚至产生敌意。

这个时候，管理者不要盲目地行使权威，而应该用心思考，借鉴"红白脸"的演技，找到能让员工既体会到制度威严又感知到管理者善意的方法，得到偶发性被罚者的理解和支持。在宣布退还罚款前，我们进行了分析，认为从上一年违规被罚65人次下降到今年全年仅有13人次，这说明了员工自律意识的提高，于是采取了以退为进、年终一次性退还罚款的措施。

心力管理是基于人性，用共同价值观管理企业的创新实践，为的是实现企业文化内外部价值传递力度的有机平衡。我认为，这种钱款上的"退"，实际上是人心和情感上的"进"，这样基于人心的管理，更能打动人、教育人、感化人、凝聚人，更能使对抗走向和谐、对立走向统一，使被罚者心悦诚服，也让全体员工在温馨中得到警醒。

心理学研究表明，在一般情况下，讲清道理比使用惩罚效果好，而两者结合起来使用更为有效。新时代的管理要求我们换一种角度看问题，换一种方法处理问题，用以退为进的曲线管理方法，"红白脸"并举，淡化罚款带来的消极负面作用，消除管理者与被管理者之间的鸿沟，走出以罚代管的思维定式，调动员工的积极性，增强企业的竞争力、向心力、凝聚力，这是一种创新和进步，也是一种文化和艺术，比直接罚款的方法更有效，意义更深远。

凡事找方法，凡事讲艺术。创新管理需要我们在实践中用心斟酌，去发现问题、分析问题，艺术性地运用脸谱独特的迷人魅力，处理好管理过程中的奖惩问题，把握好宽与严的尺度，如此一来，员工才会把真诚交给企业。

进二退一法
落实管理责任

企业"一把手"掌握着企业生产经营的决策权,权力越大,意味着责任越大。责任大了,怎么扛起来?不同的人有不一样的选择。

多年前,黄桥镇党委决定让我兼任濒临倒闭的电器厂的厂长。记得那年冬天来得特别早,西北风一刮就是好几天。受命于危难之际,顶着寒风,带着信念,我走马上任了。

"两厂一长",表面风光,其实压力真大。这边是刚起步的黑松林要发展,那边的工厂已近半年未发工资。每天眼睛一睁,忙到熄灯。春节将至,过年如过关,我第一天到黄桥电器厂上班,要债的人就坐满了会议室,一口气处理到下午4点多,午饭都未吃上一口。

有一次我坐车去上海出差,见车上有一本名为《瓦特》的连环画,便随手拿起翻看,竟被有着"怪兽"之称的小瓦特吸引住了。为了省力,瓦特在蒸汽机上安装了几个螺栓,再用铁丝与螺栓连接,这样,每当蒸汽机工作的时候,只要用脚一踩,废气就能自动排出。

要是企业管理中的难题,也能像瓦特排废气那样,用脚轻轻一踩就解决,那该多好!跟随瓦特的灵感,我想到一位经济学家提到的一个观点,他说,在西方发达国家,企业管理工作中的"管与理"遵循的是2∶8的比例,而中国企业管理中"管与理"的比例恰好颠倒过来,是8∶2,这或许就是为数众多的中国企业缺乏竞争力的一个注脚。当然,具体比例未必准确,这个观点却引发了我的深思。

懂管理的人都知道,管理包含两个方面:一是靠制度去"管",二是靠管理者的引导去"理",两者都是十分必要的。毕竟,人的精力和时间是有限的。作为"一把手",如何运用"管与理"的2∶8比例,甚至将2∶8变为1∶9,有的放矢地去经营和管理,把自己从琐碎的工作细节中解放出来?我摸索出一个进二退一法,就是将企业各条生产线的高管(即"二把手")推到"一把手"的位置,改变传统管理中将"一把手"的大部分时间和精力花在"全盘皆管"上的僵化局面,在顺畅的管理流程中把握重点,直奔主题。

事实也证明,运用进二退一法后,我只须告诉我的下属该做什么,而不需要告诉他们怎么做。为他们搭建一个自主决策的平台,创造一个发挥才能的空间,我的主要时间和精力就可以聚焦于两个工厂的大事、要事。这样,既是角色转换更是压力传递,既是角色进位更是责任到位,做一个名副其实的"一把手",而不是"一把抓",一切依循企业规律之"自然",实行"无为而治"。

我做后勤部长

经常听到"一把手"抱怨自己是个"消防员",哪儿出了问题就得奔向哪儿,有时稍不留神还会出现"灾难"。其实,纵观中外企业发展史,我感觉企业中最需要解决的问题，恰恰就是管理者自身的问题。

松下幸之助在论述管理时说，当员工有100人时，我必须站在员工前面以身作则，发号施令；当员工有1000人时，我必须站在员工中间，请求他们鼎力相助；当员工有1万人时，我只要站在员工后面，运筹帷幄即可；当员工有几万人时，我必须双手合十，以虔诚之心来领导他们。《日本企业管理艺术》一书记载，松下公司20世纪30年代进行组织机构革新时，松下幸之助想给经理人一定的独立性，将他们管辖的产品种类划分清楚，以便明确地考核他们的工作成绩。在这样的前提下，让他们自负盈亏，促使经理人更坚定地面向消费者。这样的机构革新，让松下这样的大企业具有了小企业的优点（特别是灵活性），让经理人在实战中得到锻炼，培训出一批在公司扩大之后能够担任总经理的人才。

松下幸之助形象地描绘了一个管理者在不同阶段所扮演的不同角色，其中所谓站在中间，就是要善于鼓励下属成长，退二进一法说的就是这个道理。霍华德·舒尔茨说，随着企业的成长，他自己也经历了三次蜕变，首先是做创业者，其次是做管理者，最后是做领导者。

一次，为了推动一个项目落地，我一连跑了八个部门，才将资金筹备到位。钱凑齐了，设备也运到了，我紧绷的神经稍有放松，一纸传真又给我拧紧了发条——国外公司的总裁五天后要来了解设备安装情况。我心里明白，五天的时间，要将设备安装调试好，这是十分困难的事。我马上拨通了生产副总的电话，请他到办公室来一趟。

"你看看这个，谈谈你的思路。"我把刚刚收到的传真递给他，"五天时间行不行？有话直说。"

"危险！"生产副总一脸苦笑。

"为什么？"

"这么大的工作量，原计划至少两周完成，现在五天就要搞好，叫我怎么说呢?"

"从现在开始,你做一线指挥,设备科长当你的助手,我当你们的后勤部长,24小时驻厂,突击安装!"

设备科长小江听了生产副总传达的我这番话,坚定地说:"尽最大努力!"这铿锵有力的五个字,让坐在隔壁办公室的我松了口气,要的就是这样的效果!

进二退一法通过授予下属权力,成功实施压力传导和责任加码,激发了下属的主体意识、决策能力和带队伍能力。进二退一法,就像背后有个不断逼近的巨大齿轮,迫使"二把手"自主决策、快速前进,努力跑到"一把手"前面,从而避免被齿轮碾过。

国外公司的总裁如约而至,看过新安装的设备,一脸满意。陪同考察的设备科长小江悄悄附着我的耳朵说:"刘总,您真行,您不直接给我们下达任务,而让生产副总转达。他天天盯着我们,在后面抽鞭子,这样我们的压力更大;要不,还真不一定这么快呢!"

"真的吗?"

"肯定是了!"小江真切地说。

"哈哈……"我会心地笑了。

管理工作千头万绪,开宗明义,第一桩就是要把任务分解到位、把压力传递到位,同时把人培养到位。压力是分子,肩膀是分母,一个人扛着会越来越沉,大家一起扛才会越来越轻松。进二退一法的实施,促使下属站在"一把手"的角度去宏观筹划,做一线指挥,主动克服困难,千方百计解决问题。这不仅仅传递了压力、责任,更传递了一种信任感、尊重感和认同感。

进二退一法能帮助管理者发现下属的潜力。一方面,要承认和尊重组织中个体的价值创造力,让组织中的每个人都成为价值创造者;另一方面,管理者要为个体赋能,让个体借助组织与团队的赋能,放大个体的价值创造力,并使组织整体效能最大化。

在管理实践中,最有价值的下属其实是最不适宜被管理的,他们也是价值创造的主力军。因此,管理者要学会抓关键问题、抓关键招数、抓关键人,恰到好处地将压力传递给你的助手。要知道,监督干涉越多、条条框框的束缚越紧,员工对工作的热情就越低。只有举重若轻,才能笑到最后。

一次点长的"微辩论"

进二退一法是"一把手"对"二把手"信任的行为表现。现代企业管理中,照搬国外的授权模式不一定适合我国企业的实际情况,中国式管理的内涵在于突破原有授权单一、自上而下的思路,进二退一,让"二把手"自由主导工作,有更多的行动自由度来选择自己要做什么、该怎么去做,从而激发企业高管的内在工作动机,创造新的授权方式和方法。

一次出差回来,我来到了工厂节点晨会的会议室。工厂节点晨会已经坚持一年多,经过一段时间的培训提升,效果越来越好。特别是将经营与生产管理委员会主任的"一言堂"变成各节点的点长轮流坐庄当主持,让每位点长得到锻炼,还真是个好方法。看着门外不约而同来到会议室的"六员大将"(六个节点责任人),我不由露出一丝笑容,和他们一一打了招呼。

"今天轮到我主持,请大家谈一谈各节点情况。"小鞠的眼中充满真诚。

"我们节点情况正常。""我们投料节点一切正常。""我们聚合节点也正常。"……

"本节点也正常,就是昨天上班后发生一起不愉快的吵架。我是点长,要检讨,工作没有做好。同时,将这件事提出来请各位点长给我指点指点,怎么处理更为妥当。"小鞠先自我问责，再阐述经过。"事情的经过是这样的。上班后，老项在将灌装机软管接到成品罐上的阀门时，他图方便，随手拿起一个包装桶当垫脚凳。小夏出于好心，提醒这样不安全也不文明，是违规作业。可老项站在桶上像吃了火药，眼睛一瞪，劈头劈脸就骂：'狗拿耗子——多管闲事，要你管？'小夏也不示弱，你一言，他一语，两人差点就要动手，劝也劝不住。待我赶到后，吼了声'谁再讲一句，停工！'才将他们压住。"小鞠边说边将二人写的情况说明从笔记本中拿出，放在会议桌上。

待大家都在沉默思考的时候，我接过话说："小鞠主持得很好，吵架虽说是发生在他的节点上，却有一定的普遍性，管理过程中我们时常会碰到类似情况，今天我们不妨来场微辩论，各抒己见，共同来提高认识。"

"我先说，老项用包装桶作垫脚凳是违规操作，必须按规定处罚，罚一儆百。"聚合节点的小戴说。

"违规是一错，不听劝阻是二错，在车间吵架是三错，这种现象影响恶劣，是错上加错，不但要罚款，还要让他在学习会上做公开检查，消除负面影响。"

"检查、罚款都是必须的，我支持。那小夏有没有错？"我站在老项的角度反问道。

"这件事老项应负主要责任，这个责任不仅仅是他个人的，也是我们应负起的责任，如果教育员工养成好的习惯，就不会发生这样的事，反思起来，我们都有责任。"机修节点小江思考了很久，提出自己的观点，"小夏要负次要责任，如果她多一点耐心忍让，就不会发生这种争吵，以致影响正常生产秩序，产生负面效应。最后，我这个点长也要检讨，未从方便员工操作的角度去改进设备，会后我负责解决这个问题。"小江说完朝我看了看，眼神中透露出几分成熟。

"建议厂办设立一个调解小组，但凡今后再有类似情形或需要公司调解的，各人先缴 1000 元调解费。用经济杠杆来解决管理中的问题。"

……

听着大家你一言、他一语的辩论，我心里暗暗高兴，理不辩不明，话不说不清，这次辩论会要的就是这种效果啊！

"解铃还须系铃人，这件事你们继续辩论，今天我授权由小鞠当一天领导来处理好这件事！"

美国著名工业心理学家班尼士将领导定义为：创造一个令员工追求的前景和目标，再将它转化为大家的行为，以达成这个前景和目标。作为企业的"一把手"，面对复杂多变的局面，在关键时刻，抓住关键人，解决关键问题，激发起下属的授权体验，使他们感觉到并认可自己被授权，转而站在"一把手"的角度思考问题，努力去解决问题，就会激励创新行为，创造工作绩效，在改变与考验中付出、胜出。

态度决定一切，一旦团队的力量发动起来了，采取积极有效的应对措施，就没有解不开的锁、攻克不了的难题。

上下同欲者胜

一次，我随中国化工作家协会去延安采风，在郊区，我注意到一个陕北小孩赶着一只羊，腰间拴着一根羊鞭，两只小手呈"六"字，按在嘴上似在吹口哨，悠闲自得地向前走。一大群羊跟在这个小孩后面，温顺地向前走，山道上被踏得黄土飞扬。我驻足远眺，沉思：一大群羊居然被一个小孩驯得服服帖帖，是什么原因？瞬间，我的目光聚焦在走在前面的那只领头羊身上，感悟到了打开管理之门的钥匙：抓头头，头头抓。

在工厂，签下订单就等于立下军令状，绝无戏言。有一次，我们接到一笔订单：4个集装箱的货物，15天内交付。按我们现有的生产能力，原本应是"小菜一碟"，可计划不如变化，接到这批任务才两天，自来水厂就发来了停水通知。幸亏提前做了储备，我暗自捏了把汗。再细算时间，按时出货估计没问题，说不定还能提前一天。我和副总来到车间，看到一派繁忙景象，灌装机"噗嗤、噗嗤"地运转着，已经生产出来的成品堆得齐齐整整。

我刚从车间回到办公室，椅子还未坐稳，副总小殷风风火火闯了进来："刘总，灌装设备的气压泵曲轴突然断了！"

我似弹簧一般地蹦了起来，浑身一震：糟了，外贸出货怎么来得及啊！眼睛扫了扫面前的副总，向她发出命令："你就是用手一瓶一瓶地倒，也要保证准点出货！"

停水、设备故障……不可预见的因素虽然扰乱了正常的生产秩序，但最终这批订单还是按期完成。当晚，我美美地睡了个好觉。醒来后，想到那句"就是用手一瓶一瓶地倒，也要保证准点出货！"我情不自禁地笑了，原来自己这么冷酷、鲁莽，野蛮得一点道理都不讲！话又说回来，井无压力不出油，人无压力轻飘飘。我了解自己的副手，在一定压力之内是能将事情做好的，这就是退二进一法的另类信任激发。关键时刻，对下属下达指令容不得再三思考，不讲道理，甚至是"野蛮"，也是不得已而为之。在没有退路的悬崖边缘，管理者的意志就是胜利的保证。

"泽无水，困，君子以致命遂志。"说的是一个人处在困境中也要积极实现志愿，以生命相始终，身可死而志不可夺，虽困境仍不气馁。在生产经营活动中，面对风云变幻的市场，处处是危机和挑战，我们经常会碰到一些意想不到的事情，谁也不可能准确地预测明天会发生什么事情。

火车跑得快，全靠车头带。前进的道路不可能一帆风顺，遇到困难，管理者要拥有坚定必胜的信念和昂扬的精神状态，用良好的心力支撑带领团队。一级带着一级干,一级做给一级看,在企业内部营造一种"勇者文化",将压力传递到位,致心于一处,则无事不成。

作为企业领导者,如何放下架子和权力,真正赋能各级管理者,让大家都成为"动车组",是一个关键问题。但我们常看到的情况是,公司领导者往往是公司中最后知道坏消息的那个人。如果你试图拥有更大的权力,就要背上更大的责任;如果你试图拥有无限的权力,你就只能背负上所有的责任!

一地胶水

有一天下午,驾驶员老钱开着铲车,准备将刚灌装好的胶水从车间送往仓库。大概是开得快,加之转弯的缘故,托盘最上面的一桶胶被甩了下来,胶水洒在刚铺不久的水泥地上。老钱连忙将铲车停至一边,紧急处理,一边的员工见状也纷纷加入,很快,一地胶水被清理完毕,当事人也按有关规定进行了理赔,此事画上了一个句号。

几天后,我路过仓库,老远发现新铺的水泥地面有一片黑乎乎的印记,像一件新衣服上打了一块大补丁。随行的管委会主任小丁告诉我,原来是一地胶水留下的后遗症。这时,节点责任人大何正好迎面走来,小丁叫住大何,指着地面,请他负责告知老钱将地面清理干净,点长大何爽快地答应了。

可过了两天,地面上的胶液面貌依旧,只是颜色由深变浅,稍稍褪去一点。我不动声色地叫来小丁,带上不锈钢清洁球、水桶等工具,来到现场。我要亲自尝一尝变革"梨子"的味道。

我撸起袖子,抓住不锈钢清洁球,蘸上水,使劲地擦着洒在地上已干透的胶液,可黑斑真的"岿然不动"。我停了停,看了看,又换用一个清洁球，不蘸水，在另一端又开始一点一点擦起来，"哟，小丁，你看效果不错！"小丁眼明手快，忙抢过我手中的清洁球，蹲下身子擦了起来，"刘总，这片胶液能擦得掉，但费点劲。"他边说边使劲地擦着。"小丁啊，只要功夫深，铁棒也能磨成针。""是，是！"小丁边说边又擦了一大块。"小丁，你不要再擦了，这块地你得让大何带他的兵去擦掉，否则你有擦不完的地。"小丁站起来，豁然开朗，朝我点了点头。

我让小丁找来了点长大何。"大何，前两天那地上泼过胶的地方擦干净了没有？""刘总，当天我就将您的要求传达给老钱了。老钱下班后擦了半个多小时，怎么也擦不掉，后来找到我，我还去帮他擦了一阵，现场验证了一下，可也只是擦成现在的这样。刘总，咱们的胶质量太好了。"大何一脸无奈地解释。"是真的擦不掉？"我反问一句。我看着大何，耐心听着他的理由："刘总，真的擦不掉，我和老钱一起擦的，前后花了一个多小时呢……"

"大何，你不用再说了，你这个带兵的人，连擦地也有这么多理由，如果能擦干净了，你怎么说？"我一脸严肃。"小丁，这个擦地的任务就交给你！"说完我转身就走。

第二天早晨，点长晨会前，我将"六员大将"（六大节点责任人）集中到已清理干净的现场，来了个现场观摩。"同事们，今天我们点长晨会讨论三个问题：第一，这一地胶水能不能清理干净？第二，节点责任人的职责是什么？第三，能做好的事如何去做好？"我的话刚刚说完，昨天还振振有词的大何，主动深深鞠了一躬，说："刘总，这件事是我的错，我先检查。感谢你的这堂现场微培训课，用事实让我口服心服，使我真正明白了，一个认真工作的人，只能算称职，一个用心工作的人才能算优秀。节点管理中的那些问题要真正解决，就得用心，不怕费劲，从我们点长的责任开始，从我做起。"看着眼前的大何发自内心知错、认错，我嘴角露出一丝察觉不出来的微笑，心里暗自欢喜，栽树必培其根啊！

美国企业文化专家埃德加·沙因认为，如果组织的创立者或领导者没去设计那些强化机制的制度和程序，就有可能形成与公司发展阶段不一致的文化，或者从一开始就削弱了自己所奉行的假设或价值观的信息。知人者智。在这个案例中，我为了强化一种理念，在行动上往前迈了一大步，又往后退了一大步，目的就是用事实启发管理者思考自己的责任。成功的领导者，要把工作授权给员工去做，并把员工培养为团队的领导者，再让他们由领导者变为改革者、创新者。但现实中，人们总梦想着天边有一片玫瑰园，而不去欣赏今天就盛开在窗前的玫瑰。

"处无为之事，行不言之教。"管理者把自己的事情做好的关键是分而治之。一个能分清什么事情应该自己做，什么事情应该分给别人做的管理者，才是有效的管理者。

就进二退一法而言，管得少就是管得好，欲使员工最大限度地发挥才能、引爆潜能，不是"一把手"管理得越多越好，而是有的放矢地放权，有时甚至放权越多越好。因为只有放手，员工才能把事情做得更好，只有放手，员工才能独立自主、独当一面，企业才能更好地成长。心力管理，上下同欲，方可胜。

第三篇 市场与运营

记豆腐账法：关注营销员成长
倒走法：在竞争中打破常规
做馒头法：俘获客户的『芳心』
保温瓶法：应对不确定性
弯道法：跳出安全抓安全
不一般法：用成本管理建设自己的『护城河』

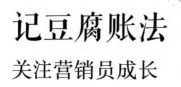

记豆腐账法
关注营销员成长

　　小时候乡下的村子里,有一家豆腐店,村里村外的人都到这家买豆腐。由于经常缺少现钱,于是就有不少人赊账,等到秋后或者还钱,或者用秋收的黄豆抵豆腐钱。开豆腐店的那家人不识字,就替欠豆腐钱的人记了"豆腐账",根据谐音,姓穆的就画根木棒子,姓王的就画个老虎头。谁欠账拿走一块豆腐,就画一个方块。到了年底,欠豆腐钱的人都会根据卖豆腐人所画的方块还钱,从来都"不差钱"。对"记豆腐账"这种朴素做法的记忆,使我联想到了对营销员的管理问题。

　　熟苹果先烂,这是自然规律。因为成熟的苹果生长已经趋停,新陈代谢也几近停止,若要保鲜,非得用特殊方法不可。营销员的管理同样如此。说起营销员,大家可能都会想到两个字——难管,这帮企业的"草头王、智多星、活财神、小王大圣",常常因"天高皇帝远"而"将在外军令有所不受"。有时甚至还会玩一通另类"三十六计",编个谎回来领个奖,骗得管理者团团转。往往因为他们的"风吹草动",企业经营活动就会"伤风感

冒",好像自然界的熟苹果,随时都潜藏着"腐烂"的危险。他们一般有以下几个特点:

一是四海为家,长期在外出差,很难控制。即使出差回来,也是来去匆匆,企业理念、企业文化在他们的脑海中往往很淡,甚至"事不关己,高高挂起"。

二是几乎是单兵或小团队作战,个体行动自由,独立性强,基本上是各管各,组织效能低,不利于企业统筹安排。

三是长期"浪迹江湖",见多识广,社会经验丰富,关系网复杂,使得企业管理难度大大提高,一旦某个营销员能在一个地区独当一面,企业将会面临潜在的市场风险。

四是由于在企业经营中具有特殊地位,他们难免会向"钱"看,大利大干,小利小干,无利不干,考核起来弹性也很大,不少人养成了只管自己"碗里有",不问企业"锅里有没有"的不良作风。

由于上述特点,营销员常常成为制约企业发展的瓶颈,收得太紧不利于市场开拓,放得过开又增加企业的潜在风险。正如黑石集团创始人苏世民在《我的经验与教训》一书中所说,每个企业都是一个封闭的集成系统,内部各个组成部分性能独特却又相互关联。优秀的管理者既要洞悉每个部分如何独立运行,也要熟知各部分之间如何相互协作。

那么,如何管住这群特殊的人才,防止营销这个特殊部门像熟苹果那样腐烂?这是现代企业经营管理中的难题。经过多年的实践探索和总结,"记豆腐账",即营销日记管理是黑松林实施的一剂颇为有效的"保鲜"灵药。

营销日记管理

无意识教育是与有意识教育相对而言的,就是教育者按照预定的内容和方案，在教育对象周围有意识地安排一系列事物，设定专门的环境，营造特定的氛围，引导被教育者去体验，以使他们潜移默化地受到教育。在营销员管理中，这种无意识教育大有用武之地。

我们结合营销员的特点，摒弃粗放的简单放权和"娇宠"式管理，在 OEC 管理法㊀基础上，研究设计出了营销日记的基本形式、主要内容和考核办法。

形式。专门设计营销工作日记本，每本 30 页左右，每天记一页，记完一本正好一个月时间。日记本扉页上印有"企业精神"和"六倡六戒"行为准则。营销员在出差途中天天记工作日记，管理者随机督查，形成自我管理和监管机制。

内容。工作日记列有时间、地点、天气情况，分为走访客户、销售品种、资金回笼、市场调查、当月分析等栏目。营销员每次出差必须先申报，市场部根据申报出差的时间、地点等开具出差通知单，安排营销员出差。出差途中，市场部对营销工作情况随时督查，营销员须用出差所在地的固定电话回复。营销员每次出差回公司后，工作日记、出差通知单、费用结算单连同市场信息反馈单一并交市场部审核把关。市场部每周小汇总，每月大汇总，对营销员"遥控"监管。

考核。每月 25 日，是规定的月度考核总结分析日，各区域营销责任人带着自行总结，核对好月度完成任务、资金回笼、市场信息、用户意见、个人建议等情况，进行工作汇报和营销日记交流。市场部通报全月营销形势、同行现状，依据月度考核公布工作实绩，并布置近期工作重点。最后，根据各营销员的工作实绩，全员评议月度最佳与最差营销员。对最佳营销员施以奖励，对最差营销员处以罚款，连续三个月被评为最差营销员的，

㊀ OEC 管理法（overall every control and clear），就是每人每天对每件事进行全方位的控制和清理，目的是"日事日毕，日清日高"。

将被调岗甚至待岗。年底，市场部与营销员共同进行等级评议，依此来决定营销员的年度奖惩。

营销日记就像一根管理者手中的风筝线，不管风筝飞得多高多远，总能控制得住，能为市场部有效管理市场和管理者决策提供市场依据，实现组织效能统筹管理。更主要的是，它通过这种潜移默化的力量，客观上使得企业文化、企业精神在每个营销员的脑海深处扎下了根。

营销员角色转换

正如一位教育家所说，如果父母能帮助子女养成记日记的好习惯，家教就等于成功了一半。"营销日记管理法"力图对公司内勤员工与外勤员工实施同步管理，实际上是用管理内勤员工的形式管理外勤员工，使制度就像影子一样，人走到哪里就跟到哪里，对营销员的行为进行有效规范，让营销员们天天自查、自问、自答：今天该做什么？不该做什么？要解决什么？要做好什么？需注意什么？等等。在一定程度上解决了外勤员工难管的问题。

当然，要真正实现既"管"住营销员，又能激发他们的创造性，就要充分重视培养他们的主人翁意识，创造条件实现营销员的角色转换，用文化引领和制度规范，造就一支有道德、有纪律、敬业创新、诚信守法的企业营销员队伍。

首先，必须尊重营销员的意见、建议，让作为被管理者的营销员参与整个制度的讨论和制定。"营销日记管理细则"规定的内容、标准，有很多来自一线营销员。黑松林曾多次召开意见征求会，只要营销员提的意见合理，就尽量采纳。这样，对自己参与制定的制度印象会更深刻，营销员感觉就像与公司之间达成了一种契约，规则成为无须提醒的自我要求，执行的自觉性也大为增强。

其次，要坚持严格执行制度规定的内容，有错必纠，违者必罚，做到月月考核结算，月月奖励兑现，并将"营销日记"作为年终评优的重要依据，形成以自我约束力为前提的环环相扣的管理链。同时，在制定制度时努力贴近营销员工作场景，让大家天天有抓手、时时有抓手、事事有抓手。刚性的制度加上充实的工作，久而久之，根植于心，营销员自然而然就会养成习惯，自动完成角色转换，认真执行。

最后，采用动态制度管理帮助营销员实现自我角色的转换。在管理过程中，企业根据制度执行情况、市场状态和营销员的建议，对"有效管理细则"进行必要的修订完善，使之逐步地从以约束、限制为主，转向以激励、驱动为主，充分发挥营销员的主观能动性。

通过"营销日记管理法"实现营销员的角色转换，持续地将刚性压力转化为营销员的内心自律，既巩固了销售渠道，减少了销售风险，加快了资金周转，又稳定了营销队伍，培养了忠诚的营销员，从而使区域营销责任人实施自我管理，主动担当，成为企业销售的"侦察兵"、市场信息的"情报员"、用户服务的"保育员"。

苏世民曾说过，极少有人能在首次推介中完成销售。你对一些事物有信念，并不意味着其他人也愿意接受。你要能一次又一次坚定地推销你的愿景。大多数人不喜欢改变，所以你需要说服他们为什么要接受改变。要让自己的营销员去说服和黏住客户，企业管理者首先要有勇气和能力去说服自己的营销员。"营销日记管理法"，就是我们努力与营销员达成的思维一致、行动协同、利益共享、共创共赢的良好机制。

管理者用心沟通

无论什么样的企业，员工只有融入企业"大家庭"中，才能最大限度地实现自己的价值。同样，企业只有最大限度地凝聚员工的力量，才能实现持续成长。实际上，企业和管理者如何"出牌"很重要。

沙因认为，管理者实施企业文化管理的一个有效方法，是有意识地对员工进行角色示范、讲授以及指导，因为他们知道哪些行为对企业的价值观来说是重要的。黑松林实施以营销员为本的营销日记管理过程，也是沙因所说的文化管理过程。

在黑松林，营销管理者每个月不管多忙，都要抽查每位营销员的营销日记一两次，通过这种方式向营销员传递感情、传递信息、传递指令。查阅过程中，管理者要像老师批阅作业写评语那样，对营销员工作日记中的重要记事内容，画上一两道粗线以示关注；对于一些好的思路、做法，还会画个"红双圈"，写几句眉批，以示激励表扬；对于那些分析粗浅、记载马虎、语焉不详的工作日记，要毫不留情地打上个大问号，提醒营销员自省自纠。当然，固定的一对一和一对多的交流，也是常做的功课。

这样，营销日记达成了管理者和营销员心与心的沟通、思想与思想的碰撞，使营销员逐渐养成善于把握市场与客户，善于捕捉灵感的好习惯。通过持续的信息互通与沟通交流，公司能随时掌握员工"动""静"两方面情况，同时增强了营销员的责任感和事业心，提升了营销员的素质，提高了营销工作的透明度。"今日事今日毕，每天少看一小时电视，多写一小时营销日记"已成为营销员的必修课和基础管理模式。

实践证明，黑松林的"营销日记管理法"将理念转变为故事，将观念变为员工手中的工具，练就了一支高素质的营销队伍，实现了由人员推销向"素质营销""形象营销""心力营销"的全面升级。"营销日记管理法"这一创新实践，给企业带来了活力，实现了营销管理的"仓库零库存、销售零余款、营销员零宕款"的三零目标。

践行最重要

一天上午，我来到市场部，随手拿起桌上一本营销日记翻看，日记中"某区域成老板移情他厂，决定改销另一品牌产品……"牵住了我的视线。继续往下看，"主要原因是知名度越高，价格透明度也高，经销商赚不到钱……"我轻轻合上日记，静静放下，眼前仿佛笼罩着一层缥缈的雾霾。

回到办公室，我让市场部部长找来这本日记的主人——新聘营销员小杨。

"哟，咱们'洋洋得意'什么时候回来的？"

"刘总，昨天晚上刚回来，这次我可是'洋洋失意'哦！"小杨双手往膝盖上一摊。

"成老板那边究竟怎么回事？"

小杨更加垂头丧气："成老板已经快一个月没要货啦，这次我专门去拜访他，他进货去了。我就到他家仓库看了一下，堆的全是另外一个厂家的产品。"小杨边说边摇头，还不忘邀功："我灵机一动，赶快掏出香烟发给成老板店里的员工，人家才偷偷告诉我，我们的产品质量不错，牌子也响，就是价格偏高，老板说赚不到钱。"

"哦，原来是这回事，那你和成老板沟通得如何？"我微笑着问道。

"我在他店里等了两个多小时，人还没回来，我就给他打了个电话，成老板很圆滑，明明我们的货在仓库里已没多少了，可他却说等卖完了再联系。唉，这桩生意肯定要泡汤了！"小杨鼻腔叹出无奈。

"那就不可能做下去啰！"

"可……可能很难。"

"小杨啊，做生意如同写文章，一句话还没写完整，你就要画上句号，当然语气不通喽！"我心生感慨，小杨却有些丈二和尚摸不着头脑。"看过三顾茅庐的故事吗？刘备带着关羽、张飞三上隆中，几经曲折，诸葛亮终被刘备的诚意打动。竞争中经销商有想法，这是正常的。靠一两次登门、两三个电话，就能改变一个人的选择吗？"

小杨昂着头，脖子伸得老长，眼睛直勾勾地看着我。

"小杨啊，你不缺胳膊不缺腿，不缺鼻子不缺嘴，缺什么，自己知道吗？缺少的是信念！"我的语气有些严厉起来，"你是有专业知识的新型营销员，刚下到市场呛几口水就胆怯了，是不是？市场很残酷，客户很挑剔，可别死在前行的路上，你一定要往前走！"

我边说边走到窗前，打开窗户，"千万不要心浮气躁，那扇门即使叩不开，但有可能拉得开；即使不可能拉开，但有可能推得开。只要是门，总有打开的办法，只要是客户，总能敲开他的需求之门，千万不要亲手将阳光拒之门外呀！"

我还没说完，小杨的眉头慢慢舒展开来……

麦当劳的核心价值观是"品质、服务、清洁、价值"，克洛克曾说："如果我每重复一次'品质、服务、清洁、价值'就有一块砖块，那么我累积的砖块说不定可以在大西洋上建一座桥了。"持怀疑态度的人可能会说："所有的公司不是都这么说吗？"但麦当劳的独特之处在于说到做到，公司从创立之初，就定期根据"品质、服务、清洁、价值"标准对各家分店进行考核，而且克洛克和高层管理团队成员会亲自视察各家分店，考核结果对分店经理的奖金具有举足轻重的影响。无法达到标准的分店经理，可能会失去经营权限或遭到开除。

汤姆·彼得斯等在《追求卓越》一书中引述了一位员工 17 岁时在麦当劳工读的情形："现在回想起来，让我印象深刻的是，麦当劳对品质的坚持。他们总是采用最好的牛肉，什么都要用最好的。"他继续说道："如果薯条稍微炸焦一点，就整批丢掉……如果不小心戳破汉堡的面包外皮（这是常见的问题,当新进人员在处理好几千个面包时,特别容易戳破面包外皮),也会丢掉。"

麦当劳的故事告诉我们一个道理:管理的理念可以很简洁,管理的方法可以很朴素,要紧的是管理者要把它们当回事,并通过各种途径传递给员工,在工作中坚持、坚持、再坚持,不断践行,终成正果。正如黑松林坚持了几十年的晨训制度一样,每天早晨,全体员工统一着装,提前十分钟到广场集合,高声齐诵"企业精神""质量方针"等,黑松林团队高昂振奋的士气,总能引来不少来厂的客户和路边行人驻足观望。这样的制度,可谓简单之极。但把这样简简单单的制度,几十年如一日地执行下去,就是不简单,这才是制度管理和由制度养成文化的真谛。

其实,真理都是朴素的,营销日记就是从"记豆腐账"发展而来的,它的本质在于"真实、勿忘、行动"。有了这三条,管理就入心了!

如今,随着时代的变化,营销日记已从昨天的手写演变成手写与电脑或手机录入相结合了。营销日记不仅使管理者能及时了解工作中出现的问题和遇到的困难,以及员工情绪的变化,还可以鼓舞士气,持续推进营销工作上台阶,这既解决了问题,又点燃了员工心中的火种,形成强大的精神力量,推进企业实现宏伟目标。

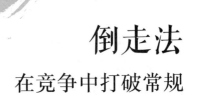

倒走法
在竞争中打破常规

倒走又称倒行、倒退走,是一种反序运动,也是一种很好的锻炼方式,对身体益处多多。例如,通畅气血,改善腰部血液循环,加速组织新陈代谢等。而在经营中运用"倒走法",不拘一格,不重眼前、看重未来,恰如大卫·尤费在《战略思维:乔布斯、格鲁夫和盖茨的5条长赢法则》中提到的"向前看,向回推理"战略法则。将"倒走法"应用于经营实践中,把心力管理的方法论延伸到经营中,"用心经营,经营到心(里)",有助于让管理者感到轻松愉悦!

倒骑毛驴:柳暗花明又一村

在辩论"先有鸡还是先有蛋"的命题时,人们总能列举一大堆论据,却无法辩出个所以然。与此类似,企业在与经销商协调产品销售价格的问题上,如果一味围绕涨与不涨、让利与不让利、新价格与老价格之类的问题交谈，容易出现从早上说到天黑、嘴巴说干了也无济于事的局面，不利于解决问题。相反，采取倒走的办法，沟通时不去论鸡与蛋，而是说鸡是鸡，说蛋就是蛋，让经销商理解并认同自己与企业"同船共渡"，反倒能四两拨千斤，敲开对方的心扉。

如今，国内外胶粘剂品牌多如过江之鲫，在潮涨潮落捉摸不定的竞争中，一个企业无论走得多么顺利，都会遇到意想不到的狂风巨浪。适者生存，如何适应这个多变的社会，如何面临危机时化"危"为"机"，对企业的生存和发展而言是非常重要的。当下，市场原材料大幅涨价，越是这个时候，越要告诫自己必须临危不乱，保持清醒。为了稳住现有市场，适应产品涨价的过渡期，寻求前进的办法，我决定去拜访几个大客户。

"刘总，怎么开了这么长时间的车，到现在才来？"刚停好车，早已守候在宾馆的陈老板一脸微笑迎上前。

"不好意思，陈老板，让你久等了！"我看了看手表，"哇！都快一点钟了，看样子，这汽车和我一样，心情有点沉啊。"我幽默地说道。

"沉什么沉？刘总，你到我这里来，就没心情不好的时候，来来来，接风酒一喝，心旷神怡！""不急不急，咱们先到房内坐一会儿，洗个脸，喝杯水。"我一把拽住陈老板，他似乎早有准备，话中带话："行，一切听你的！"

一进房间，还不等坐下，陈老板就来了个开门见山："刘总，不管你下个月怎么调价，这个月必须原价供应我一百吨产品。我先申明，这是替你们厂家去天女散花，也要让我的客户适应过渡啊。""商量着办，商量着办。"我赔着一脸的笑，说道："既然你我是一条船上的人，就得同船共渡，这次咱们一起过几十天的苦日子！"

"怎么说？"陈老板倾过身子，放下手中的茶杯。"这一百吨产品，我原价给你！"我顿了顿，只见对方一脸得意。"不过，这批货的返利，你内部消化好不好？"我按着手中的茶杯，眼神如聚光灯般地盯着陈老板。陈老板仰着头，两眼看着天花板上的吊灯，心里在盘算他的生意经。

"怎么了，陈老板，我肚里唱空城计了，你可别给我演空城计呀！"我抓起他的茶杯顺势递上，"茶杯一端，凡事放宽，这次咱们就都让市场惩罚一次，各打五十大板，都挨点痛！好了，我们不谈是先有鸡还是先有蛋的问题了，讨论一下接下来吃什么。"我诙谐地笑道。

"你太聪明了，怪不得人人都说你聪明脑袋不长毛呀！"陈老板连声感叹。"喝酒去，今天我买单！"这番交流过后，我像刚刚结束一场倒走，全身轻松，陈老板也没有吃亏，我们两人达成双赢。

做生意当然谋求多赚钱。有人期望随行就市，水涨船高；有人既要马儿跑，又要马儿不吃草。其实，都是想从别人的口袋里掏出钱来，放进自己的腰包。最好的做法是寻找一种魔术般的双赢解决方案，让你在谈判中获胜，同时也让对方觉得赢了。

有一个人骑驴远游，出发时心情很好，走着走着烦恼和不快就来了。因为他前面走着的是几个骑高头大马的人，让他自惭形秽。一位老者看见他不悦的脸色，问道："你为什么不倒骑驴试试？"他狐疑地转过身去，顿时豁然开朗：面前的行人，有些什么也没骑，有些背着沉重的行李，累得汗流浃背……

经营企业，不快和烦恼随时会袭来，面对困难时，倘若我们一时无法改变现状，就不妨听那位老者的话，先改变自己，转过身去。这样一来，我们就不会执迷于现状，从而走出另一片天地。

倒踢紫金冠：不做冤家做亲家

"小腿贴到后脑勺，小腿关节微曲，胸腰成弓状弧形"，舞蹈中的这个高难度动作被称为"倒踢紫金冠",常见于芭蕾舞中,看似反常的动作,俨然成为舞蹈中的经典,给人以独特的美感。经营企业也是如此。随着竞争日趋白热化,一家企业想要生存下去,就得树立与今天的市场相适应的新营销理念,有一双"远视眼",不拘泥常规,与同行不做对手做朋友,彼此成就,达成双赢。

又一届"中国广州国际胶粘剂展览会"开幕了,不知是缘分还是天意,我们的展位居然与平时的竞争对手安排在一起,两个"冤家"成了门对门的邻居。我还未坐下,老远看见对门的林总从他的展位走过来。何不来个化"敌"为友?

"林总!"我边喊着边上前握住他的手,"难得碰面,到我们这儿坐坐!""好!好!"林总也是个爽快人,边说边走过来,和我坐到同一条板凳上。

一阵寒暄,我话语一转,指着对面展位上的样桶:"你们这个包装设计得不错!""还行。""这个桶在你们那儿需要多少钱?"我旁敲侧击地询问。"8块多。""8块多啊。"我耳朵在听,心里已经拨起了算盘。

"刘总,这两年生意很难做呀,什么都在涨,利润都快被淹没了。"林总倒着苦水,脸似苦瓜。"是啊,咱们同病相怜,现在价格透明度太高,经销商算账又精,搞得我们同行操戈了。"我话题一转。

"是啊!经销商不是拿你打我,就是拿我压你。你说,一桶胶只卖这点钱还要压价。"林总双手一摊。"本是同根生,我们为什么不一起把价格涨上去?"我睁大眼睛看着他。"涨价?""对啊!大家按游戏规则走,为了微利生存一起涨,从下个月开始,先涨6%,行不行?"我顿了顿说:"行!""一言为定!"

一拍即合,协同调价,如夜空的一道闪光,瞬间照亮了我,也照亮了林总。我们的心情就像雨后的阳光,洁净而灿烂。人就是这样,一旦以

"倒走法"跳出既定的"竞争"思维，在走出一步天地宽的"温情脉脉"交流中接受"竞合"的新见解，就会迎来一片新天地。

有一个关于狮子、熊和狐狸的寓言故事，说的是饥饿的狮子和熊同时抓到一只小羊羔，为了抢夺猎物，它们展开了激烈的厮杀，结果双双负重伤倒地。一只狐狸见此情景，便跑过去把羊羔抢走了，而伤势严重的狮子和熊眼睁睁地看着狐狸美滋滋地吃着羊羔，毫无办法，唉声叹气地说：我俩真不应该斗得你死我活，早知这样还不如一人一半呢！

尽管"商场如战场"，但最锋利的武器并不是"刀枪"，而是客户和同行等从心灵深处对你的认同与接受。对企业来说，表面上看，每吃到一块市场的"蛋糕"都是与对手竞争得来的，实际上市场之大、同业之多，你不可能做到垄断，每时每刻会有第三者、第四者窥视着，要想永远不与他人发生冲突是不现实的。同时，如果市场上没有竞争的话，企业的运营、流程和体系创新都会缺失。因为没有竞争意识，没有压力，就不可能有创新。所以，市场需要竞争，竞争有利于"强身健体"。

有竞争是好事，而"倒走"思维则告诉我们，不妨跳出常规惯性思维，与其付出"争斗成本"，不如把对手当朋友，向竞争对手学习，把竞争者当盟友、当老师，不做冤家做亲家，心平气和，共存共赢，这样才会有意外收获。

倒拔垂杨柳：反其道而行

很多时候，成功并非属于跑得最快的人，而是属于跑得久的人。"倒走法"告诉我们，人后退着行走时，动作频率较慢，但可自行调节步伐，体力消耗也不大，这项运动很适合一些不宜做剧烈运动的人。其实，企业有时也需要试试"倒走"，我们处在全球经济高速发展的大环境中，市场这块大"蛋糕"，大家都在争着吃，都想多吃、吃好。用什么方法能保证自己吃到"蛋糕"并吃得好呢？这是解决企业生存和发展问题的关键。

一次，我接到一份国内某著名公司发出的邀请函，约我去上海洽谈水基胶的合作事宜。俗话说：耳听为虚，眼见为实。一踏进该公司的接待室，我便被他们的市场网络分布图震撼到了，图上密密麻麻分布着一万多个营销网点，让我非常心动！

谈判桌上，合作方的市场部部长赫先生一方面"居高临下"，向我亮出他们的优势；另一方面询问产品、品质、规格、价格等一系列问题，一道一道、一环一环的。"刘总，你看我们如何合作？"说了半天，赫先生突然一个球踢到我的面前。

"赫先生，中国有句话，好马配好鞍。我们可以强强联合，在不重复投资的情况下，用我们现有基础的生产、技术优势加你们的市场优势，会产生'1+1>2'的效应。"

"是，是。"

"既然这样，我们就不要在产品上兜圈子、在价格上绕弯子了，这样浪费时间。"我巷子里面扛木头——直来直去。

"那采取什么形式？"赫先生动了动身子，身体稍稍前倾。

"我想，我今天不是来卖产品的，是来卖'生产力'的。"我的脑子里闪现出街心花园里晨练者倒走的情形，一个反其道而行之的想法浮现在脑海中："我们换一种思维方式来合作，变卖产品为代加工产品，技术、质量由我们保证，原辅材料按市场价，双方按生产通知单需要量确认，产品规格、质量指标等由你们确定，我们减少中间环节，按吨收取加工费，怎么样？"

"嗯，咱们刘总坦诚，这种合作方式好！"对方公司的"一把手"终于开了尊口，露出一脸灿烂的笑容。

"愚者赚今天，智者赚明天。"日本拉链大王吉田忠雄说：不为别人的利益着想，就不会有自己企业的繁荣。做生意是互利的，数字经济时代，如帕克等在《平台革命：改变世界的商业模式》一书中所说，企业的战略定位从原来掌握独有的内部资源和构筑有竞争力的壁垒，逐渐转变为调动外部资源和激发社群的活力。基于此，外部资源与内部资源之间也不再是相互取代，而通常是互补关系，企业之间基于互补战略的合作越来越频繁，卖"生产力"就成为一种十分有效的经营模式。

如今，经营企业已不是简单的、单兵作战式的优胜劣汰了。因此，公司领导者一定要有长远的目光，突破思维定式，以自身优势吸引合作者，相互信任，坦诚竞合。只有多为别人着想，才能赢得自己企业的发展和昌盛，获得预期的成功。

反弹琵琶：发挥人的主观作用

如果人生是一场球赛，那么在我看来，上半场追求的是成功，下半场追求的则是意义。当然，这个"意义"一定是建立在企业坚强的经营能力基础上的。一个企业能从最初生产产品，发展到输出成套设备与技术，这是企业继续发展的一种超越、一种突破。

我们和国外某企业进行的成套设备与技术出让的洽谈经历了一年多的时间。该企业的负责人三进"山城"，专门来企业，该看的都看了，该问的都问了，该谈的都谈了，协议也早签了，就是只听楼板响，不见人下来，预付金迟迟未汇过来。

春节前，我去安徽拜访客户。途中遭遇一场大雪，高速封道，大桥禁行，虽说离目的地一江之隔，车子却苦等摆渡船近三个小时，还未能排上号。唉！一声叹息，我耐着性子边看着书，边不时地看看近在咫尺却难以逾越的长江。就在这时，国外企业的负责人给我打来电话，他想在第二天回国前与我在上海见面，做最后的洽谈。挂掉电话后，我看着江对面那远处白雪中透出的片片绿，似报春的使者冲我微笑，我的心情舒畅了许多。

穿雪地，绕高速，风雨兼程，赶到上海已是华灯初上，温馨的大酒店门口，负责人布诺伲和中介公司王总前来迎接我。

"刘总，客户对贵企业提供的成套设备和产品小样非常满意，预付金迟迟未汇，关键是担心该成套设备与技术批量生产出的产品品质能否与提供的样品一致。"一见面，王总便单刀直入，将客户的疑虑提出来。一边的布诺伲眼睛睁得像铜钱，一动不动地看着我。我淡淡一笑："那好办，咱们倒着走。"

"怎么说？"布诺伲听到我说的新名词，眼睛发亮，急切地用生硬的中文一字一顿地问。

"中国有句古话，'做了亲，合了心'。你不是担心我的设备和技术生产出的产品的品质吗？检验产品的标准是市场和客户，那你可以先订购一批我的用同样的设备和技术做出来的产品，把我们的产品拿到你们的国内市场去销售，让其他客户看一看品质，满意了我们就履行合同，这就是中国的倒走法。"我边说边将右手放在左手上。

"不谋而合！"王总笑道。"Yes! OK！"布诺伲更是喜出望外，太阳眼顷刻变成月亮眼，一脸的春风，伸出双手握住我还没暖过来的双手，"先订两个集装箱的货，回去就打款！"我将布诺伲的双手握得紧紧的，像是如胶似漆的老朋友。

实践告诉我们，解决问题不能以比划"石头、剪刀、布"来决胜负，如果两个人都出剪刀的话，这样会没有结果。曾听过这样一个故事，大师带领几位徒弟参禅布道。徒弟说："师父，我们听说你会很多法术，能不能让我们见识一下。"师父说："好吧，我给你们露一手移山大法吧，我把对面那座山移过来。"说着师父开始打坐，一个时辰过去了，对面的山仍在对面。徒弟问："师父，山怎么不过来呢？"师父不慌不忙地说："既然山不过来，那么我们就过去。"说着站起来，走到对面的山上。

其实，世上并无什么移山之术，唯一能够移动山的方法就是，山不过来，我就过去。能够学会"过去"，就是学会了一种本领、一种智慧。优秀的管理者不是天生的，而是后天磨砺的结果。他们好学不倦，永无止境。

随着全球经济一体化，国内外之间的合作更为慎重。慎重是一种成熟，国外客户提出的"样品好不能说明批量产品也好"在情理之中，这恰恰说明我们还没找到成功合作、相互信任的方式。说得好不如做得好，采取"倒走法"，让国外客户先卖产品，让市场去检验我们的产品和技术，最后让市场说话。这样，心病消除了，国外客户护在胸口的那只手就会自己拿掉，合作便能"面带春风"。

儿时初学放风筝，认为只有顺着风跑才能让风筝飞起来。可是，当我第一次顺着风跑的时候，手中放飞的风筝很快就被风吹落在地上。后来，一位老者告诉我，放风筝不是顺着风跑，而是要逆着风跑，逆风才能把风筝放飞到高高的天空中。做企业，向前走是走，倒着走也是走，不管怎样走，最后能走向胜利的走法，才是好的走法。

做馒头法
俘获客户的"芳心"

"噼噼啪,噼噼啪,大家来打麦,麦子多,麦子好,磨面做馒头,馒头甜,馒头香……"这是我儿时所唱的童谣,至今难以忘怀。

做馒头是家乡的年俗。小时候跟着母亲学做馒头,一些烫缸、焐缸,揉面、发面,揉猪油、放橘皮,蒸馒头锅内水要大开的情景、窍门记忆犹新。一次,我跟在母亲身后学做馒头,突然发现母亲在发面里揉进了一小块猪油,我好奇地问为什么,母亲两眼眯笑着告诉我,这样蒸出来的馒头,不仅洁白、松软,而且味香,那种自信神秘的笑容深深地刻在我的脑海里。

其实,做好企业就像做好馒头一样,不仅要知其然,还要知其所以然。作为一名管理者,如何以心为本,将传统管理经验与现代管理知识"杂交",将生活中蒸馒头的实用技术化为日常工作中管理创新的方法,把企业这个"大馒头"做得松软劲道、漂亮可口、色香味俱全,这是一个值得研究的课题。

面对危机快速转身

在我念初中时的一个春节，家中蒸好的馒头在出笼时却发现个个都是黄色的。蒸雾中，母亲伸手抓起一个馒头看了看，一言不发，老练地用手掰了一点放在嘴里嚼了嚼，她两眼微闭，似一位临危不慌的将军，麻利地将蒸笼搬下，在蒸锅水里加了三汤匙食醋，后又蒸了十多分钟，再看时馒头已变得又白又胖。

经营企业就如同做馒头。白白胖胖的馒头会因放碱过多而变黄，企业也会面临不可避免的危机或挑战，如何做好危机处理，寻找生机？母亲昔日蒸馒头的经验智慧给了我今天战胜困难和危机的信心与勇气。

由于各种复杂的外部原因，出口的订单一度成了发酵不足的"面团"，业务量锐减。面对危机，我们没有束手无策，坐以待毙，而是冷静思考，以积极的心态认真分析、研究市场走势，摸准市场脉搏，根据国家有关扩大内需的政策，将国外市场的"馒头"放到国内市场这个"锅"中蒸，挖掘潜在市场，全员营销，突破困境，同时积蓄力量，找准突破口，及时发现和捕捉新商机，在危机中与国内外同行合作定牌生产，并在弥补外贸出口不足的基础上，实施有效创新，开发新产品，将所有的墙壁变成门，创新开发了环保节能、防流淌的高粘水性胶等高新技术产品，使企业走出危机的阴影，飞跃需求不足的困境，练就一副硬翅膀，在蓝天白云里自由翱翔，重新蒸出白白胖胖的香馒头。

钢铁大王卡内基曾说过，朝着既定目标走下去是"志"，一鼓作气，中途不放弃是"气"，两者结合起来就是志气，一切事业的成败皆取决于此。面对危机引发的"馒头黄了"，我们需要钢铁般的意志、灵动如水的智慧，不言败，不放弃，临危不慌，做自己命运的主人；不能像被困在屋内的蝴蝶，漫无边际地乱飞乱折腾。

突围需要冷静理智，用敏锐的穿透力"聚焦、击穿"，找到飞出去的窗口，飞跃经济危机带来的负效应，飞向光明。相反，急于突围，盲目乱飞，会撞得头破血流，即使侥幸冲出窗外，也会遍体鳞伤，元气大伤。

"你们的素质，五星级的"

做馒头有很多学问。比如，面团发酵得好坏，能对馒头的色、香、味、形起决定性作用。当面团发酵恰到好处时，它会膨松胀发，具有弹性，即使用手按下了一个坑，也会慢慢鼓起。用这样的面团做出的馒头会更惹人喜爱。

前不久，国外某公司委派三个人来我厂实地考察合作之事，其中有个"老外"是个中国通，普通话说得比我好。在听我介绍企业的发展规划时，他兴致勃勃，时不时还插上几句话。忽然，有手机铃声响起，"不好意思，请稍等！""老外"打了个招呼，侧身接电话。"机票订好了？好，等我记一下。"他的话音刚落，眼明手快的办公室主任小胡已递上一张纸，老外连连点头，拿起笔。生怕纸被风吹走，我又急忙起身用手将纸压住，以便打电话的"老外"写字。挂掉电话后，"老外"微笑着朝我竖起大拇指，一字一顿地说："你们的素质，五星级的！"

情感在自然流露的时候往往更打动人。及时递过去一张纸、用手压住防止写字的时候纸张移动……这些微不足道的小事，对处于"相亲"阶段的合作伙伴来说，可令情感快速发酵。

看一家企业，不可能一下子看到它的全部，但透过细节则可管中窥豹。酒店管理有一个"15/5 规则"：当客人离自己 15 步远时，员工要与对方用眼神接触，并面带微笑；当客人离自己 5 步远时，在保持与客人眼神接触的同时，要说"早上好""晚上好"或"欢迎光临"等礼貌用语。工厂员工的素质水平、服务能力应向酒店员工看齐。

良好的服务，与产品质量一样，都是真正打动客户，提高客户粘性的关键所在。

某一年的春节前，黑松林收到来自江都大桥一家木具厂的来信，信中反映他们在清查仓库时，发现两桶40千克装、已过保质期的木工乳胶，于是抱着试试看的态度询问能否调换。黑松林的副厂长二话没说，当即带上两桶刚生产的木工乳胶换回了过期产品。在客户服务方面，黑松林秉持的理念是："任何产品都会过期，可为客户的服务不应该过期。"

汤姆·彼得斯等在《追求卓越》一书中讲到美国最棒的汽车销售员吉拉德，他在总结自己的销售经验时表示："有一件事许多销售员都做不到，但是我做到了，那就是我坚信销售其实始于售后，而不是售前……顾客还没走出大门，我的儿子就已经写好感谢惠顾的卡片了。我每个月寄出的卡片超过 13 000 张。"

黑松林的做法，与吉拉德有异曲同工之妙。为客户换了两桶过期胶，真正换来的不是过期的产品，而是企业的商誉，并借此拴住了客户的心。一个企业，追求的不应只是自营业务短期收入或利润最大化，而应是与客户建立长期的信任关系。你只要全心全意、真心诚意地为客户服务，客户总会有所报答。相反，如果你对客户不敬，就会丢掉商誉、自酿苦酒。纵观世界范围内企业发展的历史，许多企业就是这样或者由于无知，或者由于肤浅，或者因为傲慢，或者因为组织僵化，而声名扫地，自毁长城。这样的企业，岂能持续成长？

一个企业无论对内管理还是对外合作，如果都能将"五星级标准"应用于日常管理，不流于形式，而是让服务理念流淌在每个员工的心中，企业做出来的"馒头"一定会白净滋润，精气神十足，用手拍敲，定会"嘭嘭"作响。

有温度的心力营销

发面最适宜的温度是 27～30℃。但是，若条件不允许，则应该结合自然条件，运用不同水温来进行调节。蒸馒头时，锅内水的温度是关键，必须用冷水加热，逐渐升温，使馒头坯子均匀受热，这样蒸出的馒头才会既松软又筋道。如果急于求成，一开始就用热水来蒸，馒头反而会夹生。发面和水温的启示就是，我们要在服务客户中运用新思维、新模式，在营销活动中学会"走心"，从"心力管理"走向"心力营销"。

管理大师彼得·圣吉曾提到过美国的第七世代公司，这家公司的销售额超过 1 亿美元，但员工人数不到 100 人。这是如何实现的呢？答案是通过建设"自我延伸的人际开发关系"。正如第七世代公司高管巴尔内姆所说，"我们与关键业务伙伴的关系，远不仅仅是出于业务方便而建立的联姻关系"，而是一个更多体现了自然系统运行方式的商业模式——通过建设共生关系网络而成长。关键是慢慢建立起来的这种关系，可以让大家真正互相了解，知道对每个人来说究竟什么才是真正重要的。因此，通过共同目标网络来发展业务，既可以延伸到客户，又可以延伸到供应商。围绕客户带来的积极影响开展教育活动，是第七世代公司商业模式的核心。

直面当下的市场挑战，第七世代公司倡导通过"自我延伸的人际开发关系"建设"共生关系网络"，使我深受启发。我们这些传统制造业企业还未完全在互联网的"上半场"中摸清门道，这"下半场"的大幕又已徐徐拉开。但是，不管外部环境如何变化，客户永远是企业经营管理的重要抓手，企业要牵住市场这个"牛鼻子"，从了解、理解、聚焦客户开始，在人心上下功夫，开展一系列有针对性的举措，接地气、心气、人气。

平实的、有温度的营销方式可以给人留下深刻的印象。在产品的箱子里，黑松林会放入一些小礼品，真切、坦诚的互动是联系企业与客户之间情谊的纽带。这些年，黑松林经常组织召开"能工巧匠新春茶话会""产品质量座谈会""新产品发布会"，加深客户对黑松林产品的感性认识。2016年时逢黑松林建成30周年，黑松林将老客户请到公司座谈，并组织"三十载风雨兼程，话感恩五日游桂林山水"的活动，与客户分享喜悦。

冯仑在《小道理：分寸之间》这本书里提到，钱心跟着人心走。财的聚散有个"心"在里面，心和人有关，全世界最有智慧的人往往都是先研究人心和制度，然后才能反过来驾驭金钱的。

前年秋天，我和三弟刘鹏旋回故乡宜兴，老家卖石材的魏老板热情接待了我们。席间，魏老板给我讲了他亲身经历的一个真实故事，好似给我上了一堂MBA营销课。

十年前的一个傍晚，他的店门口突然停了一辆小车，走下一胖一瘦两个中年人，询问了几个样品的石材，放下了一张名片就走了。魏老板并没当一回事，因为这种情况见多了，这时他的夫人便责怪他说："你这个人做生意怎么像石板一样，人家上门来，既不招呼人家坐一坐，水也不倒一杯，现在都快六点了，不管生意成不成，留人家吃个便饭，方便以后做生意嘛！"魏老板听后，觉得夫人说得有道理，骑上摩托车就去追汽车，摩托车哪有汽车快，他边骑边打电话，硬是追了十多里路，终于在一个路边饭店追上了刚刚的上门客。客人被他的真诚感动了，不但做了一笔不小的生意，如今还成了生意上的忘年交。营销是科学加艺术，科学的部分是理性，而艺术的部分则是感性。目之所及总是有限，唯有心深邃、宽广，深入到尘世间的任何地方，心与心的距离才会越来越近，心力营销才会得人心、得市场。

心力营销是行动而非理念，更是物质不可取代、金钱不能置换的。有一次我在安徽出差，当天刚好是铜陵的吴老板的生日。我处理好手头事，买了一盒鲜奶蛋糕，外加一束鲜花，驱车一百多公里，赶到了吴老板的店里。吴老板愣住了，原来他连自己的生日都忘记了。"一个企业为一个客户忠心服务，你肯定会获得一百个新客户。""经营之神"松下幸之助如是说。

当然，数字经济时代的营销一定不同于工业时代。如果做老板的认知还停留在把产品卖出去、比对手多卖一点儿上，那就不是营销，只能称之为销售。新时代的商业活动追求的是共生，而不是你死我活。心力营销不仅要对客户走心，也要对共同赖以生存的市场环境走心，需要每一位从业者用自身的大格局，共同做大整个行业乃至整个经济体的增长空间。

心力营销，需要高素质的经营者与时俱进，不断提高经营过程中的判断力、开发过程中的想象力、管理过程中的认知力、沟通过程中的情感力、不确定中的适应力，见常人所不能见，知常人所不能知，行常人所不能行。

心力营销，需要有心、用心、真心走进客户的心里，俘获客户的"芳心"，还要让客户心随你动，彼此互动，共生共长。

人性化经营

曾有人说过："如果有弯下腰来系鞋带的聪明，你就会有摘下星星的本领。"做企业可喻为做馒头，一个管理者面对市场的挑战、客户的挑剔等不适合发面的"温度"，要及时发现问题、分析问题。倘若室温过低，就用热水和面，再盖上小棉袄放置于暖和的地方，或许就能变不利为有利。我一直在黑松林倡导"人性化经营"，就是受"热水和面"的启发。

所谓人性化经营，是指企业要跳出狭隘的产品销售思维乃至市场开拓思维，树立全新的营销理念，透过产品和服务的表面去发现与挖掘更深的意蕴，在卖产品的同时，通过周到的服务购买客户的忠诚，只有这样，企业才能在为客户创造价值的同时，实现自身的价值。

从企业实践来看，人性化经营的核心是情感营销与情感服务。现代心理学研究认为，情感因素是人们接收信息、打开与外界沟通、建立持续关系的"阀门"。情感营销与服务需要从客户的情感注入着手。情感营销的核心，是通过相关活动建立与客户情感上的联系，从而使他们产生对企业产品与服务的心理认同。相关研究表明，情感营销能够用情感互动，让企业的产品与服务获得口碑和声誉，继而赢得更高的忠诚度，让产品品牌有更高的业务价值。在情感营销中，对客户来说，产品与服务都是外在的，而来自情感营销的真实情感体验是内在的；情感服务是在情感营销之后，再次强化个人在情绪和知识上的认知，客户会得到一种完全不同于一般商业营销的体验。

人性化经营的一个重要举措，就是注重建立并不断利用大数据手段完善客户档案，借此深入开展情感营销。比如，每个客户的生日有专人负责，能当面祝贺的，一定要见面；即使是千里之外的客户，因为交通不便，我们也要快递一束鲜花或一份生日蛋糕，以表达黑松林人的祝福，这样的活动已成为黑松林情感营销的规范动作。假如偶尔有疏忽，责任人就要"负荆请罪"，除补上心意外，自己还要掏腰包买上一份小纪念品以示歉意。

某一年春节前的一周，我启程去安徽拜访客户，没想到，一场纷纷扬扬的大雪阻断了道路，被迫中途折回。人虽回到公司，心里总不踏实，觉得欠了人情债。想到每年此时自己出现在客户门口时他们的那种期盼和热情，我决意雪停之后再出发，这个"早年"一定要拜。转天，看到我顶风冒雪来拜早年，客户非常感动，拉着我的手动情地说："春节后你一定过来谈谈心，明年我要买车送货，争取销量翻一番！"

人们总是喜欢与尊重别人的人、平易近人的人交往。我倾向先交朋友，再做生意。先理解客户的情感、心理需求，超越纯粹的买卖关系，抛却利益因素，让客户感受你这个人的价值，取得客户信任，实实在在把客户当成生活中不可或缺的知心朋友，彼此倾吐肺腑之言，站在对方的角度思考问题，互相体恤爱护，朋友交成了，生意自然水到渠成，合作伙伴关系就会稳固长久。

仔细想想，情感真是个微妙的东西。客户生日送鲜花和蛋糕，顶风冒雪去拜年，是我们于细微之处的一点点心力投入，是企业向客户表示的情意、心意和谢意，是用细节去"俘虏"客户。送一份生日礼物看似无声，其实是有声的，这个声音就回荡在客户的心里。这种从关注细节开始，用情感撮合，以爱心铺势，用温情渲染的服务意义深远，会给本来就心情愉悦的客户增添几分喜气，达成企业与客户之间的心灵"零距离"。

企业赢得了客户，就能实现双赢。赢得客户，关键要与客户建立良好持久的亲和关系，有了这层"亲和"关系，才能与客户构建长久的利益共同体。客户接受了你的企业、品牌和服务，就会对企业产生厚爱和信赖，这才是最成功的营销。

所以，当企业向客户销售产品时，最大的挑战不是能否销售一种好产品，而是能否基于"人性化经营"思维提供周到的服务。只有当你怀着一颗真诚的心去倾听客户的心声，调动客户的情绪，让客户在不知不觉中对企业产生情感时，客户才会同样以真诚的心对待你，和你做生意，并长期合作下去。

再好的商业策略和管理模式，都要靠真情服务来检验。最终，客户会用真金白银来"投票"，告诉你每一家公司在行业中的影响力和地位。

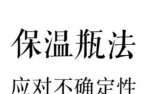

保温瓶法
应对不确定性

如何居安思危，如何在市场的寒冬中学会"保温"，一直是让我警醒并探索的核心管理法则。

无论原地踏步，还是逆势飞扬，企业总得活下去。就像在战争中，只要没有战死，活下去的士兵最后也许就是将军。企业内外部永远存在诸多不确定性，远的是多年前的金融危机，近的是当前的国际环境……我认为，应对环境的不确定性，可以运用保温瓶的保温原理，努力夯实自身的"确定性"，无论外部天气如何恶劣，只要保住自身热量不散失、保持瓶中水的温度，企业就能突破困境活下来。

"设圈"保温，提升危机意识

有一次，公司的八个集装箱面临暂停出港的命运。经过几番艰难谈判，终于与外贸公司谈妥处理办法。临回来时，我将竞争对手留在外贸公司的好几种样品带回工厂,在会议室的一角摆成一圈,中间放上"黑松林"的产品。员工们看着这阵势,议论纷纷,不知我卖的什么关子。

"这些都是我们的同行生产的同类产品。"我开门见山,"大家已通过媒体了解到当前形势,今天不是我在设这个圈,而是告诉大家,我们身陷冬天的包围圈;要认识危机,学会在冬天里游泳,强身健体保温,使自己不沉下去,我们才能走出这个圈,度过冬天!"

一些没有出过远门的员工,看到这么多的同类产品,先是惊讶,后是倒吸冷气。一位员工说,原先我们只顾忙生产,如今看来,不但要埋头拉车,还要抬头看路啊!

标杆管理由美国施乐公司在1979年首创,说的是企业把自己的产品或经营管理方式与先进企业进行比较,学人之长,克己之短,从而提高企业的竞争力。设圈,就是未雨绸缪,启发大家用标杆管理的方法感知竞争,与同行企业对照、比较、分析,寻找差距、学习借鉴、重新思考,多想几种突围方式,多练几手冬泳的本领,在冬天里不断寻求新的突破,构筑适合本企业生存与发展的硬环境和软环境,做好过冬的准备。

面对外部不确定性,企业需要做的就是强化自身能力,做一只不锈钢包装的保温瓶,把握关键,固本强基,保持自身的温度,经受冬天的考验,蓄势待发。

在古龙的武侠小说中,有一门功夫叫"嫁衣神功",据说它极其高深,但是修炼者本人无法使用,只有将自己的功力转嫁给别人,才能发挥出来。设圈正是另类的"嫁衣神功"。设圈,是进取者为冬泳保温设置的自我保护圈,是给昨天画上一个句点,给明天设定一个起点。

"织衣"保温,定制御寒衣裳

寒冷的冬天,企业要想不被冻死,首先要保住生命的温度,想方设法准备好过冬的保温材料，编织为市场量身定制的御寒衣，拥有忠诚的客户。好比鸟儿在冬天来临之前要换上厚实的羽毛一样，千方百计保持身体的温度，使经营不"感冒"，才能顺利过冬。

在外部环境变差时，一些企业为获得生存机会而采取"落叶"的方法，将工厂生产中"聚合"这一原材料价格波动较大、安全隐患多的工序砍掉，采取借锅煮饭的方式在外代工。与此同时，强化自身在销售上的优势，用乘法扩大市场求生存、求发展。

一天，我和一位王老板签下加工合作协议"大单"。王老板突然向我提出要到生产线看一看。我陪他从车间四楼的溶解看到三楼的聚合，再走到二楼的复配，王老板赞不绝口："贵厂的设备、工艺流程布局得真好！"

在一楼参观时，王老板对工厂的灌装机看得出神。"'咔嗒'一声，一个小包装就搞定了。刘总，你们这机器哪儿买的？真方便！"

"这是我们买回来自己改装的。"

"我们工厂规模小，还是人海战术，现在还全部用手工灌装呢！"

"喔，喔……"我随口附和。

"刘总能不能帮我们搞一台？"王老板铺陈了半天，突然话题一转，直接向我提出了他想得到的东西。

"哈哈……没关系，做了亲，合了心，我送一台灌装机给你！"

"真的！""说话当钱用！"我似运筹帷幄的指挥员，毫不犹豫。"谢谢，刘总，明天我回去就把一季度的订金先汇给你！"

市场环境不好时，保持一定的占有率，是企业保温过冬最实在的棉衣。这时，就必须学会采用各种可能方法与友商建立战略联盟，合伙闯关、抱团取暖。我主动送设备，帮助王老板提高效率，降低生产成本，就是为双方"织衣"取暖，找到合作双赢的结合点，为公司找到发展的空间。

"借火"保温，强化品牌形象

保温瓶的工作原理是保持瓶内的热水温度，断绝内外热交换，使瓶内的"热"出不去，瓶外的"冷"进不来。面对危机，除强化外部合作外，也要进一步下沉到市场一线，通过走市场、访客户，在寻找客户尚未得到满足的潜在需求中，提前感受"春风拂面"。

一次去山东市场走访客户，我特地到装饰市场"走马看花"，了解一下同行产品的基本情况。一圈下来，我嘴里未说，怀里却似揣了只兔子。时代发展真快，几个月未看市场，新企业、新品牌、新包装、新设计就如雨后春笋般冒出来了。

"陈老板，好忙啊——"与我同行的区域负责人小周，老远就向我们在当地的总经销商打招呼。"嘿，什么风把刘总吹过来啦！"陈老板开口就是生意人的精明柔韧。一阵寒暄后，我们坐在陈老板的办公室里，陈老板为我们倒了杯冒着丝丝热气的茶。

"陈老板，虽说咱们合作时间不长，你近几个月的销售可不错嘛，谢谢你对黑松林的厚爱！"我送上几句"舒心话"。

"相互支持，我得感谢缘分，感谢与黑松林结缘！不过，刘总，你们的包装得考虑与时俱进呀！"陈老板顺手拿来我们的一桶胶，一点不客气："你看，还穿的是老一套，灰不溜秋的，现在街上流行红裙子，市场流行多彩的彩印啰！"陈老板风趣幽默的批评，让我脸上一阵火辣辣的。看看自己公司的产品包装，的确如此。"刘总，您到整个市场看看，货卖一张皮，尽管你们的品牌、品质都好，但适应消费潮流才是真正的好！"陈老板扫机关枪似的一番话，虽不讲企业美学的大道理，却有着美学的灵魂，似一阵清新的春风拂过我的脸。

我内心一震，蓦然站起："陈老板的批评可是适应市场竞争的忠言啊！"

我紧紧握着陈老板的手，感谢中多了一份感悟。古人云："行动有三分财气。"陈老板的一番话比真金白银还值钱啊！回公司后不久，一种新的包装、标识迅速推向了市场，蓝天下一片隐隐约约的橄榄绿——黑松林，橘红色的品牌，独特的图案，清新、亮丽、充满了活力和吸引力……

亚马逊创始人杰夫·贝佐斯曾说："我总是提醒大家，每天早起都应当充满危机感。这种危机感不是来自对手，而是来自客户。客户是我们的衣食父母，客户成就了我们的业务发展，我们要对客户负责，要对客户永远保持敬畏。"

一个经营者好比航海中的船长，无法改变来自客户的"风向"，但可以提前观察，及时调整风帆。在寒冬里，更要保持头脑清醒，不断深入市场，了解客户的各种需求，认真听取客户意见，包括抱怨和批评，闻过即改，调整创新，找到一条在困难情况下的存活之道，找到市场竞争的最优质的"保温材料"。

数字经济时代，企业变化的速度必须跟上客户点击鼠标的速度，跟不上这个速度，客户就不会给你投票，企业就将被淘汰。因此，未来企业之间的竞争，本质上是客户选择权的竞争。

"抱团"取温，温润员工心田

各种不确定因素的叠加，让众多企业感受到阵阵寒意，裁员、减薪、怨言四起，谁将笑傲江湖，笑到最后？老式保温瓶也叫暖水瓶，暖水瓶之所以保温，是因为暖水瓶内胆用双层玻璃制成，两层玻璃都镀上了银，好像镜子一样，能把热射线反射回去。同时，两层玻璃之间被抽成真空，破坏了对流传导的条件，再加上暖水瓶瓶口用软木塞阻止冷热空气的对流，就可以长久地保温了。企业与员工就是两层镀了银的玻璃做成的一只瓶胆，经营者只要完善地把寒气逼近的三条路挡住，敬天爱人，关爱员工，热度就可以长久保留，企业大家庭就能抱团取温。

在一个没有太阳的冬日，我和区域经理去安徽给客户拜年。快上午11点了，天还像刚醒来似的，阴阴沉沉的，我坐在车上，习惯地看着书。"刘总，前面是咱们送货的车。"驾驶员小周低声对我说。"按个喇叭赶到他们前面去。"我合上书，透过车窗，两眼盯着前方，"嘀嘀……"前面的货车司机小吴见是自家的车，也按响了回应的喇叭，用驾驶员独有的方式相互招呼着。我降下车窗，一阵寒风吹进车内，仿佛在我的心里汇成旋涡，我朝小吴大声说："前面服务区见！""哦……"小吴也大声回应我，我用心疼的眼神盯着反光镜中渐渐消失在视线里的货车，员工在我的心里啊！

"来来来，小吴，这是你喜欢的鸭煲。小夏，这是你最喜欢的水煮鱼片……"在服务区里，我摆下了难得的招待宴，依照我对他们口味的了解，不停地往他们的碗里夹着鸭腿、鱼片。"来来来，多吃菜，暖暖身子！"我笑吟吟地边夹着菜，边不断和同伴们嬉笑着。"刘总，吃不下了……"小吴边说边用手捂着碗。"谢谢刘总！"服务区的这顿饭，吃得人心里暖和，身上不凉。我们欢快和谐的气氛吸引了邻桌的眼光，一位黝黑的驾驶员不停地用羡慕的眼光看着我们："嘿，这个老板真好……"阳光照进的一角，牵牵扯扯之间，有滋有味地上演着服务区里的开心招待宴。

任正非曾说："人才不是华为的核心竞争力，对人才进行有效管理的能力，才是企业的核心竞争力。"现代管理心理学研究成果表明，即使工资、奖金、福利和生活压力等因素充分发挥效能，也只能调动员工积极性的60%，另外的40%需要经营者以自己卓越的行为来调动。服务区里的招待宴，种下的不是个人的恩惠，而是一个组织爱的基因，就像那裹在热水瓶软木塞上的一层软布，真正关心自身发展的企业领导者要经常思考，用"利他之心"从关心员工开始，把员工当宝贝。眼下尽管经济环境给企业带来了不利影响，但只要把"珍视员工"作为经营的理念，坚持将员工利益与企业利益相统一，用心力播种爱，融化员工的心，就能真正获得员工的认同感，暖水瓶内的"热"就散不出去，从而让企业和员工一起活下去。

近年，为进一步夯实基础管理，耕好心田，更好地增强日常工作中岗位责任人的主体责任，有效提升员工素养，黑松林围绕"人人都是主人翁、人人都是管理者、人人都是责任人、人人都是传道士"的"四个人人"自我管理目标，夯实着力点，把共同的价值追求转化为企业健康、持续发展的思想和行动，在全公司范围内开展了三个月的管理"整改提升"活动。该活动要求全体员工从思想深处解剖自己、提高自身、苦练内功、强化责任、尽职履职、积极作为，把自己能做好的事做好，把细节做精。

"整改提升"活动的核心工作是明确厂部负责人、管理人员和节点点长、一线员工等层面的具体整改措施。在厂部负责人层面，一是做好示范，注重人心的培育和引导员工养成好习惯；二是在管理上围绕"严、细、实、快"下足功夫，做到标准、流程、考核三点一线；三是客观理性分析各自以及分管部门存在的问题，深挖细查，增强意识，提升管理水平。在管理人员和节点点长层面，一是努力学习，提升业务知识和管理水平；二是自动自发把职责范围内的工作做好；三是持续改进，积极推进部门管理和节点自治立新破旧，不断提升。在一线员工层面，一是围绕安全重点岗位的班前岗位进行安全警示教育，提高安全意识，规范作业，确保安全生产万无一失；二是以精益生产为标准，从严现场管理，提升工作质量；三是通过认真记录工作日记、安环警示教育记录、工艺操作记录等，培养一丝不苟的工作作风。

为巩固"整改提升"效果，黑松林又开展了"整改、巩固、再提升"活动，以彻底改变现场管理现状，不断理顺、优化管理流程。经过全体黑松林人四个多月的共同努力，黑松林的"整改提升"活动取得了较好实效："关注细节、快速反应、马上行动"的工作作风得以持续强化，"安全环保是企业的头等大事"理念深入人心，主体责任得到进一步落实；现场 7S 管理日趋精益化，清洁生产已基本成为员工的行为习惯和思维方式；节点自治模式不断完善，自我管理意识不断增强，"我的岗位我做主"处处彰显，"人人都是主人翁、人人都是管理者、人人都是责任人、人人都是传道士"的"四个人人"自我管理目标渐次生根、开花、结果。

在活动总结表彰时，黑松林提炼了埋头苦干的黄牛精神、负重前行的骆驼精神、一岗多能的万能胶精神、精耕细作的务实精神、一丝不苟的工匠精神、永不褪色的标杆精神等六种精神，以及主人翁意识、管理者意识、责任人意识、传道士意识等四种意识，这些精神和意识成为全体员工工作的指南。这就是黑松林内部的"抱团取温"。

没有蹚不过去的河，没有爬不过去的山。危机也罢，经济衰退也罢，作为一家小企业，我们无法预测未来，但我们只要像稻盛和夫说的那样，越萧条越要勇敢地活下去，用心力凝聚力量，我们就一定能够成为明天的胜者。

弯道法

跳出安全抓安全

如果细心观察就会发现,高速公路上并不全是直道,甚至明明可以修成直道的地方,会修成一个回旋式的弯道。

难道高速公路不追求更快的速度吗?在高速公路上,一般直道不会超过10公里,这是为了提高驾驶员的注意力。如果驾驶员一直在直道上行驶,疲劳感会慢慢增强,反应也会变得迟缓,容易发生事故。因此,适当设计一些弯道,能使驾驶员保持头脑清醒,避免因惯性而造成视觉上的疲劳,减少事故的发生。

安全生产才能安全发展。在实施企业安全管理过程中,管理者不妨跳出安全抓安全,像设计高速公路那样,打破常规思维方式,在员工的心灵深处设计一个安全弯道,让员工树立正确的安全价值观,从而将安全生产转化为入脑入心的自觉行动。

设个弯道，警醒每一天

上海地铁一号线看上去并没有什么特别的地方，可直到二号线投入运营时，人们经过对比才发现，一号线在入口处多垒了三个台阶、一个弯道，台阶可以挡住雨水，弯道则挡住了风，节约了能源。细想想，弯道设计看似增加施工成本，还造成进出不够畅快，但这种成本对安全生产起到了重要的保障作用。

黑松林生产区大门口，有座直径近一米的安全双环钟。一大一小两个圆圈构成钟的主体，内圈标示月份，外圈标示日期，指针正指着当天。红绿黄三色磁铁分别代表事故、安全、隐患，以标示当天的安全生产情况，这是对全厂安全状况的警示。右下方的记载栏里，还有安全巡检、督查的情况。当日值勤的安全员，每两个小时对全厂安全生产进行一次检查，巡检、督查人员不定时抽查，天天如此。一天下来，记载栏里便写满了巡检和督查人员随时记载的安全生产情况，随时提醒每个员工：安全生产从我做起，从每一天的工作做起，从每一个细节做起。

安全双环钟的创意源于一则新闻。1995年6月24日晚上，我照例坐在电视机前收看《新闻联播》，突然一个熟悉的名称跃入我的耳际：广东东莞台湾鞋宝有限公司因管理不善，电器短路迸发的火花引起火灾，损失惨重。看着荧屏上火光冲天的画面，作为同行的我，怎能不触景生情，不寒而栗？！夜里躺在床上，我看着时钟一圈又一圈地走到天亮，一个安全双环钟的构思在我的脑海中逐渐清晰起来。

话说回来，形式永远是为内容服务的。安全双环钟是黑松林人用形象的方式，为每一天的安全生产筑起一道防护墙，就好像在地铁入口处增加一处弯道一样，在员工心灵中设个"弯道"，引导他们走进安全管理的门槛，由门外人变成门里人，每人轮流"坐庄"，轮值安全班。通过分层管理、分责管理、分权管理的方式，构建安全管理体系，营造有利于全员讲安全的环境和氛围。

安全双环钟操作起来有点"烦"，巡检和督查工作也像故意给员工多派的活，就像笔直的高速公路设了几道弯，但在长期实践中，这些有意为之的"弯道"，却极大增强了全体员工安全生产的自觉意识，它的背后是以安全文化实现人本管理，引导员工自动自发、自觉自愿地执行安全标准，培养员工有条不紊的习惯，实现安全生产每一天。

企业要防止生产事故，提高安全生产的系数，只有全员参与、全员行动，形成以预防为主而非事事把关检查的安全意识，建立有效的考核制度和督查制度，把安全责任落实到每个岗位、每个员工，形成安全管理网络，使每个生产环节都处于安全状态，这样才能从根本上清除隐患。

"工欲善其事，必先利其器"。安全双环钟就是安全管理的"器"，是管理战场上的"兵法"，只有对"兵法"深刻理解并恰当巧妙地运用，才能做好安全管理这个"事"。

拐弯抹角，关注每一件事

中央电视台科教频道的一期《科技之光》向观众提出一个问题：A、B两个小球在同样的高度同时释放，A球在下凹的曲线轨道上滚动，B球在平直的轨道上滚动，哪个球先到达终点？多数人会认为，两者初始和终点能量都一样，应该同时到达。若考虑到摩擦阻力，走曲线的路程长，阻力消耗的能量大，还可能落后一些。其实不然，演示的结果是A球先到达，"曲线最快"给了我很多启示。

一天，我发现办公楼前的草坪边有三只烟蒂，欲"捡"又止，脑海中闪现出一个"曲线最快"的想法。于是，我令办公室主任通知当日安全值班员与安监部门开会。人到齐后，我一言不发，带头围着草坪转起了圈，与会人员一个个跟着我绕着草坪走。起初，大家有点丈二和尚——摸不着头脑。半圈下来，一位部门负责人突然发现一只烟蒂刺目地躺在地上，忙拾了起来。大家好像顿悟到什么，目光都注视到地上，终于，另外两只烟蒂也被拾起。此时，我郑重地宣布：今天的安全会到此结束。

现场安全管理强调全员参与，走直线确实快捷，花五分钟去教育，或者按规章惩罚，便可了事。转圈游戏虽有点转弯抹角，但走更长的曲线，让大家去寻找问题，能使文化感悟渗透到每个人的头脑中，督促和启发员工用自己的眼睛去观察问题，这是安全管理的重要部分，是走进员工心灵的"通行证"，能起到"直道"达不到的效果。实践证明，安全生产的认识圈一旦扩大，就能更清楚地知道圈内的更多内容。安全管理中一些看似简单的小事，比如厂区违规吸烟、乱扔烟蒂等，如果不去正视，不愿意花时间走曲线去解决，就会在不经意间造成难以挽回的损失。

安全是第一管理。就现代企业的安全管理而言，规则和制度一定是首要的，但不可能用旧的规则和制度来解决新的问题或长期未能解决的问题。回到上面的实验，看起来小球走曲线路程长，但走更长的曲线反而比直线更快，那是因为走曲线时势能转化为动能，使平均速度更快了。了解了这一点所蕴含的哲理，就掌握了管理的智慧！

曲线行走，温暖每一个人

管理科学告诉我们，有些问题用直线求解很难得到预期的效果。如果走个弯道，采取迂回的方法，往往会有意想不到的收获。这时，管理者需要思考的是，管理是否把握了规律，是否关注了人性，是否考虑到了影响管理的更多甚至所有要素。

锅炉房是化工企业动力系统的心脏，为避免事故，黑松林制定了司炉工"六不准"制度，其中一条是上班不准喝酒。然而，制度也有失效的时候。早年，锅炉房有一位技术精湛的老师傅，事业心很强，但脾气暴躁，喜欢喝酒，算是一个隐患。如何指导他安全生产、倡导安全生活方式，是一个有待解决的难题。

安全工作只有从细节入手，才能春风化雨润心田。这好比驶往彼岸的渡船，不能直线航行，需要根据水速和风速对航线进行曲线处理。一个星期天，副厂长带上几瓶酒来到了这位老师傅的家中，语重心长地对他说："厂长知道你喜欢喝酒，今天专门给你送酒来了。他希望你支持他的工作，让你下班后在家慢慢喝。好吗？"一句"好吗"，使这位老师傅很感动，当即表示按安全规程办事，上班坚决不喝酒。我们用曲线处理式的送酒，融化心灵，变说教为体验，变要我安全为我要安全，使企业的共同价值观融入制度，产生了"我敬老工人一尺，老工人敬企业一丈"的积极效应。

制度能制约员工的行为，但不一定能换来员工的忠诚。有些制度的制定，出发点是好的，但能否使人打心里服气、自觉地执行，就涉及管理意识的问题。对一些年长的老员工来说，几十年的嗜好，要改变的确很难，他们会不理解，或者带着抵触情绪从而影响工作。管理管什么？除用制度"一刀切"之外，更要关注个性，因为不同的人有不同的思想，不同的人需要不同的处理艺术、体验方式。安全工作中，员工若失去了积极态度支持下的主动，也会失去责任心和创造力。

安全是一条线，一头连着企业，另一头连着员工。安全生产不仅关系到企业利益，更关系到每个员工家庭的幸福。管子说："政之所兴，在顺民心。政之所废，在逆民心。"要让员工认识到安全关乎企业、也关乎自身，要让员工发自内心地接受企业提出的种种安全条例，就要好好地对待员工，满足他们希望得到关爱的心理要求：在他们工作出色之际给予肯定，在有困惑时给予关爱。送几瓶酒只是表示一份心意、一丝温暖，你尊重别人，别人便会以责任来回报你。

多转几个弯，防患每一个环节

俗话说：人有人性，虎有虎性。生产中的危险源也是一只"老虎"，要想安全发展，就得摸透老虎的脾气，像驯虎者那样熟悉情况，摸透规律，并针对可能发生的事故，制订好应急预案。这样，安全这只"老虎"也可和平相处。

几年前，一家化工机械厂的严总率领十几名精兵强将来黑松林参观。一行人走到配料间，看到一位员工正戴着口罩，麻利地拉开化纤袋的封口线，将里面的松香树脂倒入一条特制的布袋。

"刘总，为什么要多一道工序，将原装袋换成布袋啊，是不是为了保密？"严总神秘兮兮地问我。我诙谐地说："进了门就是一家人，房门都让你进了，对你还有什么保密的呀！"

"那为什么要换包装袋？""为了安全！溶剂型胶粘剂使用的溶剂都是易挥发、易燃的一级危险品，化纤袋在投料时会有万分之零点一的概率产生静电，投料过程中万一产生静电就会引起火灾，甚至爆炸。"我一脸沉重，一声感叹："给自己添点麻烦，多增加一道工序，看上去就像走路多转了个弯、慢了，从长远看其实是快了。"

"是啊，化工企业如一座火药库，不出事故就是最大的效益！"严总感叹着赞同。

企业文化建设的核心是把信念转化成行为，每位员工都要依据公司阐述的价值观来决定如何行动。安全生产不是口号、心动，而是行为、行动。

它如同多米诺骨牌一样，一点轻微的晃动就会导致企业崩溃，甚至倾家荡产。静电是老虎，隐藏于细节之中，更显可怕。然而，只要你摸透了它的习性，不怕弯多路远，把工夫花在预防上，事故完全可以避免。

有一个故事，说的是有个人在朋友家做客时，发现主人家厨房的烟囱做得很直，一烧饭就直冒火星，而灶门旁还堆着许多柴草。他立刻劝主人把烟囱改成弯曲的，把柴草搬得离灶远一点，这样不易引起火灾。主人听了，全当耳边风。不久，这人家里果然失火了，幸亏邻居及时赶来，才把大火扑灭。事后，主人设宴酬谢救火的邻居。这时，有人对他说，如果你早听那位客人的话，就不会发生这场火灾，更不用备酒席了，为何不请那个劝你改造烟囱、搬走柴草的人呢？主人听后赶紧将那位客人请来，敬为上宾。

沙因在谈到企业领导者如何影响企业文化时，把"领导者对关键事件和组织危机的反应"作为一项重要指标。他认为，如何界定危机是一个感知的问题，外部环境中的那些危机可能存在也可能并不存在，而那些被组织界定为危机的情况本身往往是组织文化的一种体现。心智决定安全。安全生产，不怕一"弯"，就怕万一啊！

不一般法
用成本管理建设自己的"护城河"

一般与特殊是一对矛盾,又是相互依存的两个方面。在企业从小到大的发展过程中,把握好这对矛盾非常重要。

一般产品,就是大众化产品。尽管不少企业青睐高科技产品,但由于受到主客观条件的限制,多数中小企业还是以生产一般产品为主。如何使一般产品实现不一般的发展,从一般发展中寻求"特殊"的不一般发展,以使企业在成长中逐渐成熟,是一个值得探讨的问题。

没有企业是完美的,正如没有人是完美的,没有道路是完美的。做企业跟做人一样,也是一场旅行。你不去做、不去走,光依靠想是想不明白的,只有做了、走了才明白。黑松林的做法就是,以"不一般"的成本管理来制造一般产品,通过成本管理能力筑牢企业的"护城河"。

风中的木桶

一个企业要让每个员工都成为"老板"不太现实,但可以让每个员工都具备"老板"的心态。管理中的"理",就是想办法从根本上改变一件事,改变一个人、一群人。

石油、电、煤的价格是化工企业效益的"晴雨表"。有一段时间,成品油价格噌噌上涨,紧接着电价也开始叫涨。我紧急就此召开部门负责人会议,期望大家共同面对市场的挑战,寻找对策,分解压力。

"小吕,你是市场部部长,先谈谈你的想法!"看着面前的一班人像霜打了的茄子似的低头不语,我开始点兵点将。小吕毕竟初出茅庐,面对这样的场面还有几分胆怯,脸一红:"等我想一会儿!""谁先说说?"我有意拉长了声音。

"大家不要沉默,市场挑战已来,关键是我们如何面对,先听我说个故事吧。"我有意岔开话题,调节一下会议气氛。

"故事的名字叫《风中的木桶》。一个小男孩在父亲的葡萄酒厂看守橡木桶,他很勤奋,每天晚上都会用抹布将一个个木桶擦得干干净净,一排排堆放好。有一天,风将他排得整整齐齐的木桶吹得东倒西歪,小男孩委屈地哭了。这时,他的父亲走了过来,摸着小男孩的头说:'孩子别伤心,我们可以想办法去征服风。'"

"小男孩擦干眼泪,坐在木桶边开始思考。这天晚上,他从井里挑来一担担的水,倒进那些空桶里才回家。第二天,天刚蒙蒙亮,小男孩就匆匆爬起来,跑到放木桶的地方去查看,橡木桶依然整整齐齐,一个都没有被风吹倒。小男孩高兴地笑了,他对父亲说:'木桶要想不被风吹倒,就要加重自己的重量。'"

"这个小男孩说得有没有道理啊?"看着大家慢慢松弛下来的神态,我笑着将话锋一转,"同志们,虽说这次成品油大幅度提价,但若要与国际油价接轨,接下来还将面临一轮一轮的上涨,企业的生产成本和费用还会增加。我们改变不了油价的涨跌,但我们可以像故事中的小男孩那样改变自己!"我顿了顿,只见大家一双双眼睛都看着我。

"刘总,我们不会被风刮倒!会后我就和各部门沟通,请财务配合算出既能让客户接受又能让客户满意的涨价幅度,提前沟通,与客户同船共渡。"小吕的发言掷地有声。

"目前,我们改进工艺已初见成效,原搅拌生产的30多小时可缩短至6～8小时,我们努力节能减排。""我们锅炉房让煤耗再下降3个百分点,我们努力!"大家沸腾了,每个人都在给自己的桶中加水、加重,一场化解危机的紧急会议变成了一次集思广益的对策会。

心力管理,是要把黑松林办成一所育人的学校,它与传统意义上的学校不同,是通过营造育人的氛围,使企业成为养成教育的学堂。

《经济日报》原总编辑艾丰在给我的《漫话企业细节管理》一书写序时说:用讲故事的办法反映"以人为本"的管理,最为直观,最为亲切,也最有说服力。其实,做企业也就是讲故事,刻板的事实、老套的说教、无聊的数字对员工来说已不灵光,也不管用了。而换一种思维,用生动而简明的故事打动人,故事就会像胶水一样,能把员工与企业粘合在一起,这是团队的、系统的、机构的力量,这种各部门的力量相加会产生看不见的"道"的力量。

我们改变不了风,但我们可以改变自己,这就是我们的"不一般"。

裁判与教练

有人说,企业的领导者既是裁判又是教练,而在我眼中,企业的领导者更应是教练。因为当裁判比较省事,只要在赛场上裁定参与者是否违反比赛规则即可;而教练则不同,不仅要考虑如何运用比赛规则,更要考虑如何帮助自己的队员提高战术能力,利用战术取胜。

一天，我路过机修车间，一阵叮叮当当的打铁声由远而近，我透过窗户只见机修班长小江半蹲在一块铁板旁，一手拿着一根烧得通红的圆钢，一手用锤子在锤打。哟，机修间没有炉子，圆钢怎么变红的？我出于好奇轻轻走到小江旁边："嘿，咱们江班在干什么呀？""刘总，买来的铸铁窨井盖，明天要铺设，我在做一根撬棒。""咱们江班考虑工作蛮周到。"我边夸奖着小江，边话锋一转，"是氧气烧红的吧。"我瞟了一眼竖在一旁的氧气瓶和割枪说。小江点点头，两只眼睛直直地看着我。"小伙子，咱们可是同行，我也是机械出身，你算算这根撬棒要烧多少氧气才能做成呀，依我看，消耗掉的氧气可买到好几根撬棒啰！"我简洁且切中要害，明确表达了我的想法。小江惭愧地站在那里，像个不会撒谎的孩子，下意识地把手捂在胸口的位置。"到大炉间烧一下，撬棒不就成了！"我轻轻拍了一下小江的头，"还不快去！"小江红着脸，朝我露出了一口小白牙，拾起家伙逃一般地窜了出去。

成本管理，不仅仅是一般的理论问题，更重要的是"不一般"的实践，纸面上讲得头头是道，工作中落实不了，就是空口说白话。真正解决问题的方法是纠正错误。用氧气加割枪来制造一根撬棒，是特殊情况下的一种应急方法，在正常情况下，使用特殊方法来制造就是"杀鸡用牛刀"，是一种惰性，更是一种浪费了。作为"老机械人"的我，心里很明白，一个人的培养，首先是人的意识的培养，此时我是裁判，更是教练，启发员工思考，"敲打"他的不良行为，用最简单的方法去解决并不复杂的问题，避免了责备和难堪，建立了一种相互支持的关系。

干毛巾也能挤出水

一树动，百树摇。有一年，持续飙升的石油价格，直接左右下游产品的价格，犹如城门失火，殃及化工的"池鱼"。

刚出差回来，我就被办公桌上的几份涨价通知单弄得头大。其中有一份写着："塑料袋每只涨价0.15元，敬请谅解！"看着白纸黑字，我苦笑，工厂每天须用上万只塑料袋，谁又能谅解我们同步涨价呢？

生产、市场、物资部门的几员"大将"都来了，坐在我的桌前，面面相觑，眼神有些沉重。

"刘总，涨价势不可挡，但我有个建议，现在的塑料袋装入桶中后长得太多，而且也有点宽，能不能让生产部和市场部商量一下，重新测算一下塑料袋的长度与宽度，再算一下克重，说不定改小点，既管用还能减少塑料袋的克重。"坐在一旁的老保管员大朱拿出塑料袋，晃得沙沙响，说得有板有眼。

"嗯，这个建议可试一下！涨价的事说不定能内部消化呢！"一旁的生产部老丁也似灵感天降，拍着大腿叫了起来。转身就飞一般奔向车间……

一般的田，种瓜得瓜，种豆得豆。而"心田"却会"变戏法"，同样的东西，放进不同人的心里，会产生不同的变化，得出不同的结果。一份涨价通知似一道难题，让我们在涨不涨价上犹豫不决。一位普通的仓库保管员却用"实用"这个智慧的杠杆，撬动了这道难题，让我们眼睛一亮。事后，生产部经过试验、比较，改变了每个塑料袋的使用尺寸，减少了克重，价格非但未涨，还在原先基础上每只下降了5分钱。真是实践出效益啊！

银行算是个"有钱"的地方，而越有钱的地方越"抠门"，和客户算账总是一分一厘，甚至精确到小数点后的几位数。假如我们的企业管理也能像银行那样发动群众，群策群力，算到这条干毛巾都能挤出水来，企业又何惧涨价风波呢？面对涨价不能说不，不能唉声叹气，不能怨天尤人，不能束手就擒。眼睛向内，挖掘内部潜力，用"不一般"法，从每个环节、工序上精打细算，消化外部不可抗拒的因素，才是出路。

心力管理的对象是人心，"心力"的形成和"发力"，要通过员工自身心灵的力量来实现。我看过许多营销故事：牙膏出口放大一点儿，胡椒粉盖头多扎几个眼……这些最原始的创意，可能都来自生产经营一线。一个人学习别人的时候，除被那些精彩的故事感动外，还要用心去研究、分析、借鉴，去发动我们身边的"诸葛亮"。

五十七秒

对生产运行过程进行自动化和信息化改造，可以大大提升管理者的工作效率。但管理者不能因有了计算机的辅助而从此变得懈怠，只有时时记住管理的根本，才能在数字经济时代乘风破浪。

那天，我来到安全"五位一体"监控室查看工厂实时生产情况。在水基胶车间的分屏上，员工小许和老何正在灌装20公斤大桶白胶。只见小许平静地坐在灌装机前，全神贯注地看着从放料口流下的白胶。随着计量开关的"咔嚓"声，灌满白胶的桶沿着输送滚轮向前移行，小许麻利地又拿起一只空桶放至灌装机的放料口下，重复着规定动作。我掏出手机，凝视着灌装机出料口，计算灌装一桶胶的时间。"灌满一桶需要57秒！"我自言自语。

"刘总，你有什么新发现？"一旁的小胡微笑着问我。

"噢，我在看安全，也在看灌装，更多的是在看日常管理背后的那些事儿。"我指着定格的屏幕对小胡说："这个自动灌装机确实先进，自动计量，减轻了劳动强度，可是……"我停了停，指着手机上定格的计时，"灌满一桶胶差不多需要一分钟，这个现代化的设备可比原来的手工灌装慢多了。"

"刘总，你真是从一线走过来的，我这个书呆子看的是热闹，你看的是门道。"小胡边说边竖起大拇指。

"小胡啊，搞管理讲的是效率与效益。能不能让这个新添的现代化设备又快又好呢？"我和小胡探讨着。"如果将这个自动灌装机出料口扩大一倍的话，效率说不定会提高。"

现场作业容易使人陷入思维定式，变得保守。这就需要我们透过现象看本质，转变、改变、更新以往的认知。

后来，我找到工厂生产管委会主任老丁与机修节点小江，一起来到车间，现场观摩，现场分析，经过几番计算、推敲、讨论，我们决定对灌装机出料装置进行改进，自行设计制作一组大小不同的出料口，供灌装不同容量的包装时换用，这一改进竟让灌装效率提高 30% 以上。

心静才能听到万物的声音，心定才能看到事物的本质。作为一名优秀的管理者，面对经营与管理过程中的千变万化，需要用眼睛去凝视，用耳朵去倾听，用心去面对，找到解决问题的办法，这正是心力管理的真谛和灵魂。

第四篇 企业文化

解题法：在解决问题中塑造企业文化

草堆寻针法：通过问题管理塑造细节文化

『五道法』：培育和深植质量文化

春雨法：让文化管理『润物细无声』

解题法
在解决问题中塑造企业文化

本·霍洛维茨在创立第一家公司时,曾向一些公司的 CEO 和行业领导者取经,他们无一例外地告诉他,要多在企业文化上花点心思,"文化是重头戏"。但是,当他追问究竟何为文化、如何打造属于自己的企业文化时,他们却含糊其词、语焉不详。

就企业的发展而言,企业文化至关重要。但在现实中,有人认为企业文化虚无缥缈,不重视企业文化建设;也有人认识到企业文化的重要作用,却无从下手,让企业文化沦为一句"空洞的口号"。那么,企业究竟该如何塑造自己的企业文化,又如何将此深植于员工心中呢?

根据我多年来的从业经历,我认为没有凭空产生的企业文化,它需要结合企业的经营管理过程来建设和塑造。黑松林的企业文化就是在"心力管理"的实践中"生长"出来的,而这一"生长"过程可以用数学的解题法予以说明。

在管理实践中,我觉得将数学的解题法运用到现代企业管理中有很多的意趣。例如，数学公式的变形、几何图形的分解、三角函数的解析……通过活学活用解题时的逻辑思维能力、空间想象能力、推理论证能力，有意识地引导员工，将复杂问题简单化，简单问题明白化，未知问题已知化，抽象问题具体化，在提出问题、分析问题和解决问题的过程中建设企业文化，这也是解题法的基本思想。

拆解管理难题

当我们解几何题时，如果没什么解题思路，或是解题过程过于烦琐，老师往往会提醒我们用解析法，通过分析问题中各要素之间的关系，将此转化为代数问题，就能得到简单明了的解法。

我有一次出差回到公司，看到桌上的月度考核汇总表：机修班的现场管理考核分数为0分。看着那个醒目的"0"，我陷入了沉思。这些日子，由于老设备和新产品工艺不配套，机修班的一帮大小伙子正没日没夜地改装设备，将公司的现场操作制度抛在脑后。他们的确辛苦，每天都要加班到深更半夜才回家，这些我都看在眼里。但公司制度面前人人平等，要严格遵守制度。那么，究竟应该怎么处理呢？这可难煞了值班的人，不按公司规定扣分会被指责搞特殊待遇；按公司规定扣分又显得缺乏人情味，有可能会挫伤这帮大小伙子的积极性。

第二天一早，我走进车间，发现改装的进度出人意料。管道延伸了，储罐立起来了，唯有工作平台显得杂乱不堪：螺母、螺钉散落一地，工具七零八落，半截焊条夹在焊枪上斜指天花板，像败兵逃离的现场。看着这满地狼藉，我想要夸奖进度的心就凉了半截，难题放到面前了，总得想办法解开啊！

中午，我同生产部长与抽调过来的小妹（一位女工的小名）一起，带上一箱饮料又到了车间。老远就看到机修师傅老高鼻尖顶着个老花镜，蹲在地上，用阀门在密封板上比画着，活像个老裁缝，身边散了一地的法兰、螺钉、弯头。另一边是机修班长小江站在铁梯上，脸全被面罩遮住，在专心焊接管道接口。另外几个小伙子在吊装新增的滴加罐。车间里焊光闪闪，吊装的葫芦发出"哗啦、哗啦"的节奏声。"江班，歇一会儿，厂长来慰问你们了！"生产部长扯着嗓门喊着。小江摘下面罩，从梯子上下来，头发汗津津的，一脸茫然。

"来，大家歇会儿。喝罐饮料，精力更好！"小妹将饮料一一打开，递到众人手中。我顺手拿起一罐递到小江手上，接过他的面罩："小江，今天送你一个小妹！"边说边将小妹推到他的面前。小江抓头挠耳，脸上泛起红云。大家也哈哈大笑起来，笑得小妹脸上也飞起一阵胭脂红。

"从现在开始，小妹就帮老高画画线，做辅助工，帮你管理现场。你再戴着面罩管现场，我可要扯掉你的遮丑布了！"我边说边将手上的面罩举起又放下。

"是，是！"小江连连应诺，"厂长放心，再忙，干到任何时候，一定搞好现场管理，我们让小妹监督。"大家也跟着七嘴八舌地表态，就如同刚刚打开的汽水，活力四射。

要知道，没有员工会故意跟制度对着干，管理者要站在员工的立场为员工着想，简单的说教和硬性的公司规定很难改变员工的认知，甚至会让员工产生逆反心理，而采用感性的情感触动，可使员工自善其心、自净其心，主动反思。

记得有一次大家庭假日聚会。我的妻子切菜时不小心将手指划破，我忙着去找酒精棉球消毒。女儿问我："用酒精消毒的时候，什么浓度最好？""当然是越高越好！"我顺口接道。学医的姨侄连连摇头说："错了！浓度太高的酒精会使细菌的外壁在极短的时间内凝固，形成一道屏障，之后的酒精就再也起不到消毒的作用了，而细菌在屏障后面仍然活着。"我接着问道："那最好是什么浓度呢？"姨侄神秘兮兮地说："最好是把酒精调得柔和些，慢慢渗透进去。"

在管理实践中，对于员工的那些不经意的乃至"低级"的错误，管理者绝不能动辄挥舞处分、罚款的大棒，一个善意的玩笑、一个诚恳的提醒、一个无伤大雅的打赌，都能解决问题，就像低浓度酒精慢慢渗入一样。把管理中的复杂问题分解成若干步骤，分步解决，用数学中的换元法拓宽解决问题的思路，可以化难为易，化繁为简。

"送一个小妹"，既起到了"搭桥连路"的作用，也有效地解决了问题，还顾及了同事的"面子"。这样的"一举三得"，不仅维护了制度的刚性，也展现了管理的柔性。诸如此类的企业实践培育起来的文化，才会真正让员工从情感上接受，文化的持久性和约束功能也才能真正发挥作用。

管理学家吉姆·柯林斯曾提出"飞轮效应"，为了让静止的飞轮转动起来，一开始你必须使很大的力气，让飞轮转动得越来越快。当速度达到某一临界点后，飞轮的重力和冲力便会成为推动力的一部分。这时，你不用费更大力气，飞轮依旧会快速、不停地转动。其实，慢就是快，企业制度建设如此，企业文化建设也是如此。

解题的思维与策略永远比方法重要

爱因斯坦说过，提出一个问题往往比解决一个问题更为重要。借鉴几何问题的代数解法，有时不妨用点出人意料而又不违背情理的新奇方法提出问题，深入事情的本质与核心，以达到事半功倍的效果。

一天清晨，财务科李科长早早来到厂里，大老远就看到财务科前面的草坪上有一团废纸。出于习惯，她将纸团捡了起来。打开纸团一看，原来是驾驶员小吴已结账的一张数额 7000 多元的作废借款单。李科长没将纸团扔进废纸篓，也没急着去找小吴，而是策划了一出双簧戏，想"教训"一下小吴。

上班后，小吴又填了借款单，准备出差。当他到财务科办理借款手续时，现金会计接过借款单说："前账不清，后账不理，上次借的 7000 多元你还没结清。"虎头虎脑的小吴有点恼怒，特别是看到那皱巴巴的借款单，更是急得脸红脖子粗。得知这只是刻意而为的玩笑后，小吴不好意思地说："退还的借款单扔到草坪上，谁知会酿出这么大的笑话！"

根据"官凭文书私凭约"的古训，用小吴随手扔掉的借款单，向他追要 7000 多元的借款，这笔钱对他来说可不是小数目，他怎能不急出一身冷汗呢？如果简单地进行罚款，又会有什么效果呢？对小吴来说，这种善意的"惩戒"、无声的警告，看似简单，对他的教育却可能是终身的。

好的企业文化有助于提升员工的素质，素质是抽象的，像空气一样无形无色，但又无处不在。怎样通过企业文化提升员工的素质，就成为一个值得关注和探索的问题。我们都知道，制度是管理的基石，但是硬碰硬的简单制度管理，会招致员工的反感，在中国文化背景下更是如此。而将员工置身于鲜活的事实中，促使他思考与感悟其中的道理，能让他的成功经验、失误或教训成为一种职业财富，这比运用缺乏情感支撑的简单生硬的制度管理手段更为有效，更能管到员工心里。

解题的思维与策略永远比具体解题方法重要，好的管理者会用心思考，在实践中探索正确的问题解决方法，而不是生搬硬套。因此，管理者在解题过程中的分析思考才是最有价值的。企业管理活动中总会出现一些矛盾和问题，它们的焦点往往事关制度的执行与否。如果一项制度的内涵能为员工所接受，员工就会自觉遵守与共同维护，长此以往，这种习惯就会成为一种文化。

哲学家弗朗西斯·培根说过，人的智慧就像一面凹凸不平的镜子，它把自己的本性掺杂在事物的本性中，所以它反映的事物是畸形的。因此，建设企业文化的过程，就是引导员工自我教育、自修"心力"、自我提高的过程，只有员工都能从我做起，从小事做起，从现在做起，才可以说我们把企业文化落到了实处，我们的员工素质得到了真正的提升。就像本·霍洛维茨在《你所做即你所是：打造企业文化的策略与技巧》一书中说的那样，员工对一些企业日常经营问题的答案，恰恰就是企业文化的体现。

被动催化不如主动"自化"

企业文化具有很强的管理属性，是企业经营管理的结果。在解决问题中建设企业文化的最终目的，是提升企业组织的执行力，解决问题只不过是达到这一目的的必要手段。管理者要学会辩证地解决问题，不断体验、反思解题模式的有效性，运用联想、类比、猜想等方法引申推广，发现新知识，形成问题链，形成自己独特的解题方式。

员工是企业最重要的资产，也是最活跃的资产。管理者的责任，就是培养员工的合作意识、参与意识和竞争意识，调动员工的主动性、积极性和创造性，使每个员工的潜力得到最大限度的发挥。实践证明，一旦员工对企业有了归属感和责任感，就会产生巨大的力量，从而成为企业长盛不衰的动力所在。

一天，新建的车间到了紧张的安装阶段，吊车"指点江山"，焊枪"激扬文字"，现场一片火热。

老远就见电焊工小张，一身工装，扛着一箱焊条，像只小老虎似的从我的面前匆匆走过。我跟着小张走上焊接平台，看到大家都在紧张有序地工作，此起彼伏的弧光射得人睁不开眼睛。蓦地，平台上被丢弃的几十根焊条头像一只只蟋蟀，跃入我的眼帘。我随便拾起一根看了看，足有两寸多长，完全可以继续使用。

我赶忙叫住机修节点点长小江："嘿，小伙子，地上怎么这么多大蟋蟀呀！"我幽默中不乏一点严肃，边说边比画着手中的焊条头责问道："怎么留这么长？"

"焊接内角，焊条短了焊枪焊不到部位。"小江说得也挺有道理。

"即使这样，也不能就这样浪费啊！"我指指平台，"你说，这些焊条头可不可以焊接这些部位？"

小江拿着面罩的手垂了下来，原本就红的脸上沁出了汗珠。

"小伙子，勤俭是本色，我们要节约每一寸焊条啊！"话未说完，小江便在平台上捉起了"蟋蟀"，将焊条头一一拾了起来。

四处"蹦跳"的"蟋蟀"背后，既有管理的原因，更有文化的原因。为此，黑松林制定了行之有效的"焊条头回收与管理制度"，同时把小江"捉蟋蟀"的事情写成了一个正面的案例，并配备了漫画图，挂在管理现场，把偶发的管理小事打造成企业文化案例，让员工弥补了缺失的勤俭理念。

管理活动基于一定的文化情境，管理方法则是管理哲学和文化的反映。要使员工释放出潜能，充分发挥才能，必须培养员工的主人翁精神。一个好的医生不仅能治病，还能教人预防疾病。启发员工"捉蟋蟀"，拾起仍可使用的焊条头，是将被动的催化变成主动的"自化"，在自我管理中培养良好的工作文化。

认同文化不是说出来的，而是员工修好"心力"，用心做出来的。一个企业，只有当管理者的价值观获得了员工的认同，特别是当这些价值观外化为员工的行动，并形成新的行为习惯时，才能说真正实现了文化认同。所以，企业文化不是一句空洞的口号，而应该体现为实实在在的行动。要形成良好的文化，就要以管理者的"用心"去换取员工的"用心"。就拿上述"捉蟋蟀"的故事来说，交付工作就是交付责任，无论当面交付还是当众交付，或是签订责任书，都是落实责任的一种形式。当责任人感受到你对他的信任与重视时，就会从担负责任的那一刻起增添责任和自信，明白实现目标任务所需承担的责任与压力。

亚里士多德说过，使人高贵的诸种理论，似乎有力量使那些生性高尚的人归于德性，但没有能力去促使大多数人追求善和美。我感觉，将这一论断应用到管理中，就是管理者要用客观的规范去引导和要求员工，才有可能让他们去"追求善和美"。因此，要让责任人真正有责任心，就需要管理者帮助他们认真研究，恰到好处地运用责任激发艺术，调动员工的积极性、创造性和责任心。否则，员工情绪中一圈圈的涟漪，也会累积成掀翻我们"心"船的巨浪。

有效配置资源

霍华德·舒尔茨曾指出，许多企业家都会犯一个相似的错误，那就是自己出点子，自己包打天下。实际上，企业家最核心的职能是把最优质的资源整合起来，调动员工拓宽思路、开阔视野，就像解题，运用代数知识求解，再赋予几何意义，从而获得对几何问题的解答，以创造更大的价值。真正的强者不一定是自己有多强，而是能让"强者"为他工作的人，凡事都靠自己的力量去做，只能称之为"工匠"。

工厂南端的绿树丛中，有三只用于储备溶剂的大储罐，一字排开矗立着。每年9月，我们都要为储罐"洗澡"，再用油漆为它们"保养"一次。

三位新招聘来的大学生小周、小王、小张，被安排到车间参加设备检修。那天，刚结束晨训，老远我就看见三个年轻人。他们中的两个一前一后各扛着一架梯子，另外一个个头稍高一点的，一手拎着油漆桶，一手拿着钢丝刷等工具，看来是准备去保养储罐。

忙了一圈后，我走到储罐旁，只见小周站在梯子上，小王扶梯子，另一架梯子孤零零地靠在储罐上，小张看起来在"单打独斗"，实际上却有点无所事事。他们先用小铲刀铲去罐体上老化剥落的油漆，再用钢丝刷来回刷除浮锈，来来去去，像解方程式似的，一步步地做着。此情此景，我若有所悟。

下午，我到车间询问几名大学生的情况。走到离储罐不远处，我指着头戴工作帽、满脸汗水的三个大学生问车间主任："他们目前的思想状况如何？""总体不错。"车间主任答道。"那就好。你是怎么给他们记工的？"我问车间主任。车间主任听出我话里有话，忙说："他们刚来，暂时按考勤记工。"我没有应答车间主任的话，只是对着三个忙碌的大学生说："小伙子们，歇一会儿。""我们不累。"颇为机灵的小张边说边干，没有停下来的意思。"磨刀不误砍柴工，"车间主任接过话，"都休息一下。"

"你们私下有没有责怪我这个老板，把有文化的大学生不当回事，干这种又脏又累的活儿呢？""没有，没有。"三人异口同声。"那就好。你们大学生脑袋瓜儿活，咱们体力劳动之外来点脑力劳动，考考你们，三个人两架梯子，你们认为资源配置得当吗？如果只要一架，何必多扛一架，白白浪费了力气？如果要两架，为何又让另一架'下岗'？想想看，还有什么办法使你们的效率更高？"三个大学生听着我的话，个个沉默不语。

话说完后，我和车间主任又到别处巡检去了。再回到储罐附近时，三个大学生的组合发生了变化，只见小张站在两架梯子的中间，伸手扶着两架梯子，小周和小王则站在梯子上，挥舞着铲刀和钢丝刷，像两只忙碌的飞燕。合理的组合，使三个人工作获得了四个人的效率。

行为科学告诉我们，一个人的工作业绩不仅取决于他的能力，还要看他的工作动机被激发的程度。三个人与两架梯子的故事，就是从提升责任和效率出发，同时通过循循善诱，让大学生充分发挥主观能动性，激发他们的责任主体意识，从而找到解决问题的办法。

埃德加·沙因在《组织文化与领导力》一书中提出，企业文化会进入群体职能的所有方面，渗透并影响一个组织的方方面面，比如如何完成组织的主要任务、如何面对各种各样的环境，以及如何处理内部业务等。成功的企业文化会让员工对企业产生认同感和归属感，从而与企业同心同德，为企业的发展出力流汗，殚精竭虑，让员工在企业发展的同时真正得到个人发展，感受到个人成功的乐趣。仔细想想，沙因要表达的其实就是在解决问题中建设企业文化，并通过企业文化的塑造成就员工。

这里有两个关键问题：一是怎样发现和解决问题，二是怎样才能让好的文化产生于问题解决的过程。建设企业文化的过程，就是企业主动发现自身问题、自主解决自身问题、自我完善并塑造新的企业形象的过程。随着问题的解决，企业的文化也会得到持续的进步与优化。

注重发现和解决问题，需要管理者像解难题那样探索思考，时时、事事、处处以崭新的视角，针对不同环境、不同条件、不同场合下的不同人出现的不同情形，抓住具体情形的本质内核，实中有虚、虚中见实地去激发员工的智慧和责任心。如果把管理工作比作一台电脑，它的良好运转不仅需要显示器、硬盘、内存等硬件的协调配合，更需要软件系统的匹配支撑，否则，再好的硬件配置也无法发挥功能。在解决问题中建设企业文化，就是通过这一过程不断锤炼员工的思维方式和行为模式，使之与企业的要求相匹配。

草堆寻针法
通过问题管理塑造细节文化

　　管理是一个充满变数的领域，遍布着各种不确定因素。作为一位企业管理者，要做好每时每刻去解决问题的准备，有的问题是常见的，有的问题是不常见的，还有的问题不那么引人注意但是有发展为"灭顶之灾"的可能，因此，管理者要做好问题管理。

　　什么是问题？问题就是目标与现实之间存在的障碍或差距。管理学界专门有人做问题管理方面的研究，所谓问题管理，是在承认自然的一切存在都是和谐有序的前提下，对因人类自身认识局限而造成的与自然秩序的不和谐进行探索、突破，进而提高完善自身并使之趋向和谐的过程。

　　据说曾经有人问爱因斯坦：你和我们这些人到底有什么区别？爱因斯坦回答说：如果让你在干草堆里找到一根针，你会只去找这根针，而我会把干草堆里所有的针都找到。爱因斯坦的观点，实际上是教会我们透过现象看本质，查找此类问题存在的原因和解决方案。仔细想想，问题管理的核心就好比"在干草堆里找针"，不仅要找出问题，更应该通过解决这些问题，指出公司和管理者在某一些事情上的价值倾向，然后通过健全激励或约束机制，推动员工在细枝末节上养成良好的习惯、培育良好的细节文化，"于细微处见精神"。就如沙因所说，我们工作时千万不要只看文化，而是要去看文化和自己的问题之间有什么样的关系，以及我们的业绩目标是什么、我们到底需要做什么样的工作。

临时现场会

近年，国内外工厂安全事故时有发生，企业运营需要高度重视安全工作，牢固树立安全主体责任意识。

为进一步加强对黑松林危险品运输车辆的安全管理，夏季安全检查组对危险品运输车辆提出了要求：厂区要设立危险品车辆临时停车点，并要有明显标志。要求下达后，老陈拉上宣传员小王马上就忙活开了。看着他们认真负责的样子，我默默点赞。

第二天我早早来到工厂，老远就看到仓储区那醒目的白色长方形停车框。走近打量，地面上"临时停车点"几个黑体字浑厚有力，看得我直入神："员工中蕴藏着多少宝贵的潜能啊，这字写得真好，简直是专业水平！"但美中不足的是，漂亮的字一边有几滴蚕豆粒大的涂料，像美丽女孩脸上的青春痘；几条直线中的一条，中间还拐了个"大肚皮"。凝视着那些能够做好又未努力去做完美的细节，我决定晨训后在这个"临时停车点"开一个临时现场会。

晨训一结束，领操的小殷幽默地说道："今天刘总给大家免费提供一顿精神早餐，请大家到仓储区临时停车点集合！"边说边在前面领着大家走。员工们围在临时停车点附近，没有人说话，过了一会儿，有人看到了那几滴蚕豆大的涂料和拐着"大肚皮"的弯线条，大家开始议论纷纷。虽然我自始至终没有说过一句话,但我的良苦用心没有白费,员工们找到了干草堆里的针,悟到了"认真做事只能将事情做对,用心做事才能把事情做好"这个道理。

管理者在管理的过程中不是不要抓琐事,而是要抓最能体现企业文化追求的小事,要在草堆中寻针,追求"小中见大"的文化内涵。

一张申报单

黑松林自从推行自我管理制度以来,一切凭手续说话,一切按制度办事,我这个管理者当起了"甩手掌柜",找我批票据的、解决问题的几乎没有。

在一次月度财务例查时,我对一张机修节点购物申报单上的一项内容存疑:更换液压油三桶 1000 元,换气泵一只 800 元……合计 2800 元。根据我的经验,没有液压油会定价 333.33 元一桶。我再次翻看票据、节点申报单、管委会主任同意签字、财务复核……白纸黑字,手续完整。可对于 1000 元三桶液压油是怎么来的,我想要弄个水落石出。

无巧不成书,我刚刚跨出财务科的门槛,发现修理叉车的王老板来结账了,我让经营与生产管理委员会主任小丁到财务科将我刚刚发现问题的那张申报单连同发票拿到会议室。"王老板,这是怎么回事?三桶液压油 1000 元,恐怕世上没有 333.3333,'3 不尽'一桶的液压油吧!"我边说边观察着王老板的神情。王老板被问得一头雾水,仔细看了起来:"刘总,明人不做暗事,这是你们的申报单,我打电话,让我的徒弟将你们的修理记录单送来,我怎么会自己砸自己的饭碗呢?!"王老板边说边打着电话。

一会儿,王老板的徒弟开着车将他的修理记录单送来了,他翻着翻着,"刘总,5 月 16 日黑松林:更换油泵一只 800 元,密封圈一只 30 元,更换液压机油 3 桶 ×250 元 = 750 元……修理费 250 元,合计 2800 元。"王老板边指着修理记录单边说。

"不错，不错。"丁主任凑过身子，眨着一双大眼睛，仔细顺着王老板手指的项目一行一行聚精会神地看着，频频点头。

看着王老板提供的修理记录单，再看看一边的丁主任，我顿悟了。"小丁啊，看你这副认真的样子，找到问题了吗？""刘总，没有找到问题。"丁主任朝我看了看。

"问题不是出在王老板身上，而是你这个管理者啊！"我慢慢吐出了一句话，"你看看王老板的修理记录单上写得一清二楚，三桶油每桶250元，下面还有一行字：修理费250元，这样算下来的总金额才是1000元！"

小丁将头抬起来，眼睛睁得有铜钱那般大。

"小丁啊，这三桶液压油1000元，不管谁看了都会心生疑点，你不弄清楚情况怎么能签字呢？虽然你只签了个名，但你却给这份申报单留下一个让人看不明白的手续，扣上一顶无形的虚假记账单的帽子！"我顿了顿，语重心长地说："权力就是责任！你换位思考一下。"

在当今的企业组织中，企业文化的作用日益凸显，创建自驱动企业文化，提升企业的自我组织、自我纠错、自我更新能力，实现员工的自我领导，不是靠"一把手"来驱动，而是要实现自我管理。一个企业要持续健康发展，主要靠"两条腿"：一是文化，二是制度。文化引领企业的方向，制度驱动企业前行。在自驱动中，对待任何一件事，既要重视结果，又要关注过程，坚持开放的心态接受别人的观点，冷静地与人坦诚沟通，养成双赢思维。

违规的副总

一天清晨，雾蒙蒙的，没有太阳。黑松林的员工们陆续推着车走向车棚，透过绿树丛中的栏栅，看着员工们英姿勃发地走向车间，我不由露出会心的微笑。突然，通往车棚的禁骑区内，一个湖蓝色的影子在远处一闪，我看到一辆摩托车径直开了进去。我揉揉有些"老花"的眼，定了定神，往停车棚方向走去，欲一探究竟。

只见副总没精打采地从远处走来。我站在厂区二门口，边和走向车间的员工们点头问好，边盯着迎面走来的副总。只见他眼睛有点肿，给人一种刚刚痛哭过的感觉。

"刘总，你早，回来啦！"副总声音低低的，与我打个招呼，便低着头朝办公室走去。

"请到我办公室来一下！"听着我的话，副总心中有数了。"刚刚是你骑着摩托车闯禁骑线的吗？"

"是的，刘总！请原谅，这几天我身体一直不舒服，很想休息几天，只因你出差在外，便一直在坚持上班，今天早上连扶车的力气都没有。"副总一副委屈的样子，有气无力地说着。

看着眼前的副总，我想表达对他的关爱，但是一想到应该坚守的制度，也只能先将关爱藏在心中："我很感谢你带病坚持，这些日子厂里搞改造，确实事多，但你骑摩托车闯禁骑区违反了制度要求，你看看，身后有多少眼睛在看着我们的一言一行啊！制度不能因为你身体不好再修订一套啊！"我边说边从口袋里掏出十元放在桌上。

副总朝我看了一下，心领神会："刘总，晨训时间到了，我领操去！"

我点点头，看着他的背影越来越小，不由得自言自语：打铁必须自身硬，身正不怕影子歪啊！

晨训会上，副总领操完毕后主动检讨了自己骑摩托车闯禁骑区的事，并掏出十元罚金交给财务人员。

俗话说：看房看梁，访亲看娘。制度是现代企业管理的栅栏、自律的红灯。一个企业的制度执行得好不好，关键是看管理者。孔子曰："其身正，不令而行；其身不正，虽令不从。"应用到企业中，就是管理者本身做得正，不用命令，员工自然也会行动；管理者自己做得不正，即使下了命令，员工也不会服从和行动。公司高层首先不重视制度体系的严肃性，不带头践行制度体系，他们的不正行为会逐渐形成风气，风气逐渐形成氛围，氛围逐渐演化为企业文化。这些问题给公司带来的伤害，不仅仅是资金损失，还让每个员工都形成一种不健康的共识——制度体系在不妨碍我方便工作的时候可以遵守，一旦带来不便，便无须遵守。周而复始，恶性循环。因此，一个管理者在执行制度的过程中，身教重于言教，如果嘴总是搁在别人身上，说是一套，做是一套，那制度是执行不了，也是执行不好的。

一枚红色的检验章

作为一位问题管理者，需要有爱因斯坦在干草堆中找针那样的火眼金睛，在问题发生的时候、问题发生的地方，看到藏着的所有的"针"。

一天下午，我与营销员小夏在车间门口相遇，他衣服后肩上一块红色的印迹闪入我的眼帘。我忙叫住他，靠近一看，原来是一枚红色的检验章。根据小夏好开玩笑的性情，我心里明白了几分。"今天在车间里又和谁嬉闹了？"突然一句话，问得小夏的脸唰地一下红了，告诉我实情。

原来，刚谈下一个大客户的小夏出差回公司后，第一时间就找到车间质检员，交流客户对产品质量的看法。小夏看到质检员正准备坐下，悄然抽开椅子，差点儿让质检员"人仰马翻"。质检员责怪小夏几句后，也趁小夏不注意，在他的衣服后肩上盖了一枚检验章，以示惩罚报复。

管理中没有解决不了的问题，只有观察不到的问题。透过小夏衣服后肩上的检验章，我敏感地意识到管理中存在的薄弱环节，发现了隐藏在管理中的危机，这根针如果找不到，留下隐患，到了一定时候就会扎人，并且会扎得很痛。

管理就是找问题，然后去解决。问题不会自己浮出来，要深入挖掘思考。等问题浮出来时，大概企业也病入膏肓了。事后，我没有处罚那个质检员，倒是小夏自动到财务部门缴了罚款。

文化的力量在于重复、重复、再重复。重复的时间越长，次数越多，就越具生命力。问题不是坏事，而是企业成长的向导。为什么一些企业的基础管理反反复复"抓"不好？因为这些企业的管理者不知道，问题管理的关键是善于发现问题、认识问题，有时甚至需要以小见大、借题发挥，并以此推进员工正确的行为准则，这便是问题管理者所需的执着。

另类"选美"

有一个故事，说的是牛顿在一次实验中，故意将一枚针掉在地上，让他的学生们思考怎样寻找这枚针。一名学生说，"蹲下身子仔细寻找"。另一名学生说，"把所有的灯全都关上，然后只开一盏灯，逆着光的方向在地面上观察反光现象，发现针的位置"。还有一名学生说，"用一块强磁铁在靠近地面的上方慢慢移动，总会找到"。再一名学生干脆说，"不找了，使用备用针"。……听完学生们的回答，牛顿在地上画满一个个的小方格，并且按照顺序编号，然后顺序查找，终于在某个格子里把针找到了。

牛顿的这个办法显得有点愚笨，有人可能在画格子的时间就把针找到了。然而，在问题管理中，要找到关键的这枚针，还真需要这种大智若愚。

张瑞敏认为，制度比人重要。一种好的制度，可能会使不太好的人变好，一种不好的制度会让好的人变坏。没有这些机制，文化就是空话。我曾去海尔参观过，行人靠右走、椅子放桌洞、厕所责任保洁工作单等细节至今在我脑海中挥之不去。张瑞敏的那句"把简单的事情做好就是不简单"也令我刻骨铭心。这些看似简单的事、浅白的话，说起来容易，做起来难，持之以恒做好更难。

例如椅子推进桌洞，按照制定的制度规则来说，也可说是一种画格子的做法——没有规矩不成方圆嘛！

多年前的一天傍晚，我从会议室门前走过，透过窗户，发现刚刚开完生产联席会后的椅子摆放得横七竖八，败兵似的散落在会议桌的两边。这番狼藉景象让我看到了深藏在员工思维意识上的"隐性问题"，这不正是我们要在干草堆里找的那根针吗？

走进室内，会议室墙上贴着的一些照片给了我灵感。我让办公室主任拿来相机，从不同角度拍下了这些"残兵败将"的缩影。

第二天，会议室内正进行常规学习，我坐定后扫视一下四周，不慌不忙地从笔记本中拿出预先准备的照片。

"同志们，今天我们学习会上，例外搞一次'选美'活动。"

话音刚落，会议室内一阵嬉笑，大家你看我、他看她，仿佛在寻觅着最美的人。

"这些照片，大家看看！哪张最美，哪张最丑？"我边说边拿出一沓照片递给员工们。

"这张拍得最好！室内整洁雅致！"刚来的大学生指着打理整齐的一张会议室照片，第一个说道。

"咦！这不是咱们的会议室嘛，还有黑松林的标志！"技术科的小王发现了照片中的门道。"同志们，这是刘总的用心良苦啊，这哪是选美，是刘总用照片对比法，通过选美丑来鞭打我们，提醒我们每次开完会不要忘记将椅子推进桌洞啊！"小王慢条斯理，一语中的。

问题管理，不但须用生理的眼睛去观察，更重要的是用心灵的眼睛去发现。几乎每一件事都要经历画格子的过程，认识得越多，解决问题时就越能对症下药。改变员工习惯，提高员工素质，需要创新管理方法，以心服人，以心带人，以心聚人。只有心心相印，表里如一，持之以恒，员工才会成为问题的发现者、思考者、自律者和自动自发的改善者。所以，企业管理者的"用心"，是做好问题管理的根本出发点。

俗话说，"小洞不补，大洞吃苦""针鼻的窟窿斗大的风"。草堆里的针，就是企业管理中诸多细微的小问题，这些小问题都有演变成大隐患的可能，问题的蔓延可能成为管理的痼疾，积重难返。所以，这根针必须找到！而从草堆里找针，需要用心体察；要找到这根针，需要科学的方法，用心扑下身子，一个格子一个格子地去投入时间、发挥才干。只有这样，企业才能保持健康发展，也才能让员工慢慢养成良好习惯，打造优秀的企业文化，这才是我们所期望的"根植于心的修养，无须提醒的自觉，以约束为前提的自由，为别人着想的善良"。

"五道法"
培育和深植质量文化

成都宝光寺山门前的照壁墙正中,有一个桌面大小的石刻"福"字,进寺的人会站在山门前,面对"福"字,闭着眼睛走到照壁前,民间传说谁要是摸到"福"字,便有"福"了。然而闭眼摸"福"看似容易做则难,摸"福"者不是头碰墙壁,就是偏离方向离"福"字越来越远。我曾经体验过一回,后来回味闭眼摸"福"的情景时,想到了古人用"道"来表示道理、法则、规律之类抽象概念的原因所在,想到了治厂之道、为人之道、品牌之道、质量文化建设之道,等等。

现代社会,人们已经越来越深刻地认识到,一个成功的企业首先要有过硬的产品,而生产出高质量产品并不仅仅在于企业拥有先进的加工检测设备、工艺技术和严格的规章制度,最关键的是创建强有力的质量文化,以及全员自发建设企业质量文化的理念。培育企业的质量文化,就好比闭眼摸"福"。

星巴克领导者霍华德·毕哈曾说,"人"是直接影响产品质量和服务质量的,"人"是决定星巴克成败的关键,而产品是无生命的。质量是产品进入市场的通行证。培育质量文化,就要以"人"为本,需要锚定方向、持续探索前行,需要打开五个通道——知道、悟道、行道、修道、传道。

知道

培育质量文化首先要"知道",即让全体员工真正知晓企业的质量理念、质量目标、质量方针、质量价值观等,如此才能行好"道"。

当今,很多企业重视文化建设,往往体现在挖空心思地用精美的辞藻提炼名言警句,把这些名言警句写在墙上、印在本上,花费大量人力财力宣传贯彻,这些形式或许是必要的,但这只能算是"知道"的初级阶段。因为在这一过程中,许多员工并不明白企业文化的真正内涵是什么,知其然而不知其所以然,这种现象几乎是企业文化建设中的一个顽疾。也就是说,企业倡导的文化与实际的情况之间差距较大,让员工感觉不太真实,在施行时必然也不会起到什么作用。

拿质量文化建设来说,这种"知道"的初级阶段包括两个层面:一是员工的言行与企业质量文化的理念和准则之间有差距,说的和做的不一样,你说你的,我做我的;二是管理层与员工之间存在无形的鸿沟,管理者不允许员工的言行举止违背企业质量的理念和准则,但又缺乏好的管理方法和艺术,只是机械般地重复强调,这样也会使员工对企业质量文化厌恶反感,甚至产生对立情绪。

黑松林与众不同的做法是,从制度制定前的学习、讨论到修改,再到全员签字认可后定稿,整个过程实实在在,员工也都全程参与。只有让员工"知道",才更方便后面的执行。因此,制度是文化落地的基础与保障,企业文化理念的真正落地,必须依靠制度设计及其在管理实践中的实施。

人的质量决定产品质量。一个企业做得好不好，不仅看管理者取得多少成就，还要看企业的员工"锻造"到何种程度。企业质量文化要靠制度来依托，靠氛围来影响，靠细节来体现。一个企业的质量价值观和行为准则只有得到全员认可，才能将理念转化为行动，企业的发展之舟才能不惧风浪，勇往直前。

悟道

财经作家范海涛在《一往无前》中记载了小米质量委员会的故事。2017年春节后，小米开启了非常严格的质量提升之旅。质量委员会在其成立后的第一次动员会上，就用视频给所有人展示了触目惊心的一幕：一名顾客因不满手机质量，心生怨气，走进小米的售后服务网点，将手机狠狠地摔在地上，然后打了在场的工作员工两记耳光。看完视频，在场的人全都震惊了。小米自此开始了质量管理之旅，那一年，小米一共召开了254次质量会议，产品质量也取得了长足的进步。

如果说"知道"是质量文化的前提，上面这位小米手机消费者的行动，就是给管理者上的一节"悟道"课，让大家领悟到质量是多么重要。

黑松林的"悟道"过程，包括两类活动。

一类是"内化于心"的行动。比如创建企业之初，为了实施"企业质量文化战略"，向全体员工征集企业质量方针，最后选定了"一心一意抓质量，真心诚意为客户"这句话，并大张旗鼓给予奖励。当时黑松林采取公司内公开征集的方法，旨在让全员参与企业质量文化建设的过程，让大家先知道后融入，再悟道，而后在实践中引导、指导行道。让员工自觉领悟自己为什么要做、该怎么做、怎么去做好，外化于行，内化于心。

相比之下，另一类"悟道"行为就要艰难得多。

多年前的一天，办公室送来一份全国标准化技术委员会发来的会议通知，邀我去贵州参加室内装饰用胶有害物质限量标准的讨论制定。看完通知，敏锐的我就悟出：绿色、环保、健康的装饰革命要来了！

果然不出所料，国家新标准对有害物质的限量几乎到了苛刻的程度。坐在返程飞机上，我再三反省：产品质量标准变化如此之大，必须马上做出改变，不然企业没有活路！自己"悟道"很重要，但要让团队都"悟道"就不是一件容易的事情了。回到工厂的当天，我立即召开紧急会议，让管理层一起"悟道"，面对溶剂型产品占总量70%的现状，我提出要用新标准改进所有产品工艺配方，改变工厂以溶剂型产品为主的现状，加快构建以水基型产品为主的战略方针。因为工作惯性、知识更新、工艺改造等各方面的原因，团队思想的统一存在一定困难。好在经过艰苦持续的沟通交流，所有与会者均举起了同意的手。

风可以把蜡烛吹灭，也可以把篝火吹旺。企业的管理者既要有前瞻性和超前意识，又要有带领队伍变革的勇气；既要自己心明眼亮，运筹帷幄，又要唤醒全员的质量意识、市场意识，在变化中找到自己生存和发展的坐标，否则是很难领略山外风采的，这就是悟。

从"知道"上升到"悟道"的层次，才能看到企业质量文化的真实面貌，领略到企业质量文化对企业成功、个人发展的真正价值，员工的心灵才会真正被企业质量文化蕴藏的能量所撼动，形成企业与员工之间荣辱与共的关系。

行道

"行道"就是行动，就是做。质量文化是企业形象的集中体现，一个企业的质量文化成为发自内心的牢固信念之后，还要付诸行动，身体力行，这就是"行道"。培育质量文化，增强质量意识，必须在实践中落地生根。

黑松林的质量理念是：高品质源于严格的把关，新产品来自每一天的创造。这个理念中包含两个意义：一是高品质的工作结果来源于每个工序和关口的严格、完美的追求——是对质量的重视；二是更新、更好的工作结果来自每天的创新与创造——将创新置于应有的高度。质量把关，关键在严、细、实，更关键的在于坚持。

一天早晨，天还没亮，一场瓢泼大雨将我从睡梦中惊醒。我早早起床，匆匆打理后来到工厂。

例行碰头会还没有结束，我看到一辆黑牌照的奔驰车悄悄驶进了工厂。办公室主任告诉我，这是早些天约定来访的"老外"，我急忙出门迎接。

"老外"屁股没沾凳子，互换名片后就提出看看工厂，我微笑着点头应允。

雨中的工厂花园，被一层薄薄的雨雾笼罩，绿柳红花点缀其间，犹如刚出妆的少女。黑松林船舫上，那套根雕茶座增色不少。"这是在一条废河上构造的景点"，我边走边介绍，"老外"环顾四周，不时地点点头。

不知不觉，我们来到检测中心。"这是产品封样柜，每个批次检测后，灌装前都必须封样编号才能出厂。""老外"看着我，听得很仔细，突然指着编号 03-6-028 的封样说："这批记录能不能看一下？"我示意检验员小朱麻利地翻出批号，递到"老外"手中，整个过程只用了半分钟。看着检测报告单，老外竖起了大拇指，连称"Good"。

离开检测中心，我们来到炼胶车间。已炼好的胶片覆盖着一层防尘彩塑布，保养清洁的炼胶机压辊，用油涂后闪着银光。"老外"指着压辊说："油与胶火水不相容，辊上有油，如何保证产品安全？如何保证胶片质量？"我笑笑，忙让生产科长从工艺箱中拿出一堆工艺胶递上去，"炼辊保养是对设备负责，工艺、工序是对产品负责，这几块工艺胶就是炼胶前用于清理炼辊的。""老外"瞪眼看着我,眼里闪着亮光。第一印象赢得了"老外"的信任,后面的洽谈相当顺利。

稻盛和夫在《活法》中说,"答案永远在现场"。外国客商一大早雨中突袭,没有时间准备,没有时间掩饰,他们既看你的表象,又看你的本质。现场是一面镜子,直接反映出企业的经营管理水平。现场管理不是装饰品,而是一种环境、一种形象,是企业提升质量的必需品。质量是生命,是市场,更是企业发展的明天。心力管理培养了认真敬业的人,认真敬业的人生产出令人满意的产品。只有在实践中不断"行道",才能真正养成一以贯之的质量文化,也才会在客商的"突袭"中"胜似闲庭信步"。

花儿的美,很早就藏在花蕾之中。质量文化一旦在员工心中流淌,即使闭着双眼也能摸到那个"福"字。

修道

俗话说,心急喝不了热粥。我认为,企业质量文化建设要像煲土鸡那样,先大火烧(宣传发动、人人明白),后文火煲(循序渐进),再加调料(五味调和),千万不能茫然、浮躁,而需要"养性""修道"。而"养性""修道"的核心,就是要明白在企业文化建设的"循序渐进"与"五味调和"中要做什么事情。"修道"成功,质量文化建设自然会水到渠成!

一天,国外某公司发来第一张外贸订单:50桶环保型装饰胶。对于一家年产3万吨专用胶的专业工厂来说,似乎是小菜一碟。但毕竟这是此类产品首次走出国门,我们还是有点诚惶诚恐。

产品刚刚出来,蓝眼睛高鼻子的外方技术人员就来到工厂,对生产全过程进行跟踪审定。他们首先对生产工艺及主要原料进行了封样检测,那副认真的模样,就像在寻找一串失落的钥匙。碰头会上,外方技术总监拜格对公司产品的程序管理、封样、外观进行了充分肯定，最后摸着络腮胡子说："通过对贵厂的实地考察及对样胶的测试，今天又通过了对产品的审查，我建议，现在就灌装让我们带走！"

"不行！"总质检小朱抢篮板似的接过话去。

"为什么？不都已经加工好了吗？"拜格一脸不解，抬起头看着小朱。

"拜格先生，产品虽然已经加工结束，粘度、固含几个指标也检测过关，但它的剥离强度检测需要固化48小时后才能出结果，没有检测结果的产品，我们是不会开通知单灌装的！"小朱认真地解释。

"OK，OK！这是第二批订单，5000桶！"拜格当下又开出一张订单。

质量的重要性永远胜过数量。质量合格，就是符合要求；零缺陷，就是符合用户、图纸、标准等要求，而不是按经验做事。企业成长的路上，要沉潜，需从长远发展着眼，不被眼前利益诱惑。沉，就是沉静下来；潜，就是潜入进去，潜到最深处。我们要以一种心静似水的谨慎认真的态度，把完成订单作为一种"修道"，用始终如一的心态接受测试，而这种牢固的质量意识就是进行质量管理的前提、质量文化的归宿。

质量就是诚信，讲究质量诚信就是构建企业质量文化的核心。俗话说：路对了，就不要怕远。要敢于走具有鲜明特色的质量文化建设的路，这样的路能让企业与众不同，更容易在市场竞争中脱颖而出。

传道

"传道"就是授人以渔。

在企业质量文化建设过程中，随着企业文化发展阶段的不同，作为"传道者"的管理层，必须在亲力亲为地实践和体验后，逐步退居二线，成为教练，"扶上马"，帮助企业做好事情。之后是"再送一程"，退到第三线，成为裁判，指导全体员工做好事情，搭建企业生态平衡链条。这就是企业家的境界，是真正的"传道"。

企业质量文化是不是老板文化？争论这个话题是没有意义的，我认为，企业文化首先应是老板文化，那是因为每个企业家都想将他个人的文化转变成企业成员大家的文化，而所有企业文化也必然凝聚了企业家精神的精髓。这就是说，企业家文化是定位，而员工认同和行动才是到位！

关于这一点，连云港企业文化学会会长李万来教授做了个生动的比喻：老板文化和企业文化如同"和面"，把水倒进面里掺和，面和水就和在一起了，面里有水，水里有面，结果分不清哪是水、哪是面了。如果用水代表老板文化，那么水的味道，就会决定和出来的面的味道，企业文化就会发生老板希望看到的变化。

企业形成的文化是老板文化还是企业文化，取决于中层管理者能否有意识地"传道"，做好"中介变量"这个角色，这是企业文化力形成的关键环节。中层管理者既是管理者，更是一线的执行者和传道士。在具体工作中，中层管理者实际上是企业文化建设的核心力量和"一线指挥员"。

有"文化力研究之父"之称的贾春峰教授在黑松林进行主题为"文化力提升核心竞争力"的演讲时，提出了"大家建设企业文化，建设大家的企业文化"的观点。2009年，我向贾教授讨教企业质量文化时提出了我的"心质量文化"，即"大家建设心中的企业质量文化，建设大家心中的企业质量文化"。贾教授赞不绝口，认为加得好。当然，加得好，还要靠做得好。一个优秀的企业，要将个体意识转变成群体意识、形成共识，让全体员工都知道质量管理与质量文化是企业生存发展之本，这才是真正意义上的文化自觉。

道，似水，无声无息无为养万物；企业质量文化此道之力，人不可及。

春雨法
让文化管理"润物细无声"

有一次，我出差多日后回到工厂。走进办公室，只见桌上那盆杜鹃花绿叶微微蜷缩，花蕾无精打采。正准备给花浇水时，手机收到了一条天气预报信息：今夜到明天，阴有时有小雨。"好雨知时节！"我脱口而出，随即将杜鹃花搬到露天的地方。

第二天一早，天果真阴沉沉的，毛毛细雨似千万根丝线，无声无息悄然落下。一夜过后，杜鹃花已经苏醒，尖尖的绿叶滋长起来了，花蕾也露出了笑脸，粉团团的，煞是好看。看着这盆起死回生的杜鹃，我灵感闪动，想到了杜甫的《春夜喜雨》，春雨体贴人意，知晓时节，在人们急需的时候悄然而至，催发生机，倘若在企业的文化管理中借鉴春雨的品格、汲取春雨的营养，一定能起到让人意想不到的功效。

好雨知时节

好雨只为"润物"，不求人知。其实，文化的管理功能也不是只为了约束员工的行为，让老板满意，而是从企业核心价值观出发，用符合人的个性和感情需要的方法，激励和领导具有不同个性的人，以保证员工做事有成效、有美感。也就是说，文化管理的作用，要像伴随和风而来的春雨一样，"潜入夜"和"细无声"相配合，有意"润物"，无意"讨好"。

多年前，随着企业提档升级，我们着手对锅炉车间"煤炭燃烧率的最大化与燃烧后煤渣含煤量的最小化"的成本管理难点进行攻关。用传统的管理办法，一般是就事论事，或者只靠制度来管、卡、压，但要形成长效机制却有些难，如何解决这个问题呢？

一天的雨后，我带着一群人来到煤渣堆旁召开现场会。雨后的煤渣堆湿漉漉的，未烧透的煤与煤渣，可谓煤炭店卖棉花——黑白分明。面对此情景，我一言未发，从口袋里掏出一把预先准备好的硬币，扔到煤渣堆上就走了。回到会议室时，我看到那些硬币已经被放在会议桌上了，我沉重地说："扔在煤渣上的硬币是钱，谁看见了都会捡起来。可是煤渣堆上每天都会见到没有烧透的煤，却没有人去捡起来，这难道不是钱吗？表面上看，我们丢掉的是煤渣、是钱，其实我们失掉的是勤俭节约的美德；再进一步说，这样没有成本管理意识的行为，我们丢掉的，或许就是我们企业的未来啊！"

"煤渣堆上的硬币"言论引起了不小的共鸣，通过"看一看，比一比，想一想，议一议"，大家豁然开朗，现场会顿时变成挑战会、决心会。我们因势利导，趁热打铁，当场讨论制定"司炉工岗位责任制"等一系列成功的成本管理与岗位责任制度。

一个企业，如果调动不起员工的积极性，那即使管理得再细、再严，也只能是管得住人、管不住心。所以，管理者的核心工作是要让员工关注企业、关注工作。管理过程中出现的一些问题，往往并不在于某一位员工的能力行不行，而取决于他有没有主动参与的责任意识，能不能进入角色、摆正位置，正如杨国安提出的，企业要打造组织能力，实现战略目标，不仅需要员工具备胜任能力，还必须有朝公司希望他们努力的方向去奋斗的意愿，这个意愿决定了员工的思维模式，影响着员工的决策和做事方式。

在我看来，责任胜于能力，实施文化管理，就是要不停顿地下雨——下"心雨"、下"喜雨"、下"及时雨"。无论捡煤渣，还是做其他管理工作，做好任何一件事都要有责任、有情感。从这个意义上讲，只有员工的责任和情感才是看得见、摸得着的"差异化"的财富。

金·卡梅隆和罗伯特·奎因在《组织文化诊断与变革》中讲过通用汽车一位20多年工龄的员工的故事。在引入丰田管理之前，他经常恶作剧，比如把三明治藏在汽车门板后、在将要焊接密封的车厢里故意弄松几颗螺钉等，后来，他的头衔是焊接质量提升主管，即便是在下班期间外出时，也会留意寻找自己厂生产的汽车，看到后就在雨刮器下放一张卡片，上面写着："是我制造了这辆车，有任何问题，就打个电话给我。"因为他认为自己对这辆车的质量负有负责。两位作者说，"这个访谈反映了1992年和1982年之间的差别，也反映了企业文化的改变。更高的生产率、质量、效率和士气从改变中直接产生，这就是我们要讲的变革"。

一个企业，只有把文化变成一套管理者非执行不可的制度、方法与操作流程，并落实到员工的心里、手上，文化才会有执行力，才会真正产生作用。

当春乃发生

多年前的一个下午，老领导带着一位中年人出现在我的办公室。这位中年人是位下岗职工，姓陈，妻子常年患病，小孩在读高中，老领导想让我给他安排一份工作。正巧锅炉房少一人，我便爽快地答应了。

老陈被安排到市里的压力容器培训班参加短期培训，回来后又被生产科长安排去捡煤渣。冬天的寒风刮得脸生疼，老陈弯着腰，细心地将还可再烧的夹生煤炭分拣出来，再将煤渣堆到一边。看着眼前的情景，我明白了生产科长的良苦用心，真是一步能走，千里能行啊！

在寒冬腊月的日子里，让老陈先捡一周煤渣，似乎有点残酷，甚至在外人看来，有拿新员工"开涮"之嫌。但这是黑松林培育人才的规定，凡是新员工进厂都要经过培训和试岗的过程，才能转入正式岗位。表面看起来，老陈捡起的一点夹生炭，论价格还不到他工资的十分之一，但论价值，却是培养他对企业的认同感，是他今后工作的起步点，也是他融入团队、主动找事做、自觉抢事做的"必由之路"。

一个企业，可以雇人到固定的岗位劳动，可以用钱买到按时按件计算的劳动量，但买不到劳动热情和劳动质量，买不来员工的心。在我们看来，寒冬时节让老陈捡煤渣，正是黑松林文化培育中的"当春乃发生"，因为工作习惯的养成须经过艰苦的过程，而好的习惯和作风起初往往是强制使然。孟凡驰教授曾为拙作《细节的响声》一书作序。其中写道：文化管理，注重养成教育。企业员工从不懂文化，到自觉地用文化知识武装自己，机械而幼稚地实践，经过长时间的养成教育，达到举手投足、思维行为都具有鲜明的企业文化品位，那么自主管理也就实现了。

2019年3月8日，黑松林组织全体员工参观泰兴市康鹏专用化学品有限公司。点长小江在题为《多学业务多揽责》的心得中写道："百闻不如一见，平时只是听说康鹏的现场管理如何好，设备设施如何先进，但印象中的化工企业'跑冒滴漏'司空见惯，即使有些表面上看起来干净，细节处必有所欠缺。但是，我错了。在进入康鹏公司大门的一刹那，我被折服了。宽敞明亮的仓库内一排排成品堆放得井然有序，地面定置一目了然；车间内各种管线布置得整齐划一，工具车、扳手等按指定位置摆放；特别是自制的电动机外罩，这是员工自己的创意，既美观又实用，对我启发很大。平时总认为我们黑松林已经做得不错了，不知道天外有天，人外有人。坐井观天没有出路，只有对照标杆找出差距，才能奋起直追。"

德鲁克说：管理的最高境界是无管理。无管理不是不管理，而是有所管有所不管的管理。要将企业文化理念这样一种精神层面的东西真正融入每个员工的血液，变成员工日常工作中时时、事事、处处体现的自觉意识和行为准则，需要管理者长期不懈的灌输、培育和滋润，也需要有渠道、有方法，需要和经营管理的实践相结合。盯着员工不如信任员工，让他们自己盯着自己，自己培养自己的自主管理能力和自我改善意识。

通过观察那些长期成功的企业发现，它们都具备一个共同特征——对经营有着超长线的心态，这些企业并不在意明天会发生什么，却对10年甚至20年后的价值定位异常清晰。

长期以来，心力管理十分注重教育、督促员工对制度的严格遵守，使员工养成了尊崇制度、各负其责、精耕细作的习惯，能够自觉维护企业制度的严肃性。因此，所谓文化管理，不是将管理做成文化，而是在管理中体现文化。优秀的企业文化建设，就是这样一个"超长线"的过程。

随风潜入夜

文化管理需要无声润物之春雨，有时也需要伴随着冷风，甚至由雨变成雪，这样的"冷雨"表面看起来是"损"物，但实质还是润物，是有心护花的及时雨。

虽说黑松林规模不算大，但这些年精心打造的文化管理特色却吸引了不少业内外人士。一次，泰兴冶炼厂的领导带着由十多人组成的核心管理团队来到黑松林。我与他们边走边交流，走过昔日臭水沟上垒起的船舫，穿过一块块翠绿欲滴的草坪，在车间定置图栏前，当听说在我们这个小化工企业闻不到异味，看不到"跑冒滴漏"，全靠"三定管理"平面图上的责任人自觉"日清日高"时，大家赞不绝口。走到吸料间，客人发现真空泵一丁点儿"黄袍"都没有，台台整齐清洁，不由连连称奇。突然，一位个子不太高、戴着黑边框眼镜的来宾，踮起脚，伸出手，朝泵管的上方摸了一下，随后看着自己沾满灰尘的手，一言不发。

我看着那留在管道上的巴掌印，迅速掏出手帕递过去，用幽默掩饰自己的难堪："不好意思，漆匠就怕个近视眼，我这个5级油漆工不及你这个600度近视眼哟！"我的话引得大家发出一阵笑声，打破了眼前的尴尬。

来宾这无言的批评，似给我兜头浇了一盆冷水。送走了来宾，我随即召开了关于巴掌印的现场会，集体查找我们管理的不足。在有些人的眼中，这样的巴掌印或许是"鸡蛋里面挑骨头"，然而我认为，如果对管理中的细节忽略不计，日积月累就是水滴石穿、线锯木断，不仅会丧失多年努力获得的管理成果，甚至还会导致企业的最终失败。而我们之前存在的问题，恰恰就是忽略了文化与制度的结合，忽略了文化管理需要不断地延伸与扩展边界，让管理不留死角。

经过认真的讨论，我们制定了更严格细致的管理制度，彻底消灭"巴掌印"。会上大家感叹，这不是一个普通的巴掌印，它是一块磨刀石，是一场伴着冷风的雨夹雪。那位挑剔的来宾留下的巴掌印，并不是否定我们的管理，而是在黑松林的管理慢慢成熟时，给我们下的一场"及时雨"，从这"随风潜入夜"的雨中得到的润泽，会将我们管理的刀剑磨得更锋利！

其实，管理中那种被遗忘的角落屡见不鲜，不足为奇。有些事，只有从事情的结尾去追溯它的开始，才会更加清晰。文化管理是文化制度化与制度文化化的辩证统一。所谓文化制度化，是将企业价值观转化为实际可操作的管理制度的过程，即用制度设计与实施体现文化理念的精髓；而制度文化化，则是将制度的精神进行抽象与提炼，"理念化"为员工的思维、习惯和传统。首先获得员工的认同，继而化为员工个人的价值观，最后实现企业价值观与员工价值观的统一。

实现企业价值观制度化，只有文化制度化与制度文化化二者同步协调，互相融合，才能真正形成持之以恒的企业文化执行力。这就是"随风潜入夜"的"冷雨"给我们的启示。

润物细无声

爱是一项永不竣工的工程。稻盛和夫说：持续经营心灵，能使你有意想不到的收获。对下属最有效的激励也许并不是金钱，而是融动心灵的爱。

随着时代的发展，文化管理已成为继经验型管理、泰罗制管理、行为科学管理和现代理性管理之后的第五代管理方式，其宗旨是将文化发生和发展的特点应用于日常管理之中，采用柔性方法，提高人的素质，培育人的思维方式，训练人的行为习惯，强化员工对企业的忠诚，从而达到自觉自主管理的目的。

一个星期天，我在公司接待一位大客户，走在绿树红花整洁的厂区大道，迎面正好碰上新品试制小组的小王。

"小王，什么时候从北京回来的？"

"昨晚10点多到家的，刘总，谢谢您的安排，让我全家逛了一趟北京，儿子第一次去北京，可开心了。"

"开心就好。今天是星期天，刚刚回来，不休息一下？"

"刘总，陪儿子去北京五六天，手上的工作延误了，这两天一定要补回来。"

小王快乐的脸笑得像花，我不由想起十多天前凌晨4点多接到小王微信的那一刻。

6月25日凌晨，小王发微信告诉我，他儿子已被扬州医学院录取，第一时间向我报喜，感谢我的关心。看着微信，我为小王的儿子高兴，也发自内心祝福这个孩子。看着看着，我不由自主地翻看起前些日子与小王微信发送的一些内容：

"小王，早上好！今天是高考的日子，预祝你儿子高考顺利圆满，心想事成。"

"谢谢刘总，借您的吉言，谢谢您！"

"刘总，儿子考的成绩不太理想，只有346分，谢谢！"

"好的，预祝上个好学校！"

"从江苏省教育厅召开的发布会上了解到，2018年江苏普通高校招生第一阶段各批省控线公布。据悉，今年江苏高招本一文科337分，理科336分；本二文科281分，理科285分。"

"小王，祝贺你儿子达到本一分数线，向你及全家祝贺，选个喜欢的好专业、好学校！"

……

公司有规定，凡是子女考上大学的，可以奖励员工全家去北京旅游一次，于是有了和小王见面的对话。

调动员工的积极性不但需要高薪、福利等物质的外在激励，更需要情感抚慰的内在激励。激励员工，说白了就是有心、用心，要真正有善心。人心的力量，不是看得见才相信，而是因为相信才看得见！

莎士比亚说："善良的心地，就是黄金。"企业与员工是打不断的连柄斧头，企业关爱员工不需要有终点。一个企业要与员工心连心，心换心，上下同欲，找到企业与员工之间焊接的焊点。将心比心，以心换心，是心力管理的基本要义，以爱出发，把员工当家人是心力管理的核心。这些年，黑松林在"春雨哲学"的指引下，着力营造一种轻松欢乐的氛围，用爱播种，让员工心情愉悦，快乐工作，共创友爱"大家庭"。

第五篇 员工培养

以静制『静』法：实现管理的『无招胜有招』
短信法：让情感管理无处不在
『南风』法：赢得员工的认同感
针灸法：改正员工的不良工作习惯
『热处理』法：打造一流员工队伍

以静制"静"法
实现管理的"无招胜有招"

小时候在乡下,每到夏季,我都要趁着天气好的机会,同一群小伙伴跑到土坡或田间地头去捉蝈蝈。夏季的晴天,太阳火辣辣的,热得让人受不了,外婆劝我不要外出,我却一只耳朵进一只耳朵出,依旧顶着太阳行动,因为只有晴天蝈蝈才猛劲地叫唤,而只有蝈蝈叫唤,才能被人发现和捉到。蝈蝈个头小,又长着跟野草一样的"保护色",漫无目的地寻找很不容易找到。

我那时年岁虽然小,却是个捉蝈蝈的高手。接近蝈蝈的时候,蝈蝈会停止鸣叫,我就静静地待着不动。而一旦周围的动静完全消失,蝈蝈就会再次叫唤起来。这个时候,循着叫声找去,往往很容易地从草丛的缝隙中发现蝈蝈,并将其捉住。以静制"静"的方法,使我每个夏天都能捉到好多蝈蝈。

传统的管理方式,或针尖对麦芒,兵来将挡,水来土掩;或以静制动,以不变应万变。劳动纪律问题多了,就增加或修改有关劳动规章制度的条款;质量管理环节的问题多了,就跟踪到环节,提出整改措施等。这些方法短时间内似乎有效，但依靠的是外驱力量，解决问题的效果既不彻底，也难以持久。而且无论管理者多么努力，也会有鞭长莫及的地方，甚至还会"按下葫芦浮起瓢"。

解决管理中的实质问题是个慢功夫，不能用钟点工的思维去思考，不能用哄小孩儿的方式去解决，需要用心力，需要用专注力，集中视觉、听觉、嗅觉、味觉和触觉去观察和认知、思考和分析、研究和探索，从而找到解决问题的钥匙。只有激发员工的自我驱动力，让员工自我觉醒，让员工的"心之所及"转化为"力之所达"，才可能从根源上解决问题。这就是我认为的以静制"静"。

很多领导者之所以无法容忍员工犯错，除了对自己能力的自负，另一个很重要的原因是，他们把公司视为私有财产，认为员工的错误最终都是对自己财产的侵害，是不可原谅的。其实，这种思维体现的是管理者的格局以及对公司发展的认知，他们只关注眼下的利益，忽略了长远的发展。这样的思维方式，自然也阻碍了管理者以理性方法教育和引导员工。

静以待"悟"

"悟"字是由"心"和"吾"组合而成的，可以直白地理解为"我用心来体悟和觉醒"。"悟"对职业人的素养乃至人生具有重要的意义。世间的很多事情，有时是教不会的，而必须依靠当事者亲临其境去"悟"，不然就达不到境界的升华，也就是曾国藩讲的"躬身入局"的情境。

基于此我认为，管理要实现人本管理，要以本心、用心力去启发和引导员工，自然也需要一种"悟"的功夫。如果能够让员工从不足或缺陷中"悟"出自觉来，重复的错误就可能避免，心力管理才会真正有成效。

一天凌晨五点出头，我被一阵雷声惊醒，紧接着雨点像炒豆子似的噼里啪啦落下来。约莫一个小时以后，暴雨慢慢歇下来。我急忙起床，往工厂赶去。

在通往车间的路上，我看到新招聘来的大学生小顾，只见她穿一双白色的凉鞋，有节奏地走着，头上那束马尾随着脚步一蹦一蹦，显现着年轻人的青春活力。车间大门口，老工人大薛握着一把大扫帚，正在清扫门口的水汪塘，看着她那被汗水浸透的后背，我由衷地向她致敬！

车间门口，几个早到的工人，有的在用拖把清理积水，有的在搬移被雨淋过的堆物。忽然，一阵"哗哗"的水声响起，我循声望去，只见刚进车间的小顾正在"金鸡独立"，一条腿跷在水池上，对着自来水龙头冲脚，还时不时用手抹抹。这番举止让我如芒在背。水声停了，小顾甩手转身，看见站在一边的我，头低得像一颗饱熟的稻穗。

我一言未发走了。只听见身后小顾怯怯的声音："刘总看见了吗？""刘总在门口一直看着你呢……"一位工人轻轻地应答。

事后，我收到小顾的一条短信："刘总，很抱歉，早晨的事。您沉默是金，宰相肚里好撑船，给了我自'悟'的机会，您用爱心和耐心教我如何做人做事，谢谢您！"第二天的晨会上，我征得小顾的同意宣读了这条短信，以人说事、以事论理，用"悟"的文化来渗透，让"理"自然地流淌到全体员工的心里。

给别人留一条退路，也让自己多一条出路。静以待"悟"，就是给员工机会，让他们依靠"内力"进行自我反思、自我修养和完善。达到了这个目的，就实现了管理的最佳效果。

静以淡化

管理中遇到的问题，有时需要时间来消解、淡化。

那是一个冬日的清晨，天还黑乎乎的。我早早出门，驱车去外地办事，一上车才发现落了一份重要资料，便让司机小周调转车头回工厂。

门卫大老王见我的车来了，赶紧开门，扯着嗓子与我打招呼。我也打开车窗微笑着向他问安。拿完资料，我随意看了一下值班表，发现今天应该是老李值班，怎么换成了老王？我来不及多问，急急忙忙上车赶路了。

晚上赶回工厂后，我一脚踏进门房，打开值班记录，上面赫然写着：老李，到厂时间16日19时，离厂时间17日6时30分。好一出"空城计"！同样的记录本，同样的一行字，今天看起来却格外刺眼。我无奈摇了摇头，叹了口气，暗自拿定主意：你演你的"空城计"，我演我的"斩马谡"。

第二天的早会上，我宣布免去了老李门卫的差使，没有当众说明任何理由。

散会后，我把亲手抄录的《玉泉子》中的一个小故事送给了老李。故事讲的是唐代吕元膺任东都留守时，有位棋友常陪他下棋。有一次，两人正对局，突然来了公文，吕元膺只好离开棋盘到公案前去批阅公文，那位棋友趁机偷偷挪动了一个棋子，最后胜了吕元膺。其实吕元膺已经看出他挪动棋子了，只是没有说破。第二天，吕元膺就请那位棋友到别处去谋生。吕元膺之所以辞退这位棋友，是因他不诚实。

"人无信不立"。一个诚信的庸人，也胜过一个不诚信的能人！

几个月后，老李因找不到合适的职业，又登门求我再给一次机会。面对这种情况，很多企业通常是紧闭大门的，而我却大胆地再次聘用了他。浪子回头金不换，二次进厂后的老李，因为有了一次被淘汰的经历，倍加珍惜再次得来的机会，工作干得有声有色。

我使用了"静以淡化"的方法，是因为我把诚信看得很重要。杰克·韦尔奇将诚信描述为四个方面的内容：一是保持行为的诚实和真实性；

二是信守诺言，为自己的错误承担责任；三是坚决遵守体现公司行为道德规范的政策；四是言行一致，取信于人。黑松林对诚信也有严格的要求，任何人一旦出现类似问题，我就不再费心费力地去做任何工作，而是坚决一票否定。这种表面上的"淡化"，其实有着十分严厉的惩戒效果和示范作用。

老李重回工厂后，也推心置腹地和我交流了"淡化"对他的冲击。而我之所以重新聘用他，则是从他的话语中看到了他真心的悔悟和再次做好工作的决心。作为管理者，要在员工价值观的培养上下功夫。对价值观的投资，相当于给人生装上定位系统，人生观就是员工一生的卫星导航，有了它，员工任何时候都不会迷失方向。

静以观察

静并不是静止，而是静观。静观是中国传统文化的重要理念，特别是艺术的修习方面，总缺不了静观的作用。像日出、月色、星象、雪景等都需要静观，才能享受心旷神怡。虽然人们说时间就是金钱、就是生命，但是在许多情况下，企业管理的工作却急不得，需要一个"冷水泡茶慢慢浓"的调适过程。

领导在企业文化建设中的作用很重要，但领导本身并不能让公司成功完成自己的经济使命。领导的作用在于：塑造一种所有层级的员工都认同的工作环境，鼓舞每一个人的领导能力，提供无畏的支持，关心使公司有效运行的那些具体事务，努力使员工对公司的整体成就感到骄傲。这是特伦斯·迪尔和艾伦·肯尼迪在《新企业文化：重获工作场所的活力》中关于领导如何实施文化管理的一个观点，我对此十分认同。

我在黑松林实施企业文化建设过程中，每次抛出新的理念，并不急于让员工百分之百地去践行，而常常制造一种"静观"状态，给员工充分的时间，有时故意设置一些情境，让员工慢慢理解和消化这一理念的良苦用心，让习惯成自然。我认为，做到了这一点，才能真正达到像宝洁公司早年倡导的那样"让员工对我们的公司感兴趣"。

几年前，黑松林部分厂区规划改造以后，保洁责任区被重新划分，新来的几个大学生也领到了各自的任务。尽管大家都很努力，但效果总不理想。

一天晚饭后，我独自在厂区散步，无意中发现手中还捏着一张餐巾纸。我突然来了灵感：能不能用它考验一下员工的自觉意识？夜色中，我将餐巾纸揉作一团，扔进窨井盖的隙缝中。第二天一早，员工们陆续到厂上班，大家都很自觉地清理各自的保洁区。例行晨训结束后，我却遗憾地发现，揉作一团的餐巾纸仍然静静地镶嵌在窨井盖的隙缝中。

我授意领操的小殷让大家停留一下，走到队伍前面，说出我的考题。员工们不约而同地将目光聚集到了窨井盖方向，我没有直接追问责任人，而是给大家讲了一个故事。庙里有位老师父，他新收的徒弟头天进庙门，必须做例行功课：扫地。一天，有徒弟来拜师，师父还是安排他扫地。扫完后，师父问：扫干净了吗？徒弟说：扫干净了。师父又问：真的扫干净了吗？徒弟想了想，肯定地说：真的扫干净了。师父说：好了，你可以回家了。原来，师父事先在屋子的角落里丢了几枚铜板，看徒弟在扫地时能不能发现。那些心浮气躁、偷奸耍滑的人，只会做表面文章，不会认认真真去打扫那些边边角角，自然也不会捡到铜板。这就是老和尚的"静以观之"。

习惯成自然。每个人每天都会重复着许多行为。这些规范或不规范的行为累积起来就是习惯，要改变不规范的习惯，何其难哉！管理一家企业，如同修建一座"巴别塔"，如果只想着快快把塔体建起来，忽视或忘记夯实基础，忽视企业组织能力的建设，总有一天，这座塔会倒掉。

俗话说，心急吃不了热豆腐。员工接受并践行企业倡导的理念，最终是要靠自我觉悟的，所以，"静观"的环节不能省。用心的管理者，能从静态中发现很多问题，能发现员工是否情愿、是否静中有动，也能发现实施文化管理的问题或缺陷。更为重要的是，静观也能帮助你发现员工心灵的美妙世界、发现他们质朴的本心、发现他们对工作的忠诚。

静观背后，体现的是管理者对员工的尊重，也是接纳员工、与员工共同成长的格局。

打那以后，我又静观了多次，看得出来，每个保洁责任区的清扫工作都很尽心，有一些区域真正做到无可挑剔，我知道，"静观"管理取得了期待的成效。

静以养心

有个成语叫"平心静气"，这是一种人生的良好状态，而怎样才能达到如此境界呢？其实成语本身已经告诉我们答案了：只有静气才能保持平常心，静是可以养心的。

我想，包括管理在内的天下的许多事情，其实都是朴素的、简单的，其中的一些混乱或复杂，其实是人主观作用的结果。要提高企业员工的综合素质，特别是在当下这个浮躁的时代，静心是一种必不可少的方式，静心可以使大家跳出浮躁，可以使大家消除杂念，净化心灵，领悟朴素的大道理。管理者与员工共同静心，则更能达到心心相印的结果。

一年一度的人才市场招聘会又拉开了帷幕。从人才市场回来的办公室主任脚还没进门，喜悦的声音就传过来："刘总，告诉您一个好消息，这次到我们摊位谈意向的大学生比任何一家都多！我们从几十个人中反复选择，择出了10个'精英'!"看着他那份高兴劲,我禁不住喜上眉梢。

按照计划,办公室主任安排大学生们半日学习培训,半日义务劳动。这天下午,大学生们去清理我们刚收购的一家企业,快下班时,我与行政科长老马来到现场,只见刚拔过杂草的场地仍像个"癞痢头",地面上则是尘土飞扬,扫过的地方还留着一块块"原始地带"。我与办公室主任耳语了几句,让大家喝杯水休息一会儿。随即,大学生们围坐在一起,谈笑风生,妙语连珠,弥漫着青春的气息。

水也喝了,话也说了,乏也消了。办公室主任不失时机将我推到他们中间。几句寒暄之后,我问一名戴着眼镜的小伙子:"'一屋不扫何以扫天下'是谁的名句?"小伙子不停地眨着眼,不由自主地挠起后脑勺。

"是东汉的薛勤。"旁边的一名女学生声音不大,但很坚定。

"对,是薛勤!"我肯定了她的回答,然后说道:"打扫卫生、清理现场,是你们到黑松林干的第一项工作,那今天大家干得好不好,我们是不是可以讨论讨论?"大学生们没想到第一次见面,我就给他们来了个"下马威"。看着刚扫过的地面,大家若有所思。不用再动员,大家纷纷起身大干起来。

2017年诺贝尔经济学奖得主、著名行为经济学家理查德·塞勒提出一个"助推"的概念,英文原意是"用胳膊肘等身体部位轻推或者轻戳别人的肋部,以提醒或者引起他人的注意"。从语义看,"助推"意在通过一个颇具"亲和性"的行为,让人们自然地做出更合理、更积极的选择。

我想,以静制"静"其实就是一种"助推",是对"管理缝隙"的管理,这种管理,直接决定着整体的管理活动能否紧密衔接,这也是管理中最容易忽视的环节,在很大程度上决定着管理活动的效果。而注意到这样的管理以及柔性化地实施这样的管理,需要一定的管理技巧,更需要管理者的智慧。说起来，与我们都了解的一般管理相比，这样的管理，其实是更贴近文化底蕴的管理！

　　赵曙明认为，德鲁克的《管理的实践》一书撰写的根本目的在于通过对管理原则、责任和实践的研究，探索如何建立一种有效的管理机制和制度。而衡量一个管理制度是否有效的标准，就在于该制度能否将管理者个人特征的影响降到最低限度。因此，静亦非静，是以静的方式，达到更深层次的管理，直指人的心灵，这正是我所谓的"心力管理之道"。

短信法
让情感管理无处不在

情感管理是对中国传统文化的传承,在我国的管理实践中具有特别重要的意义,对此我深有感触。管理需要沟通,而沟通则需要介质和平台。短信与微信这类现代信息沟通手段,就为实现企业的情感管理提供了极为难得的平台。

与面对面谈话和传统的电话交流不同,短信和微信更不受时空所局限,能够通过个性化的空间,缩短人与人之间的心灵距离,让沟通无处不在。

四季酒店的创始人伊萨多·夏普说,"管理者与员工之间的信任问题是我心中最大的症结"。这些年,我在管理中频繁甚至刻意地使用短信和微信,让它们成为我无形的手、朴实的脚、遥控器、粘合剂和贴身小皮袄,通过这些渠道,建立起与员工之间的良好关系。

无形的手

有一句话说得好:上天在我们左手埋下问题,又在我们右手留下了方法。其实，短信和微信的交流就像一只无形的手，是一种实施管理的好方法、解决问题的好工具，有时感觉还真有些"手中无剑"的效果。

我们工厂中曾经有一句顺口溜：紧车工，慢钳工，溜溜达达是电工。要管好电工这支队伍，改变这班"油条兵"的作风，用急火炒菜的办法不行，得慢慢地来调理。

多年前的一天，上班铃已响过近半个小时。办公室的灯闪了几下熄灭了。我心里嘀咕着，供电部门没有通知要停电啊。走出办公室，却见不远处车间的灯是亮的，还不时传来一阵阵马达声。可能是办公室电线短路了，我边想边朝配电房走去。

隔着配电房的窗子，只见电工小张一份报纸、一杯香茶，两只脚跷在办公桌上，椅子背都被他靠得斜过去了。坐在他后面办公桌的老丁则双眼微眯打瞌睡，头一会儿歪向东，一会又倒向西。

看到这个场景，我什么也没有讲，悄悄地离开了。

回到办公室，我打开手机，给小张发了这样一条短信："早晨好，我有事请你过来！另外友情提醒，看报的时候请坐好，摔下来，我可要赔你个工伤喽！"

不一会儿，小张三步并作两步，一阵小跑来到我的办公室，一脸的尴尬。

短信静悄悄，话语不急不躁。可自此之后，小张变了，电工队伍也变了，"油条班"一下子成了"红旗班"。在解决问题的时候，常见的选择有两种——有人用道理去说服人，有人用嗓子去压服人。但我想，唠唠叨叨的空洞说教、大庭广众之下的声色俱厉，有时都不如一条短信有效。一些企业在设计制度或机制时，少了有关人性的最重要的思考维度，管理从本质上与人紧密相关，如果不考虑人性，又如何能够实现对人的驱动呢？

汤姆·彼得斯等在《追求卓越》一书中提出，"真正使公司茁壮成长的方法是组织结构的方式、制度、风格以及价值观的配合，这些因素相辅相成，才能使公司有杰出的能力，激发一般员工有杰出的表现"。我认为，培养员工的认同感，一定要讲究方法，对不同的人需要用不同的方法，这样才能走进员工的心里。俗话说，一把钥匙开一把锁，找对了钥匙，也就能事半功倍了。

朴实的脚

很多企业谈到市场和用户时，常用"触达"这个词，其实仔细想想，管理中我们也应该有"触达"的意识。在实践中我发现，有时候，短信和微信就是帮助你"触达"员工心灵窗口的最佳工具。

一天下班前，我特意交代驾驶员小周，明晨6点前，先接丁工，后接我，同去上海参加会议，不能误点。小周满口答应。

第二天天刚破晓，我就起床了，简单收拾后，边看书边等小周。这天天气炎热，尽管是清晨，人已经热得直喘大气，看书也有点心不在焉。我时不时地看看手表，已经6点了，还不见小周的影子。我拨通他的手机，传来了小周急火火的声音："刘总，快到了！"

为了不耽误赶路，我估算着时间，拎起包，提早赶到路口等候。

等了一会儿，车还是没到，我已是一头油汗。我耐着性子不时地眺望，5分钟过去了，车还是没到。我又一次拨通了电话，不耐烦地对小周吼道："到了什么地方？这个家门就那么难出？"

又过了七八分钟，小周的车风驰电掣般来到我面前，我一看表，他整整迟到了20分钟！

我满头大汗，板着脸，一言不发地钻进车子。刚坐好，老丁递过一张面纸，说："厂长，先擦一下汗吧，今天的事全怪我！"

我瞟了他一眼，冷冷地吐出了三个字："没关系。"

"刘总，今天全怪我耽误时间了，年龄大的人了，消化功能不行，夜里受凉，临出门还来了'一裤裆'。"老丁边说边借反光镜盯着我。

原来如此。小周一大早提前出来接人，因为特殊原因迟到了，我连打几个电话发牢骚。其实，他应该比我还着急。但我却不送清凉反抛燃烧弹，不问青红皂白就发了一顿火。迟到的责任根本不在他，当然也不能怪老丁，官不差病人呀！我自责不已，都快把肠子悔青了。

车子很快上了高速，小周见我和老丁一声不吭，打开音响，放的是广东音乐《雨打芭蕉》。我微闭着双眼，心头一片雨意。车内很凉快，一身汗很快退去，刚才路边等待的烦躁情绪也渐渐平息。

赶到会场，我越想越内疚，趁还未开会前，掏出手机给小周发去了一条道歉短信。看着显示屏中远去的"歉意"，我心中压着的石头仿佛落了地，有一种如释重负之感。

这条小小短信，承载了我的歉意，走进了小周的心灵。

道家说，虚，能容纳万事万物。一个真正"得道"的人，什么时候都不能把自己当凌驾于员工之上的"老板"，老板和员工只是分工不同，人格上并没有高低贵贱之分。千万不可妄自尊大，目空一切，拿员工当出气筒。一个好的管理者，应当学会藏其锋芒，平等待人。

细细观察管理实践，如果管理者高高在上，盛气凌人，以权压人，倚势逼人，不关爱员工，必然会挫伤员工的自尊心，引起员工的反感，最终使自己走到孤立无援的地步。这恰恰是很多企业最终失败的根源！可惜的是，一些企业管理者到最终失败的那一刻，也未必悟得出这个道理！

孔子的学生子贡说："君子之过也，如日月之食焉：过也，人皆见之；更也，人皆仰之。"有时，如果你没有勇气表达自己的内疚，或者错过了当面表达的时机，那就试试发短信吧！在短信的奇妙世界里，它能带你触达每一个角落。

遥控器

短信，就像握在手中的一株芦苇花，轻轻一吹，就能飞得很远。很多时候，尝试将管理搬到小小的手机上，你会发现文字的意蕴变得无限深远，管理的心境也会变得无限宽广。

多年前，工厂用了十多年的储罐区因为靠邻厂太近，被安全检查部门责令限期拆除移装。拆除容易，可根本找不到合适的地方移装，四只几十吨的储罐只能像搁浅在沙滩上的铁船，让人"望洋兴叹"。

在去美国之前几天，我好不容易协调定下一块"风水宝地"，储罐终于又快要站起来了。登上飞机后，虽在一万多米的高空，我心里却一直惦念着安装进度。凭我的直觉，五一节后随着奥运会将近，储罐里的这些危险品在运输时定会受到更严格的管制，运输价格估计也会上涨很多。

到美国时已是当地时间下午5点多，夕阳西下，国内却是黎明时刻。吃过晚饭，被时差折腾得睡不着的我心里还在惦记着储罐，估摸着国内该是早晨上班的时间了，我掏出手机给机修班长小江写了一封短信"家书"："江班，早晨好！我刚到美国，这里与家里时差有12小时，我在黑夜，你在清晨。这些天你们辛苦了！希望你和伙伴们抓紧将储罐安装好，回来我慰劳！向你们致敬！"

我看了看文字，按下发送键，屏幕上一颗蓝星星由大变小飞向远方。

"叮叮！"来短信了，打开一看是小江的。"刘总，谢谢你的关心！请放心，我们等着你回来放鞭炮呢！"

看完短信，举目望向窗外，满天的星星似眨着不眠的眼，万籁俱寂，除了我欣慰跳动的心。

其实，我们的员工很朴实、很简单，作为一个管理者，严肃的话题有时不一定要严肃地表达，用最平实的方法，在合适的时间，用合适的方式，说出合适的话语，送去温馨和周到，反而能让员工在第一时间获得惊喜和感动，意蕴深远。

我这封短信"家书"，只花了1.99元，不远万里飞回工厂，如同在平静湖面投进一颗小石子，会荡起层层涟漪。发送这条短信，我为的是让机修班长小江抓紧施工，自己督促自己，早日完成储罐安装，但因短信里所蕴含的情感，它比领导者规定期限、命令督促效果更佳，又比用电话更能传情达意，使员工在温和的短信中欣然接受工作。

以前冬天洗澡用塑料浴帐，花钱不多，洗澡暖和。短信"遥控器"也有这样的妙用，它成本很低，但因为文字的细致周全和殷殷的期望，却足以温暖人心。最好的管理也是如此，正如《1001种奖励员工的方法》一书的作者鲍勃·纳尔逊说："在恰当的时间、从恰当的人口中道出一声真诚的谢意，对员工而言比加薪、正式奖励或众多的资格证书和勋章更有意义。"

一个可爱的管理者，总应该在最关键的时候，为最可爱的员工加油。现代社会，每一个人都希望自己很重要，利用短信"制造"情商、创建影响力，使员工感到被尊重、被信任的快乐，我相信管理者自己也会得到意外的收获。

粘合剂

在我眼中，短信和微信也是一种"管理文化"，使用得好，不但能改变管理者与被管理者情感交流的方式，在很大程度上还能像粘合剂一般粘接亲情、友情、同事情。

一天清晨，驾驶员小周送我去连云港参加一个会议。车子上了高速不足一刻钟，小周便喊我："刘总，前面是我们送货的车。"我抬头一看，还真是。待赶上前去，我摇下车窗，朝货车驾驶员小吴挥了挥手。小吴按响喇叭，回应着我的问候。小周也按响了喇叭，用他们特有的方式招呼着。

车子继续开了没多远，原本好好的天突然下起大雾，一团一团，由淡变浓。汽车似在干冰弥漫的舞台上游走，有一种腾云驾雾之感。我叮嘱小周开车慢点，心里不由得开始嘀咕，鬼天气，又不知要有多少车"接吻"了！

想到这儿，我给小吴发了条微信："小吴，前面下大雾了，不要着急，路上慢点，千万要小心啊……"

不一会儿，随车的营销员来信了："刘总，知道了，我和小吴谢谢您的关心，你们也要注意安全，祝一路平安！"

一句"一路平安"的短信问候，温暖着彼此的心田。

早在19世纪80年代末，宝洁公司的领导者威廉·普罗克特就提出了这样的问题：怎样才能使宝洁的员工不但工作效率高，而且忠于自己的公司？怎样才能体现出公司对其成员的责任感？出于这样的追求，他做了大量的工作，希望达成"让员工对我们的公司感兴趣"的目的。普罗克特的这一探索，可以说是企业文化实践的源头之一。企业关心员工，员工就会热爱企业，"爱"就成为一根纽带，连接着企业和员工。

美国金融学家杰克·弗朗西斯说：你可以买到一个人的时间，你可以雇到一个人来工作，但你买不到人的热情，买不到人的创造性，买不到人的全身心投入。而通过手机发送的一句亲切的问候，恰恰能像粘合剂让双方的心紧紧贴在一起。一条饱含情感的信息，能滋润对方的心田，感染对方的情绪，融洽彼此的关系，能让员工感受到家的温暖，让员工把工作当成和家人一起为实现一个共同的目标而奋斗。

随着时间的积累，这种承载了感情的"短信文化"，会沉淀为一种难以割舍的浓厚情结，一种不离不弃的深深眷恋，这种凝聚在一个文化共同体内的亲和力，会在企业内部形成强烈的归属感和向心力。

贴身小皮袄

从人性角度看，每个人都有帮助别人的愿望，哪怕他是一个最普通的人。你送出去物质，得到了感激，而我送出去感激，得到了物质，我们在互相帮助。一个合格的管理者，需要懂得向员工赠送物资，还要懂得送出自己的感激。

2008年1月27日，星期日，天气阴转大雪。我收到一条短信，打开一看，是市气象台发布的暴雪黄色预警，预计未来12小时内我市降雪达12毫米以上，且对交通有持续影响，提醒注意防范。我临窗眺望，漫天狂舞的大雪一点没有要停下来的意思，仿佛在向我示威，在黑夜的映衬下，这雪透出一种让人感受到深深寒意的光。隔窗望去，到处是白茫茫的一片，路也找不到，偶尔有几辆汽车，如同蜗牛爬行般驶过。我看着大雪发呆，脑海里满是那些深一脚浅一脚走在上班路上的熟悉身影，那些在风雪中摇摇晃晃骑车上班的员工的脸庞……

大雪压城，让我难眠。这雪，到底要下到什么时候……

"丁部长，刚刚发布的暴雪黄色预警紧急通知收到了吗？"我拨通了生产部丁部长的电话，"请你分头用短信紧急通知各车间主任，并转各班组长，明天不上班，请各自做好防范，确保安全！"我似指挥战斗的队长，发出了紧急通知。"是！我代表大家谢谢总经理！"

打破常规，深夜发出临时放假通知，似给员工送去贴身小皮袄，给员工带来温暖，我相信，爱心定会融化冰雪。一个心系员工的管理者，他的员工一定会心系企业。

调动员工的积极性靠两个方面。一是高薪、福利等物质类的外在激励因素，但在这些之外，现代人更需要第二种，也就是心理关怀、情感抚慰等内在激励因素：一个微笑、一句赞扬的话、一杯白开水、一则临时的放假通知……关爱员工需要用心，而不是用"心机"。

现代企业管理中有一条"黄金法则"：关爱你的客户，关爱你的员工，那么市场就会对你倍加关爱。霍华德·舒尔茨也认为，员工不是生产线上的零部件，星巴克要让雇员成为公司的伙伴。客户是企业的外部客户，员工是企业的内部客户，只有内外兼顾，企业才能获得最终成功。

美国管理学家玛格丽特·惠特利认为，从本质上说，管理活动没有关注人的生命和企业生命的复杂性，而是把它过分简单化了。基于这样的前提，很多人认为，我们可以忽视人的存在这一根本现实；可以忽视人们的精神问题，可以忽视人们对工作意义的追问；可以忽视人们对爱和赞赏的需要；可以假装在工作中没有情感；可以假装没有家庭，没有健康问题，或者没有更深层次的忧虑。实际上，这是极其错误的。

情感，是人与人之间最好的纽带。没有情感的企业，就像没有湖泊、没有鲜花的沙漠，荒凉且死气沉沉。

情感，通过短信和微信从手机这边传到了那边，能让员工和管理者明白彼此间的牵挂，似一缕阳光，似一股暖流，驱散途中的迷雾，驱赶雪天的寒冷。

"南风"法
赢得员工的认同感

有则寓言故事,说的是南风和北风打赌比威力,看谁能先把行人身上的衣服脱掉。北风首先狂吹一通,企图用蛮力将衣服剥下,结果适得其反,行人为了抵御北风的侵袭,将衣服越裹越紧;而南风则徐徐吹拂,让人顿感洋洋暖意,并有微汗沁出,于是,行人解开纽扣,自然而然地脱掉了衣服,南风获得了胜利。后来,这个故事被心理学家称为"南风效应"。

其实,管理以人心为本,也需要"南风吻脸轻轻拂"。赶集网前COO陈国环在2022年接受采访时说,商业最核心的本质是人,环境是不确定的,内卷是不确定的,但人是确定的。人作为一个主体存在于社会,在创造社会价值的过程中,几千年的历史下来,其本性是恒定的。我认为,经营企业靠的是通过心力来经营人的"心"商,那种"北风"式的管、卡、压,管得住人身,拴不住人心;而"南风"般的亲和管理,才是员工愿意停泊的港湾。

难得糊涂：管理中的有情与无情

倾盆大雨发了疯似的一夜未停，早上依然暴雨如注。上班的时间到了，近一半的员工还未到岗。按照惯例，值班员小朱将迟到员工的名字一一公布于黑板。看着到岗的员工个个被雨淋得像刚从水里爬出来，我忙叫行政科长去准备一些姜茶，分送到车间，以防员工受凉感冒。接着，我走到公布栏前，叫小朱停止公布，并将已公布的迟到人员名单擦掉，重写了一份"今天迟到不罚款"的"安民告示"。

"安民告示"使全厂沸腾了。员工都说，"'死制度'被'活人'执行活了"。

大雨使近半数的员工迟到，但并没有影响当天的生产任务。正是"今天迟到不罚款"的温情，缩短了员工情感与制度上的距离，甚至激发了人的潜力，创造了当日生产的最高纪录。

国外一项心理研究表明：一个没有受到激励的人，仅能发挥自己能力的20%～30%；而受到激励后，他的能力可发挥至80%～90%。就是说，同样一个人，在受到充分激励后，所发挥的能力相当于激励前的3～4倍。

一个企业管理的成功与否，很大程度上取决于"无情的制度管理"与"有情的管理者"能否巧妙结合。制度是管理的基石，管理工作不可能回避或杜绝惩处，但抽象的制度管理，若是缺乏必要的感性支撑，仅仅将员工视为生产要素，把员工当工具使，把制度绝对化，按规矩办、硬罚款，那么只能显示制度的压迫性，让人望而生畏。这种情况造成了一个不良的结果，就像《日本企业管理艺术》中所说的，企业管理存在问题的根源之一就是，管理者逐渐将人作为一个社会和精神的存在与他在工作时的"生产力"作用分割，认为人们的精神和社会生活应存在于工作场所之外。

"今天迟到不罚款"的"南风"式处理，将"无情"与"有情"相互结合，改变按老规矩办的做法，"大赦"迟到者一次，让员工在经历中体验、感悟，这种方法促进了员工执行制度的自觉性，产生的内在的精神动力比罚款的影响可能更大。

事后，有人提出，迟到不罚款，是否破坏了企业的规章制度？并且引用有些管理专家的观点说，企业的制度都是企业的"一把手"带头破坏的。对此我却认为，制度本身虽然是"高压线"，却又有一定的宽容度和"免责条款"。比如，黑松林对违纪的处罚就有特殊情况特殊处理的条款，而大雨就是一种特殊情况，免除罚款并不违反规章制度。其实我认为，这次处理员工迟到的问题，执行规章制度已经不重要了，而"帮助"员工找到不被罚款的理由，使他们得到尊重，表现出心力管理之真情与激情，则是根本。

一个有效的组织既离不开良好的制度保证，也离不开有效的管理者。由糊涂变聪明难，由聪明变糊涂更难。特殊时刻的糊涂有时并不是真糊涂，而是智慧、亲和，宛似南风，是穿透人心的力量。"今天迟到不罚款"，不是不闻不问、麻木丢掉制度的行为，而是彰显了一颗被真爱浸润的心灵如何去凝聚自己的管理团队，体现了心力管理之"重剑无锋"的力量。

沉默是金：特定情境下的网开一面

生意人的神经总是敏感的，欧佩克限产、石油涨价的新闻刚被报道，立即就有客户一批一批地向工厂要货。

车间门口，厂里的自备车刚装完去山西的货，驾驶员小吴正在捆扎篷布，后面一辆客户的车却在使劲按喇叭，要求让他先走。小吴心地善良，连忙钻进驾驶室，发动车子打了个小弯让道。只听"哐当"一声巨响，车上那些没有捆扎的塑料桶摔落一地，摔破的塑料桶里洒出一滩"雪花膏"，让人又气又急又心疼。

小吴情知不妙，来了个急刹车，看到地上一片狼藉，额上沁出密密的冷汗，脸色比"雪花膏"还白，一时不知所措。

我站在一旁看在眼里，却装作什么事也没有发生过。"还不快把好桶拎出来！"闻声赶过来的两个女工冲着小吴直嚷。小吴这才缓过神来，与两个女工一起，先拎起未摔掉盖子的好桶，又用手当刮板，将地面上没有玷污的白胶舀到桶里。

足足等了几分钟以后，我转身找来毛巾，为小吴擦擦脸。"咱们小吴有风格，知道要让客户的车。"我与小吴开着玩笑。小吴说："我快急死了，厂长你还开玩笑。"我拍拍小吴的肩膀："别急，急出高血压来我可担当不起哦！今天我买单！我去申报破损，特批！"

小吴有点不相信自己的耳朵，局促不安地看着我说："都怪我没留心弯道的惯性，我、我……"说着说着，眼睛湿润了。

我理解小吴自责的心情，因此故意停顿几分钟才去帮忙，聪明的员工自然意会神通。好心让道，一不小心，折了兵，翻了船，谁会心甘情愿再去赔偿？如果当场批评、指责小吴，就会像北风灌颈，不但打击他的自尊心，而且会吹冷员工的一颗心，影响众人以后的积极性。事情已经发生，我故意停顿几分钟，给紧张的场面降降温。

"今天我买单"，让寒冷的"北风"变成了和煦的"南风"，当事人一定会在"南风"里清醒，明白这样的学费今后不能再交。

管理不是冰冷的，而是有温度的。美国管理学者理查德·巴雷特在《解放企业的心灵：企业文化评估及价值转换工具》一书中提出了"企业的情感健康"的概念，包括企业的内在素质和人际关系等，作为衡量情感健康程度的系列指标。巴雷特认为，只有当员工感觉到与同事建立了很好的友谊和联系时，他们对企业的贡献才会超过企业所要求的水平。我倡导"南风"法的目的，就是希望通过有温度的管理，持续强化企业的情感健康，让员工真正拥有归属感。

改善魂：点滴细节造就成功企业

一天下午，我来到市场部了解上半年的销售情况。新提拔的市场部部长小吕，到底是专业对口的大学生，聪明机灵，分析起来头头是道。她还将去年同期的销售情况运用图表进行对比，一目了然。我暗自高兴，千军易得，一将难求，工厂觅得一位优秀的营销高管不容易呀。

谈完工作，我起身准备离开。一旁沙发椅上的两只茶杯映入我的眼帘。定睛一看，杯中的茶水颜色深得似酱油，上面还浮了一层似亮非亮的薄膜。

"小吕，这两杯茶是昨天的吧？"

"不好意思，是昨天泡给上海客户的。"小吕急忙站起来。

"喔，咱们小吕一张甜甜的脸，上门来的客户总是先倒一杯水，外加一句礼貌话，服务做得很细，真好。不过，可不能忽略另外的细节呀，这两杯隔夜茶——"我点到为止，边说边将其中一杯隔夜茶似慢动作轻轻倒掉，笑眯眯地看着小吕，"举手之劳啊！是不是？"

小吕见状，边点头边冲过来抢过另一只杯子。"就这么一倒，其实很简单，不好意思，不好意思……"我的一番话让小吕脸红到耳朵根子，比十次说教还管用。

张瑞敏说过，真正的企业，没有激动人心的事情发生。一个企业的成功不是靠运气或侥幸获得，而是靠脚踏实地一点一滴的行动、一点一滴的管理积累实现的。

我在隔夜茶上"小题大做"，实际上想表达管理中的这个"理"字，就是想办法从根本上改变一件事、改变一个人，彻底消灭此类问题。我略带幽默的调侃、点到为止的倒水，既维护了员工的体面，又彰显了管理者的宽容。其实，倒水不是对小错的迁就，而是给员工留下自省的余地，是对于缺陷的补充，更是对已被习惯麻痹了的心理进行恰到好处的刺激。

著名的丰田模式有一个核心词叫"改善魂"，令我醍醐灌顶。在丰田，进步和提升被称为改善，一个人有了进步时，就会得到他人的尊敬。改善是"魂"，是一个人对自己生命价值追求的体现，运用"南风"法不断助推员工的持续改善，也就为企业凝聚了一种"于细微处见精神"的"魂"。

换位思考：无心之过需亲和待之

一场雨，将春天的绿洗刷得格外透亮。坐在车上，春风夹着偶尔吹进窗内的雨点，拍打在脸颊上很凉爽。

"小周，时间早着呢，雨天路滑，不急！"我轻轻地对司机小周说。

"刘总，您放心，到硕放机场不超过 100 千米，怎么开也保证您提前 1 小时以上到机场。"小周笑眯眯地答道，胸有成竹。

雨噼里啪啦地下着，在车窗玻璃上跳跃着，瞬间模糊，又随即被雨刮器赶得无影无踪。虽然没有雨打芭蕉的雅致，但此情此景，坐在车上阅读的我也感到别有一番韵味。蓦地一抬头，看看高速公路上的指示牌，"小周，怎么前面要到苏州东啦？"我脱口而出。

"哎呀，我被雨弄糊涂了，我们应该在前面的华庄出口处下高速！"小周如梦初醒，边说边慌乱地将油门加大，窗外溅起一阵雨浪。

车子开到苏州东出口，惯性使我像在荡秋千，身体一会儿向左一会儿向右。"小周，你别着急，慢慢开，顺顺气。"我语气平和，似什么事也没发生。

"对不起，刘总，今天让你起了个早，摸了个黑，实在是……"小周话到嘴边留了半句，让我感受到了另半句的自责。

"小周,生意场上有句老话,来得早不如来得巧,说不定今天还能享受'总统'通道呢!"我"幽了一默"。外面的雨渐渐小了,我不时地看着车上的石英钟,虽说心里像刮着北风,但脸上没有体现。设身处地站在小周的角度上想,没人愿意出错,着急没有什么用,更何况小周是第一次犯这种错误。

"到了,到了……"小周看着远处的机场,兴奋得像个孩子。"不急,不急……"我微笑着点点头。一阵忙乱,匆匆登上飞机舷梯时,我已浑身汗津津的了,还未坐定,就收到了小周的短信:"刘总,感谢你宰相肚里撑大船,包容我,祝一路平安!""别放在心,路上小心,平安回家!"人是有思维的智慧动物,只因为有思想,能思考,才会不停地产生痛苦、欢乐。管理是一个双向思维和行为的持续博弈过程,也是一门艺术。在处理很多"无意的第一次"时,管理者需要亲和、体谅和宽容,而不是讲大道理、说教和斥责。因为员工是无心之过,自己尚且懊悔不迭,又何须管理者多言!员工需要指点,却不需要指指点点,少一点北风凛冽、冰天雪地,多一点和煦阳光、暖暖南风,给人第二次机会,这既是管理者的气度,也是管理的智慧。

"温柔"的惩罚:"以文化人"的惩戒艺术

在一次工商管理高层培训班上,我与一位董事长探讨有关责任的问题。他说:"出了问题,好汉应该怨自己。即使问题错在别人,你仍然有责任。因为这说明你没有较高的技巧和艺术对付那些犯错误的人。神医应当是你自己啊!"这番话似油漆一般"漆"在我心里。是的,作为一名现代管理者,如何用心、用力创造性地进行管理实践,是艺术更是责任啊!

一天上午,我和生产副总老丁从新扩建的东厂区路过仓储区,老远就看见高耸的大储罐顶部像在放冷却水，空气中还夹带一丝溶剂油的味道。我心里开始打鼓：三月里春寒料峭，怎么会放冷却水？还未回过神来，眼明脚快的老丁已经飞一般冲向仓储区。待我跑步赶到现场时，两个放料员早已吓得面如土色，欲哭无泪地站在一边。

原来，放料员小王开错了阀门，造成原料泄漏。事后，生产部门根据放料工岗位责任制，将对事故责任人小王的处理意见送到了我的办公室。我翻看着小王的检查、车间会议记录、赔偿损失的计算……厚厚的一叠。只见最后的处理意见写着："赔偿原料损失3000元，罚款1000元，合计4000元。"沉思片刻，我拿起笔重重地在处理意见上写下一段话："吸取教训，引以为戒。考虑到员工收入与正常生活，赔罚减半，分月在工资项中扣除，并以加班的形式照顾当事员工生活。"

在日常管理过程中，面对员工犯下的过失或错误，我们总想通过让当事人付出代价的方法，给他深刻教训，从而体现制度的刚性。这固然没错，然而在管理实践中，管理科学并不能为管理者提供解决一切问题的标准答案，不同的管理者解决问题的方法有很大差别，这就需要管理艺术。

一个好医生不仅能医病，还能教人如何不得病、预防病。扣完小王的最后一笔赔罚款后，在当日的晨训会上，我当着全厂员工的面，退还了小王的2000元赔罚金，并将对个人的惩罚变成一场全员教育。小王当场就哭了，这让我想到了教育家陶行知的一个故事。

陶先生在当校长的时候，看到一名男生在用砖头砸同学，便立即制止并将这名男生叫到校长室。陶行知回到办公室时，那男生已经等在那里了。这时，陶行知掏出一块糖给他："这是奖励你的，因为你比我先到了办公室！"接着，他又掏出一块糖，说："这也是给你的，我不让你打同学，你立即住手了，说明你尊重我。"男生将信将疑地接过第二块糖，陶行知又说："据我了解，你打同学是因为他欺负女生，说明你很有正义感，我再奖励你一块糖。"这时男生感动得哭了，说："校长，我错了，同学再不对，我也不能打人。"陶先生于是又掏出一块糖："你已认错了，我再奖励你一块糖。我的糖发完了，我们的谈话也结束了。"

俗话说：智者当借力而行。在现代管理实践中，优秀的管理者需要借助"南风"法，用心、用力加智慧，有所创造、创新，有所探索、尝试。很多时候，面对员工犯下的过失，我们讲究一点艺术，多一点柔性管理，"以文化人"，未尝不可。"南风"式管理要的是悟性与时机的结合。每个人都有自尊心，管理中即使面对明摆着的一些错，我们也可不用吹"北风"的方法落井下石，此时不妨来点阳光、雨露、南风……反其道而行之，拿一架梯子，助人体面下台，更显回味无穷。

霍华德·舒尔茨说："在早期的那些岁月里，我在致力于建立他人对我的信任的同时，开始构想一个最终要建成的公司的模样——在公司里营造出一种以人为本的氛围。"管理意味着爱。什么是爱？爱是无法舍弃的牵挂和关心。"爱"字不是键盘上轻轻一敲就会蹦出来的，也不是简单几笔随意写出来的，"爱"字应该用一言一行、一个个具体行动做出来，用真心换真心。

这个世界没有无缘无故的爱与恨，在一种处处受尊重、事事被关心的企业氛围中，员工必会自觉自愿地为企业发展献出全心、全意、全力！

针灸法
改正员工的不良工作习惯

"针灸疗法"妇孺皆知，是中医独特的防病治病的手段。针灸疗法既省工又省钱，只要医者把握病情，摸准穴位，找准针感，科学运用针灸疗法，就可以通经脉，调气血，使阴阳归于相对平衡，寒热趋于自我调节，真是神奇极了！

解决企业中的员工问题，也可以用"针灸疗法"。对企业在发展中出现的一些大不能诉诸法律法规、小不能打骂训斥的"刺儿头"和特殊事，施行"针灸疗法"，或以金针砭石刺激，通通经络；或以艾草灸烤，活活气血。遇到伤病久、寒气重的，则针灸并用，"针"他个砭石出血，"灸"他个大汗淋漓，不用伤筋动骨，就能让针感传导到肺腑，让汤药渗透到骨髓，从而使"患者"振作精神，勤勉做人，规矩做事。

奥地利著名心理学家阿德勒说，没有一个人住在客观的世界里，我们都居住在一个各自赋予其意义的主观的世界中。实践证明，这种"针灸管理法"正是体现了"以心为本"的管理理念，从尊重人、关心人、帮助人出发，利用了人所固有的自尊心和归属感，以及人本身所固有的自我调整和自我修复功能，及时医治和预防由员工各自"主观的世界"导致的"懒散病"和"富贵病"。由于宗旨明确，方法得当，没有或极少有副作用，"针灸法"能有效融洽上下关系，凝聚企业人心，提高企业的免疫功能，抵御各种"现代病菌"的侵袭，夯实企业持续快速健康发展的基础。

伸出你的手

现代企业中，人与人的关系是平等的，管理者与被管理者相互选择。有了这种"缘份"，管理者就应该像爱自己一样爱护每一位员工，这样员工才会像爱家一样维护企业，就像霍华德·舒尔茨提到的："从心里来，必往心里去。"

多年前，我兼任另外一家企业的厂长时曾遇到这样一件事：电工小王在安装设备时不慎摔伤，遵医嘱休15天工伤假，可这个小王一歇就是40多天。厂里几次派人去看望，他却称病不肯上班。在厂部召开的生产调度会上，有人说看见小王正在家忙着第二职业——帮他父亲修理摩托车。

这个小王，眼睛不大，白眼珠一翻黑眼珠就靠边，有时还喜欢显摆点"绝活"——给人看手相，往往说得人哭笑不得。原来他名义上休工伤假，实际却在家干私活，还真是个"人精"。我这个人眼睛里进不得沙子，第二天就派人将小王请到办公室。

"听说你会看手相，来来来，今天给我看一下，算算命，转转运。"一见到小王，我笑嘻嘻地伸出两只手，"看哪只手？"小王一愣，双眼直直地看着我，不知道我葫芦里卖的什么药。"怎么啦？不好意思？我也学了点周易八卦，想和你切磋一下，要不然你把手伸出来给我看看？男左女右对不对？"听我这么一说，小王怯生生地伸出左手。

一手老茧依旧，再看看他手心的纹路里，隐隐透着一丝丝油污，指甲缝里则是藏污纳垢、黑漆漆的。我心里完全明白了，于是收起笑容，一字一顿地说："小王，这些日子在家干什么呢？"小王不吭声。"手上还有机油味，天天在你父亲开的修车店帮忙，手艺不错嘛！"这一来，小王如针刺穴，脸立刻变得刷白，手也猛地抽了回去。"明天就上班，我不处罚你！"我的声音不大，但不乏威严。

小王因公受伤，休假可谓有理有据，如果不抓住他的麻筋、点准他的穴道，而是和风细雨、泛泛而谈，他就会强词夺理，不吃你这一套。这样，不仅不能解决问题，还可能造成对抗情绪。按照中医的针灸疗法，首先弄清情况，找准病因，然后运好气，用好功，掌握好进针、出针、捻针、提插、搓揉的功夫，用"砭石"刺入穴位，明确告诉小王问题所在，用他的矛刺他的盾，这样，便能似毫针刺醒梦中人。

实践表明，在一般情况下，讲道理的方法比惩戒的方法效果好；而在特殊情况下，两个方法结合起来运用的效果会更好一些。因为制度的另一面就是让人不舒服，就是要求员工"削足适履"，达到组织的客观要求，这样的组织和员工行为才会具备竞争力。对于这样的情境，就需要管理者用心、用脑，具体问题具体分析，求优求简为佳，千万不能一刀切、一勺烩。不用心的管理者，往往一种方法使用久了就会成为习惯动作，从而给人一种错觉，认为他就是一个"跛脚"的管理者，自然难以收到理想的效果。

多么痛的领悟

企业界流行一句话，叫作"一紧二松三垮台四重来"，这是对不少企业执行规章制度情况的真实总结，也是对这些企业运行轨迹的真实写照。

制度是现代企业管理的"栅栏"，是员工行为的"红灯"。一个成功的企业管理者，不仅能够为企业量身定做一整套科学合理的规章制度，而且能够一以贯之地维护好；不仅能够身体力行，而且能够把这种理念和素养变成每一个员工的自觉行动。

搞化工的人都知道，企业的锅炉房不是摆设，现场清洁也不是做给别人看的表面文章。鼓风机一响，尘土飞扬，不亚于"沙尘暴"，一天不清理就是一层灰，一手摸上去五个印。虽说我们的管理制度订得很细，也曾下功夫抓过一阵子，但管理活动有时候就是一种博弈，你松一松，对方就攻一攻，有些员工的"懒汉思想"会时常偷偷地冒出来。

多年前的一天，我出差一个星期，回厂后习惯性地四处看看。来到锅炉房，里面的脏乱差让我大吃一惊，简直就是个无人问津的垃圾场！用具东一个、西一个，炉体、管道上积了厚厚的一层灰，再看看司炉工小马，背靠在椅子上，跷着二郎腿，捧着个大水杯，悠然自得地品着茶。

"掏煤的钩铲倒在地上怎么也不扶起来啊？"脚未进门，我先送上了一句冰冷的问候。小马听到我的声音，像老鼠听到猫叫，弹簧一样霍地蹦了起来，满脸堆笑忙不迭跟我打招呼："厂长，不好意思，没有注意！"

"要是你家的油瓶倒了，你肯定会扶的。"小马的脸一下子红了。不等他开口，我接着说："这是第三次违规了，是不是？"小马眼睛一翻一翻的，"事不过三！现在就准你长假，拿待岗工资！"说完我转身走人，留小马独自站在那儿，呆若木鸡。

有些员工在工作中经常出现一些低级错误，这其实是对管理者的一种无声警告。有些事情虽然看似很小，有时却会搅得你晕头转向，处理不好还会令自己陷入其中不能自拔。再设想一下，如果大部分的员工都出现类似问题，就会危及企业的生命！所谓科学的管理，其实就蕴含在对这些小问题及时有效的解决上。所以，对此类常见病——不听招呼、被动应付、懒汉思想等，管理者一定要防微杜渐。我的方法便是找准麻筋，用橡皮子弹好好对付它，用好"不换思想就换人"的威力。

没有限期的长假、拿待岗工资，实际上是个暗示，是为了治疗小马的"思想病"，让他自己去反省。实践证明，这一疗法见效迅速，效果显著，小马待在家如针刺在背，歇着不是，到厂里又不是，等静下心来，经过先麻再酸后痛的过程，就什么事儿都想清楚了。人就是这么回事，有些道理任你重复几十遍甚至几百遍，他都无所谓，当耳边风；一旦你动了真格，他丢了饭碗，才如梦初醒，知道珍惜，从心里建立起对工作的敬畏，病根自然就祛除了。

这就像是为了小鹰的成长，老鹰一次又一次把它们从悬崖上扔下去，小鹰为了活命，不得不勇敢地在死亡之路上展开翅膀，从而练就一身搏击长空的过硬本领。

后来，小马主动来找我，又是认错，又是保证，态度非常诚恳。两个星期后，小马重新回到锅炉房。打这以后，他真的变了，似脱了一层皮，换了一个人，真正懂得了"找个饭碗不容易，端好饭碗要用心"的道理，把锅炉房打理得像厨房一样整洁有条理。

关心自己的利益是人的本性，而怎样让制度顺应这种本性，以此激发员工的工作热情，这就需要方法。

有一个真实的故事，说的是美国空军因为降落伞的质量问题与制造商发生了纠纷。当时军方提出的合格率为100%，而制造商虽然采取了种种措施，最终也只能达到99.9%。这对于军方来说，意味着每一千个伞兵中就会有一个人因此而丧命。后来军方改变了质量检验的办法，决定从交货的降落伞中随机挑一个，让制造商亲自带伞从飞机上跳下来。这个方法实施后，奇迹出现了，不合格率立刻变成了零。

对于小马这样马虎懒惰、职业意识淡薄的员工，在"饭碗"这个酸痛的穴位上施灸，方法简便易行，"医疗"费用经济，在实战中还真管用。

铁打铁，越打越服帖

管理者与被管理者是一对矛盾，既对立又统一。正如王钦谈到海尔的"人单合一"管理方法时所说，在管理者与被管理者的主体框架下，管理者和被管理者之间是博弈关系，管理手段主要是解决彼此间的博弈问题。我们知道，管理者从事管理，不是为了整人，而是为了"同一"——为同一目标激励员工、用同一制度要求员工，从而实现目标同向、方法同步、上下同心、携手并肩，为企业创造最大的经济效益和最好的社会效益。

德鲁克认为，企业管理不仅是一门学科，还应是一种文化，即有它自己的价值观、信仰、工具和语言的一种文化。因此，为了这个"同一"，管理者不仅需要严格管理，更加需要善于管理，就像"针灸疗法"特别需要讲究针法一样，一根小小的银针拿在手上，具体的用法有切、摇、动、退、进、循、摄、努、搓、弹、盘、扪、按、提等14种之多。如何将管理者的思维置换为每一位员工的思维，如何将管理者的价值取向置换为每一位员工的价值取向，如何将企业的文化力置换为执行力，如何将企业的爆发力置换为持久力，形成整体的突破力、创新力，这就需要特殊的武器。这个武器不是有形的刀枪剑戟，而是如同张艺谋的电影《英雄》中所说的一样，完全靠理念、靠心力战胜对方。

小夏进厂不久就从车间调到了市场部干营销，半年就上了手，一年下来游刃有余，业务越做越大，受到表扬和奖励的次数越来越多，慢慢地他翘起了"尾巴"。一次，他将一笔货款私自借给他的铁哥们儿。事发后，他即刻将款项缴还到财务，并认为货款串用十来天，没什么大不了的。

我得知这一情况后，找他谈心。一见面他就各种申辩，我耐着性子，看着他苦笑一下，等他竭力为自己申辩完，我不紧不慢地说："还有没有要说的？"他抬起头朝我看了看，一声不吭。"鸭子是在水里长大的，今天我要在岸上养你了。马上到车间报到，营销区域承包任务收入还算你的，以后我用高薪养你这个'脑力劳动者'。"我的话似拔火罐，形成一种负压，话未说完，小夏的脑袋就像霜打过的荞麦，耷拉了下来。

谁都有犯错误的时候，管理者的任务是用心引导员工从错误中学习，知道哪里错了、为什么错了，如何去纠正错误，杜绝今后继续犯同类错误。我将小夏放到车间里，不是"劳动改造"，而是故意将他"放错位"，淋他一头水，让他去去火气，然后用针尖刺入他的病处，并在体表局部进行温热刺激，借灸火的温和热，通过经络的传导，扶正祛邪，散结拔毒，达到治病防病的目的。

俗话说，"铁打铁，越打越服帖；钢打钢，越打越犯戗"。小夏在车间干了三个月，思想变化还真大，不但认识到了错误，劳动表现也不赖，特别是他承包的销售区域任务，这三个月并未萎缩。他在车间劳动与工人同工，收入却是工人的三倍，还有一点对他触动最深的，是车间工人的忠诚度和任劳任怨的精神。用他的话说，"在车间劳动却拿营销承包任务收入，问心有愧，和车间工人相比，我没有理由不把营销工作干好"。

法国著名作家雨果说过，世界上最宽阔的是海洋，比海洋宽阔的是天空，比天空更宽阔的是人的心灵。管理像小夏这样的角色，治他的病不用惩罚的药方，用灸法的热而熨之，使他产生酸、麻、胀、疼等感觉，给他留一个台阶，去体验、反思、感悟。让他感动和触动一把，他才不会因为自己有一定的本领而将花环当绳索，把自己勒死，对关键岗位的员工尤其应当如此。以前常听说，有些企业的业务掌握在几个营销员手里，营销员一有风吹草动，企业就"伤风感冒"，这些教训非常深刻，正确的方法就是"邪去而正自复，正复而病自愈"。

高明的中医总是对症下药，在成方基础上，随时调整处方和药的剂量。时代在变迁，现代企业的经营管理已超越传统，人无完人，但一个团队却可能臻于完美。不管到什么时代，遇到什么问题，只要用心之力凝聚人心，用勇敢和智慧的现代针法、灸法去探位取穴，疏通脉络，活血化瘀，就一定能驾驶企业之舟，驶向成功的彼岸。

"改造不良行为"动员会

领导力专家约翰·科特认为：组织变革中，最重要的是如何让人们改变行为，而在成功变革的组织里，要能触动人们的感觉才有行为的改变。一个企业，改变员工的心态和行为类似痛苦的分娩，而这样的管理行为，就是在塑造一种文化。

美国的公共场所、交通要道，除用英语指示外，现在还增加了许多汉语，这说明中国越来越受到重视，是件扬眉吐气的好事。但令人遗憾的是，有一些地方只有汉语标识，例如"请不要闯红灯""请不要乱抛纸屑果壳"……再联想身边的一些人和事，不文明的语言和行为有时随处可见。

一天下午，厂里召开月度例会，会场鸦雀无声。副总在主持，我正好观察会场：有人在掏耳朵，有人在转笔杆，小丁还埋头在笔记本上涂鸦！我都看在了眼里。会议结束后，副总请我讲两句，我要来了小丁的笔记本向大家展示，会场一阵喧哗，又很快恢复了平静。我把美国的标语一事讲给在座的员工听，借题发挥对大家进行了一次"改造不良行为"的动员。

在一次中外企业文化峰会上，孟凡驰教授提出"当今企业如何在今后的企业文化建设中去改造不良文化"的话题，给我带来很深的启发。在一个企业的组织变革中，最难的莫过于改变团队成员的心态和行为。好似人的两条腿，先迈哪条腿并不重要，重要的是，通过各种方法，促进其走向正确的方向。

改变的过程往往伴随着阵痛，但正如良药苦于口、忠言逆于耳一样，正是这些阵痛锤炼了员工的品性，驱动他们自我成长。

有一个老人买了一块地种苗木，树苗种下后，老人不像其他人那样天天浇水，细心呵护，只是隔三岔五浇一次，一点儿规律也没有。每次浇水的量也不一样，时多时少。邻居不解，忍不住问老人。老人说：种树不是种菜，只要几个星期就能收获，种树是百年基业，我给树苗浇水是模仿老天下雨，老天下雨的时间是算不准的，让树苗学会在不确定中自己拼命扎根，在土里找到水源，长成百年大树就不成问题了。如果每天定时定量浇水，树苗就会养成依赖的习惯，根就会浮在地表上，一旦停止浇水，树苗就会枯萎，即使存活下来，遇到狂风暴雨也会一吹必倒。邻居恍然大悟。

培育人的道理与种树无异，不经历风雨哪能见彩虹！管理者只有用心帮助员工改造不良行为，塑造员工向善、向上之心，而后聚众人之心形成合力，才能使员工形成健康的人格和心态，达成文化养成之境界。

"热处理"法
打造一流员工队伍

我是学机械出身的,20世纪70年代初,我高中毕业进入黄桥机械厂学车工。通过学习机械原理、金属工艺学等基础理论,我慢慢领会到,热处理可以改变金属材料内部组织,改变工件表面化学成分,提高工件性能和内外在的质量,而这种改变往往是肉眼看不见的,恰似一个人的感情付出,需要时间给出答案。

罗伯·高菲和盖瑞士·琼斯在《公司精神:决定成败的四种企业文化》一书中说:"一个优秀的管理者必须变得像是一个人类学家,有着犀利的认清事实的能力,而且能理解不同族群的规则、规范、行为,以及信仰系统。"走上管理岗位后,面对企业的千人、百性、万脾气,我将"热处理"的工艺方法应用于现代企业管理,将不同员工导入文化管理这个介质,通过加热、保温、应用不同水质,把握冷却速度、淬火、锻打,刚柔相济,既给予脉脉温情,又体现坚毅力量,将"热处理"方法柔化融入现代企业员工的心灵感受,从而改变员工行为,提高员工素质,使企业在市场竞争中勇立潮头，经受"千锤百炼"的考验。

整体热处理：钢铁是这样炼成的

晨训是黑松林的一道传统风景线。每天早晨，全体员工统一着装，提前10分钟到广场集合，高声齐诵"企业精神""六倡六戒""质量方针""安环理念"等内容。这种做法看似简单，其实背后的意义并非一两句话能讲清楚，效果也并非一朝一夕可以达到。在黑松林员工眼中，这就是一种文化传承定势，是对整体素质的"热处理"。

一个初夏的早晨，朝霞满天，太阳一脸绯红。可眼睛一眨的工夫就变了天，闪电霍霍，雷声阵阵，豆大的雨点劈头盖脸地向列队晨训的员工袭来。尽管员工并未因突如其来的暴雨乱了方寸，嘴上还在诵读"一戒缺少开拓心……"，眼珠儿却走了神，时不时有人转过头看看站在后排的我。领读的副总也朝我递来试探的眼神，见我像平时一样若无其事，没有解散的意思，便又提起精神，继续领读。平时耳熟能详的文化理念，从屹立在暴雨里的队伍中传出来，令人印象十分深刻。

待晨训结束，大家的衣服早就湿透了。衣服虽湿了，但心田却滋润了，雷打不散的这支队伍，让人见到了黑松林的希望。

金属热处理工艺，大体可分为整体热处理、表面热处理和化学热处理三大类。整体热处理是对工件整体加热，以改变其整体力学性能，获得良好的工艺性能和使用性能，或为进一步淬火做组织准备。员工素质良莠不齐是一种常态，大部分人都没有经过专门的组织纪律等系统性培训，有人尽管早已为人父母，行为举止却还像一个小孩。作为管理者，要掌控这样一艘企业之舟，需要整体热处理，需要正火、淬火、退火、回火……

很多企业都有晨训，本意是一个企业理念的外化过程，是一种团队文化的体现和群体素质的张扬，更是一种升华企业形象力和提升员工对企业的忠诚度、提高企业凝聚力的手段。在实践中我认识到，长期坚持晨训能使全体员工在生产实践中逐步形成群体意识和共同的价值观，为明天的成功奠定扎实的根基。

管理最大的挑战在于管理软性的东西，特别是文化，因此，领导者若未密切注意所谓的软性要素，终究会失败。

培育员工，实际上是一个守望与发现的过程。守望靠耐心，发现靠用心。这些年来，黑松林人每天坚持晨训，正是要表达我心目中的"优先要务"，即弘扬企业精神，灌输价值观念，激励员工工作热情，增强团队精神。这种持之以恒的行为，强化了纪律，凝聚了人心，对企业持续健康发展起到了积极的推动作用。然而，有些人并不领悟这种"热处理"的效应，认为是橱窗的塑料花——摆设而已；也有人认为是做给人看的花架子。我却认为，对于你认定的正当行为，只要坚信、坚持，总有一天会看到自己所期盼的结果，那时，别人疑惑的眼神会变为赞赏和感叹的目光。

表面热处理：情绪气象台

人跟人，心跟心。心力管理要用心管理，管到人的心里，首先就要了解人心的变化，这要求企业的领导者学会情绪管理。为了及时了解员工情绪的变化，黑松林非常有创意地设置了"情绪气象台"。在每个员工的名字旁边，用不同的颜色的标识代表不同情绪：绿色是快乐，红色是痛苦，黄色是中间状态，由员工本人每天选择。有了这个情绪气象台，企业管理者就可以及时对情绪不佳的员工进行有针对性的沟通，提高工作效率。

一天早晨，车间组织学习，员工老高迟到了3分钟，按规定要罚30元钱，可老高坚决不承认迟到，非说他是准时到公司的。对此，车间主任小严按照规定开出罚单。我走到情绪气象台前，发现老高的情绪标志已由绿色变成了红色，显然是心里不服气，闹情绪。

我和老高是多年的老同事，30多年前我俩曾在同一家工厂做工人，后来那家工厂倒闭，我就把他聘请到黑松林上班。

"老高，跟我走，咱们聊聊天，消消气。"我边说边朝河边的那片银杏树林走去，"现在只有咱们两个人，今天早晨上班你可能没有迟到，但你到会议室时确实是迟到了。企业雷打不动的全员学习，迟到不迟到，不是以你到厂的时间为准，而是以你坐到会议室参加学习的时间为准，明白吗？"我停下脚步，看着老高。

"咱们几十年的哥们，你怎么总是对我这么严格？时不时地为一点小事批评我，唉……"老高一声叹息。

"哈哈……谁让你是我的朋友呢，是我的好朋友就要坚决支持我的工作，就得严格，就得承受。对不住啦。"我和老高肩并肩，边走边交心，逐渐形成共识。

"刘总，感谢你这十分钟的散步沟通！我马上就去财务科缴罚款。"老高的委屈已经烟消云散。

《日本企业管理艺术》一书中提到，如果员工不信任企业，不愿向企业提供自己的好主意，公司就无法获得新观念。在企业中工作过的人都知道，新观念的传递是多么困难，员工必须真正相信企业关心这些事，才能付出精力去帮助企业实行变革。表面"热处理"，就是给员工传递一种信任和善意，给每一棵草木开花的时间，给每一个人锤打成材的机会。如果我们从能认识问题提升到能分辨责任，再到解决好问题，还能有一些好的建设性建议，让犯错的员工得到教育变得更好，心力管理就真的管到心里了。

去应力退火：管理应该是一种快乐

低温退火或高温回火是热处理的一种综合工艺过程，统称去应力退火。这种退火主要用来消除铸件、锻件、冷拉件等的残余应力，如果这些应力不予消除，将会使钢件在一定时间后或在随后的切削加工过程中产生变形或裂纹，真可谓一着不慎，满盘皆输。

五一节放假的几天，是机修人员赶麦场——大忙的日子。因为正赶上夏季高温前工厂检修反应系统，每年如此，规矩如铁。

假期前一天，一大早，我还没进厂门，老远就看见从水基胶车间四楼窗中射出的电焊弧光，一阵清脆的叮叮当当的敲打声在寂静的厂区上空回响。顺着楼梯，我一步一个台阶向四楼走去，"咦？怎么楼梯上会有细细的黄沙？"我疑惑不解。走到四楼上，只见焊工老何一手持着面罩，一手握着焊枪，像个机器人，身后遮拦在滴加罐前的绿色篷布，像舞台的大幕。"刘总，今天你也这么早就来工厂啦。"眼尖的小庄抢在我前面招呼起来。"哈哈，咱们都是心连心艺术团嘛！"我一句调侃，让现场的几个小伙子脸上露出微笑，那是发自内心的滋润。我边招呼边环顾四周，哦！原来这篷布是黄沙的罪魁祸首，我若无其事，没去点破。

节后上班的第一天晨训会上，我打破常规，站到队伍前面，给大家来了个"高温回火"与"低温退火"，讲起了假日这几天发生的两个故事。第一个是"既送果子又送糖"，说的是机修班的几个小伙子为保工厂平安，节假日放弃休息完成了每年高温前的设备检修的故事，特别是小庄，放弃和家人共同出游的机会。大家的目光聚焦在机修班，聚焦在小庄的脸上。

接着我讲了第二个故事，是关于楼梯上那细细的黄沙。讲前我故意顿了顿，先端上一盘"东坡肉"：机修班的安全意识非常高，检修设备前为防止焊接火花，将新厂区工地上遮水泥的一块大篷布从一楼抬到四楼，将滴加罐与明火隔离，安全工作做得很细很好。话题一转，我又端上了一盘"红辣椒"，但是，他们搬运篷布时没有清理篷布，将沙子水泥也带上了四楼，给现场留下了新的隐患，如果这一点也能注意到，那可是"锦上添花"啰！大家一阵沉默，一阵窃窃私语，又纷纷点起了头……

批评与表扬，是天平两边的砝码，如何平衡，这可是心力管理中的艺术。正如钢回火的目的是降低脆性、消除或减少内应力，是为了获得工件所要求的机械性能，满足各种工件的不同性能的要求，管理中有时也要通过"回火"的配合来调整硬度，减少脆性，以期获得所需的韧性与塑性，可以说，这是热处理管理法的法宝。

卡耐基曾说，不要害怕把精力投入到似乎很不显眼的工作上。每次你完成这样一件小的工作，它都会使你变得更强大。如果你把这些小的工作做好了，大的工作问题往往就迎刃而解了。尽管我们的视野范围只有180度，但通过热处理，我们可以学会用360度的视角来看待事物。管理中一些看似不起眼的小事情，有时却决定企业的生存与发展，我们只有放开眼光，打开视野，用心把责任注入思考，才会真正了解事情的缘由，找到真正有效的处理方法。这也正是我们常说的，要"做正确的事"，还要"正确地做事"。

正火热处理：医心比医病更重要

正火是将工件加热到适宜的温度后，保持适当的时间，在空气中冷却的热处理工艺。正火的目的，主要是提高钢的力学性能，细化晶粒，消除组织缺陷，改善切削加工性能。

黑格尔说，无知者是最不自由的，因为他要面对的是一个完全黑暗的世界。在管理实践中，许多员工有这样的"无知"——不正确的认知。对他们的这些"心病",采取正火的"心疗"方法,有时会像医生透过现象看到实质,看穿看透,能医到人心上。

自从换了新"战区",营销员小张总是闷闷不乐。这位在市场闯荡了七八年的干将,有点不顺就摆在脸上。一天傍晚,小张正在清理绿化责任区。老远看到他一人蹲在草坪里拔草,我悄悄走过去,决定与他谈谈。

"最近销售情况如何?"

"刘总,不瞒您说,我已有一个星期没有出差了。"小张很愿意向我倾诉,"之前连跑两个月,根本找不到突破口。费用又高,月月透支。像这样跑下去,老婆孩子都要赔进去!不如待在家里,还省了开销。"

小张讲这番话的时候,几只蝴蝶正恋着草坪里的花草翩翩起舞。于是,一个蝴蝶的故事浮现在我的脑海中。我把它讲给小张听:有个小女孩,看见一只即将破茧的蝴蝶在地上翻滚、颤动,心疼得掉眼泪,她担心蝴蝶会在挣扎中窒息死亡,立即找来刀片,小心翼翼地在茧上划了一条缝。蝴蝶立即扑腾出茧,它自由了,它想飞,它反复扇动着厚重的翅膀,可就是飞不起来,只能在原地打转。小女孩捧着蝴蝶哭了,她为自己帮了倒忙而后悔不已。

我拉着小张的手站了起来:"小伙子,林妹妹不是从天上掉下来的。蝴蝶没有在茧里受困挣扎的经历,怎么可以飞得起来?好钢不经过热处理,哪能提高力学性能?你现在调整了区域,尽管出师不利,但这也是熟悉市场、积淀经验、激发灵感的机遇,这是成功路上不可缺少的正火热处理工艺过程啊!"

听完我讲的故事,小张若有所思,双眼顿时变亮了,他一把抓住我的手,使劲摇晃:"刘总,谢谢你用一颗燃烧的心烧红了我这块铁,明天我就出差!"

都说管理很难,员工不好管,实际上,又有谁能经常扑下身子,和员工说说笑笑,讲讲这些并不复杂的故事?大文豪萧伯纳说过:倘若你有一个苹果，我有一个苹果，我们彼此交换，我们仍旧各有一个苹果；但是，倘若你有一种思想，我有一种思想，我们彼此交换，我们每人将有两种思想。优质的心力管理是建立于理性思考上的，它是一种充盈的、圆通并运动着的力量。

我和小张的一番思想交流，似正火，为后续的热处理做好了组织准备，和员工和颜悦色地交心、沟通，这种心力运行的智慧，创造意境，让员工自己破茧，练就飞翔的本领，还真有一番淬火无声的感慨！

正如田涛所说，管理者的第一要务是组织的文化建设与制度建设，把企业文化的基石、企业制度的基石一一夯实了，文化引力、制度引力也就形成了。而文化与制度的基石越坚固，对个体和团队的引力就越强大。

淬火调质：远方不遥远

40多年前学车工时，老师傅教我车削一只齿轮毛坯时说，要注意工艺加工过程，齿轮毛坯先要粗加工，然后调质，调质后再进行半精加工和精加工。后来我才体会到，原来调质是为了使材料获得一定的强度和韧性，提高部件的使用寿命。

在机械制造中，要使那些在交变负荷下工作的零部件耐磨、抗腐蚀且稳定性好，需要淬火加高温回火，结合调质。这就如同对于企业的人才，特别是那些有文化、有专业知识的新型人才，有时更需要通过不断调质，改变其"使用性能"，使其获得更好的"强度"，发挥更佳的作用。从管理者层面讲，不允许员工的言行举止违背企业制定的理念和准则，但如果不讲方法和艺术，只是机械般地反复宣扬，只会使员工对"淬火"厌恶反感，甚至对立。所以，找到适当的素材和方法，是极为重要的。为了营造这样的氛围，我处处不忘收集素材，与员工交流分享。

一次去美国参会，在入住的宾馆，我坐电梯到一楼大厅，这里的布置散发出异域风情。华丽的时尚杂志、五颜六色的宣传单，看得我眼花缭乱。就在此刻，玻璃旋转门边的一位清洁工吸引了我的目光。只见这位清洁工双膝跪地，弓着腰，一只手撑地，另一只手使劲来回擦拭旋转门下部的阴角。他手臂上有两块很大的污斑，似写着两个字"认真"。

我赶紧掏出相机，"咔嚓"一声，抓拍下这敬业的镜头。一路上，我反复翻看数码相机中的这张特别照片，清洁工兄弟T恤衫背后的汗水仿佛在说："把玻璃擦干净是我的工作，是我的责任。"回国后，我将这张照片放大，挂在工厂最显眼的地方，并写下一段话：这是在美国参加世界胶粘剂大会期间拍摄的一张照片。照片中的清洁工兄弟正在打扫卫生，其专注、认真、一丝不苟的态度是我们需要推崇和学习的。当然我们可以做得更好！

达尔文有一句名言：并非最强壮的，也不是最有智慧的，而是最能适应变化的才能生存。互联网时代，需要我们改变许多游戏规则，这就好比同一种金属，采用不同的热处理工艺，可获得不同的结构、具有不同的性能。

在这个用脑力工作的时代，需要管理者心头时时燃烧着"每个员工都是优质好钢"的信念，根据不同的人，采用不同的热处理工艺，把员工这些材料和高温结合起来调质，像锻打钢坯那样，剥落掉层层氧化皮后，钢坯组织结构就会密实，就会获得强度和韧性。

干事业需要一群人来奋斗，不在于拼命两三年，而在于坚持多年不动摇。做企业的这些年，我在员工培养上花费了巨大的力气，全心全意将工厂办成社会的第二学校，从本心上说，这样做的目的，有时完全不是为了利益，而是希望像泰州学派代表人物王艮期待的那样："心中有良知，满街皆圣人。"就像高瓴集团创始人张磊说的那样："真正的投资，有且只有一条标准，那就是是否在创造真正的价值，这个价值是否有益于社会的整体繁荣。坚持了这个标准，时间和社会一定会给予奖励，而且往往是持续的、巨大的奖励。"

赞　誉
（以姓氏拼音为序）

　　刘鹏凯总结的心力管理25法，细致周到，方法妥当，体现了黑松林真心实意、全方位地善待员工的情怀。可以看出，黑松林人平时工作愉悦、员工关系和顺亲密，对公司前景有信心，也满怀期待。黑松林人有自觉自愿的敬业精神，有发自内心的忠诚。企业管理达到如此境界，令人叹服。

达凤全　四川省社会科学院原副院长，研究员、教授

　　黑松林的心力管理文化，如同自己的产品粘合剂一样是一种粘合文化，即刘鹏凯首先用自己的心粘合了员工的心，员工的心又粘合了客户的心，进而更广泛地粘合了社会公众的心。心力管理的实质与核心就是如此简约明了。

高立胜　辽宁省企业文化学会会长

　　刘鹏凯一直信奉"人之初，性本善"，并认为与生俱来的良知、良能是人们成长的基础。管理者一定要充分看到员工身上的积极因素，鼓励

他们自省、自律，把不正确的思想和行为扼杀在萌芽中。在黑松林，这种因人因事施策的自省法成为最积极、最有效的塑心方法，并达到了提升员工情感体验的效果。

黎群　北京交通大学经济管理学院企业文化管理研究所所长

刘鹏凯认为，知心是心力管理的桥梁，聚心是心力管理的核心，塑心是心力管理的自觉，三大环节、三大任务，步步推进、节节提升。心力管理不仅要"双向沟通"——知心，还要"赢得人心"——聚心，更要"改造人心"——塑心。"知心、聚心、塑心"，是心力管理的魂，其实也是企业管理的魂；企业管理的灵动之处，就是确立战略，实现共识，形成文化。抓住了"知心、聚心、塑心"，也就抓住了企业管理的魂；搞好了"知心、聚心、塑心"，也就形成了企业管理的魂。

李寿生　中国石油和化学工业联合会党委书记、会长

说到底，管理企业就是管人心，通过沟通与激励触及员工的思想和心灵，由员工的心动转化为内心的自觉行动，这种心灵自觉、自发、自动建立起来的共同目标，一定会实现。刘鹏凯的"心文化"，开创了中国式企业文化模式的新篇章。

李万来　连云港企业文化学会会长

心力管理在文化管理方面实现了一种新境界，即基于我国传统文化核心"善"与"美"的价值引导型文化管理，它把企业创始人的个人价值追求和企业的价值定位、员工的价值体现有机地统一起来，实现"致中和，和谐出效率"的文化管理境界，是中国式管理的成功范例。

刘理晖　国务院发展研究中心公共管理与人力资源研究所副所长

心力管理专注中小企业在正式制度之外如何有效地运用非正式的文化手段，注重员工"心"的相待、公平管理、领导率先垂范、鼓励员工参与，对管理学研究来说是一项非常有意义的实践探索。

马力　北京大学光华管理学院副院长，教授

心力管理凸显出两大特点：长期导向和务实。文化是百年大计，心力管理倡导的是"以文化人"，急功近利做不好文化，它还强调执行，正所谓"心之所及，力之所达"，一切工作都要有结果，正因为这样，抽象的理念才能落地，才能变成管理者的行为、员工的行为。

曲庆　清华大学副教授

世界上最不好管的，就是人心！因为人心不单是一块血肉，不单是物质的存在，还是精神的存在、虚灵不昧的存在、深奥莫测的存在。心力管理吸收了泰州学派哲学思想的合理性成分，讲亲情伦理，讲自然本心，体现了泰州学派"仁"的心性本体论思想，在企业文化管理方面抓住了要害，找到了最根本、最为重要的底层逻辑。

司马云杰　中国社会科学院研究员

黑松林从"知心、聚心、塑心"三个维度，采取非强制性的、文化渗透的方式，在员工心中产生一种潜移默化的说服力，从而把企业家的意志变成每一个员工的自觉行动。海尔一直强调人的价值第一，坚持"热心、诚心、知心"的"三心"原则，以"三心"得到员工对企业的忠心，员工通过为用户创造价值体现自身价值，完美实现双方价值最大化的融合。

王安喜　海尔集团原党委副书记、监事会主席

在黑松林，刘鹏凯视员工为兄弟姊妹，真心相待；视员工为学生，耐心教导。刘鹏凯是一个非常注重细节、追求完美的人，一个心地善

良、有情有义的人，一个智慧幽默、善教于人的人，他把自己的好品质与好作风，通过对一件件小事的艺术化处理，潜移默化地传导给员工，使他们不仅发挥了长处，改正了错误，而且提高了自身素质，完善了人格。

王成荣　北京财贸职业学院原校长，二级教授

心力管理不仅继承了以儒家为代表的中国传统文化的精髓，还汲取了西方文明的有益部分，是将文化管理、细节管理与和谐管理熔为一炉的中国式管理方式，它的精髓在于人本管理、和谐管理、价值观管理和幸福型企业管理。

王德胜　山东大学教授

统一"心力"，做到知行统一，不仅需要文化理念，还需要科学机制。而人的认识是一个由浅入深、由表及里、由外而内，反复甄别、螺旋式上升的过程。刘鹏凯在谋划心理建设时，特别注重把握人的知行转化方法，将变革传统知行观作为心理建设的关键，遵循人的认知形成的心理规律，通过精心处理"知心、聚心、塑心"三者的关系，"大事必作于细"，将心力管理深植人心，保证了自己的事业成于实。

王莉萍　北京青年政治学院教授

物质与意识（物与心）虽然是并存的、不能相互分割的，但是心总是最能动的、最活跃的。心力管理正是凸显了这一点。

王锐生　首都师范大学教授

如果从学术角度来看，《心力管理》就是一个很好的企业案例研究样本，从中可以看到我国民营企业如何成长、如何做大做强，以及生命力

的源泉所在。

王涛　中国社会科学院副研究员

我在一篇文章中，将刘鹏凯称为行动着的"布道者"，他一直在实践中感悟管理的道理，也一直在管理中不断试错、不断实践。与高校教师的研究不同，刘鹏凯是在实践的沃土上进行着管理的研究。这样的研究，国内外很多企业家都在做，比如通用汽车的阿尔弗雷德·斯隆、海尔的张瑞敏、华为的任正非等。让我们敬佩的是，这些人通常是一边做企业，一边做研究。源于黑松林的长期管理实践，刘鹏凯潜心创造出心力管理这套方法，有效解决了企业发展中的实际问题。

王学秀　南开大学副教授

社会快速发展，企业快速变革，需要有些东西引领组织，让大家在心理上有安全感，知道组织鼓励什么、主张什么、反对什么。心力管理的内激效应，使组织和员工形成了非常稳定的心理契约，员工认同组织的发展方向，认同塑造的工作环境，认可管理者的领导力，认可自己工作的价值，这些都是当下企业管理者应该塑造的。

王雪莉　清华大学副教授

心力管理由心到力体现为三个力：执行力、凝聚力、创造力——大家沟通好了，彼此一致做到知心，才能有执行力；有聚心之力，有聚心之情，才能有凝聚力；"以文化人"，勇于改变和超越自我，才能有创造力。

魏钧　北京科技大学教授

心力管理强调员工的价值观引导，注重企业文化建设，它的哲学基础有传统儒家思想的烙印。心力管理不仅让员工心里有一种潜在的意识，能感觉到企业就是自己的家，体现了以人为本的思想，遵循了心理规律，还强调价值观的管理，强调管理中艺术性的一面、人性的一面，强调对人的关注和发挥人的潜力，这也是现代管理学的发展趋势。

吴志明　清华大学副教授

黑松林从根上把员工作为自己的人，员工也把企业的事情当成自己的事情。这就是我常讲的抓住人心，抓住细节，不能天天总讲抽象的大道理。黑松林在生产、销售、生活等各个环节都注重抓细节，只有抓好细节，才能把事情做好。如果只讲大道理，那是抓不住人心的。

徐惟诚　中国思想政治工作研究会顾问

心力管理体现了两大互补机制：一是员工的内驱力塑造过程，心力管理蕴含着内驱力要素，这些要素都有机会通过管理过程在组织中塑造出来，促使员工表现出均衡的质感，形成良好的文化氛围；二是管理中的平衡思维，如关爱与规则、独立与依赖、冲突与和谐、稳定与发展、坚守与创新。

余玲艳　北京建筑大学教授

心力管理帮助黑松林构建了优秀的企业文化，凝聚了员工的心，培养了员工的责任感与契约精神，促进了员工与企业的共同发展和进步。这些都是刘鹏凯在实践中不断思考、在思考中不断改进的结果。刘鹏凯也因为心力管理而获得了管理学领域学者的认可，业界诸多专家学者都给予了心力管理高度的评价。

张昊民　上海大学教授

黑松林的节点自治模式立足实际，不走极端。总的来看，心力管理的主旋律是文化管理，并融入市场和层级的管理机制。例如，信任、自主、充分授权属于文化管理，"以单定产""计时计件"属于市场机制，明确角色和责任、生产管理委员会是层级机制。我认为，这种混合制的方式更有生命力。

张勉　清华大学副教授

黑松林的成功模式应该归功于创新，心力管理是创新的推手。之所以这样说，是因为黑松林过去30多年的创新战略表现很突出。黑松林的未来成长仍要依靠创新，有以下三种途径可供选择：一是新产品和新服务的开发，二是发现并满足新的客户需求，三是进入新的市场、新的区域。

张一弛　北京大学教授

心力管理是中国式管理的方式之一，强调从主体层面自我把握和升华，以加强整个主体的深度，具体表现在治心、治气、治力、治变等方面。这就要求多方面地掌握主体的"道"，作为领导者、战略家的主体，需要不断努力、持续用心，才能达到百战百胜的目标。

钟祥斌　大连市企业文化研究会会长

心力管理的基本价值诉求就是"将企业员工的心之所及，转化为力之所达的过程；将企业团队的精神意识转化为物质层面的生产力资源，并有效地进行集聚、发散和增效的过程；不断引导员工在工作与生活中，善用其心，自净其心，消除恶心，增强爱心，发自内心，共同构建心心相印的和谐发展环境的过程"。这一表述可谓抓住了文化管理的精髓。人是企业文化的"主语"，企业文化重在"化人"，而化人的目标就是塑造出真正符合现代企业根本要求的"企业人"，即帮助每个员工实现真正意义上的角色转变和文化价值认同。

邹广文　清华大学教授